创新视域

企业财务战略管理

The Manangement of Enterprise Financing Strategy

陈 萍 潘晓梅 编著

经济管理出版社

ECONOMY & MANAGEMENT PUBLISHING HOUSE

图书在版编目（CIP）数据

企业财务战略管理 / 陈萍，潘晓梅编著. — 北京：经济管理出版社，2010.6（2018.1 重印）

ISBN 978-7-5096-0538-7

Ⅰ . ①企… Ⅱ . ①陈… ②潘… Ⅲ . ①企业管理：财务管理 Ⅳ . ①F275

中国版本图书馆CIP数据核字（2010）第100135号

出版发行：**经济管理出版社**

北京市海淀区北蜂窝 8 号中雅大厦 11 层

电话：（010）51915602　　邮编：100038

印刷：玉田县昊达印刷有限公司　　　　经销：新华书店

组稿编辑：王光艳　　　　　　　　责任编辑：王光艳 宋 娜

技术编辑：晓 成　　　　　　　　责任校对：蒋 方

720mm×1000mm/16　　　　　　14.75 印张　　　280 千字

2010 年 6 月第 1 版　　　　　　2018 年 1 月第 4 次印刷

定价：35.00 元

书号：ISBN 978-7-5096-0538-7

前　言

　　在知识经济、信息经济和网络经济日趋占据主导地位的时代，以整合资源、实现既定目标为特征的企业管理活动正在进行着深刻的变革。以往企业依靠质量、技能和市场壁垒而长期保持竞争优势的日子已一去不复返，取而代之的是如何比竞争对手更有效、更快速地培育、积蓄和更新资源。由此，决定了企业所追求的任何管理时尚都应该趋于回归管理的根本，致力于资源与能力的获取、利用与更新。管理创新本身是基于经济发展、技术进步所导致的企业生存和发展的需要而产生的，企业进行管理创新的动力源自其内外各种因素的共同作用。企业战略管理创新的首要任务是着眼于全球竞争，制定和实施适宜的企业战略。

　　财务是企业中最集中的职能领域，财务战略是对企业财务管理所作的长远规划，是围绕财务目标而实施的全局性的行动方案，是企业战略中的一个特殊的具有综合性的子战略，在企业战略管理体系中处于相对独立的基础地位，既从属于企业战略又制约和支持企业战略的实现。财务战略管理是为了适应企业经营战略的需要而形成的一个新的财务管理领域，既是战略管理和财务管理有机结合的产物，也是战略管理在财务领域的应用和扩展。当企业管理从业务管理层次向战略管理层次转变时，企业财务战略管理就成为了财务管理发展的必然趋势。现实中，企业财务战略管理既要体现企业战略管理的原则和要求，从战略管理的角度来规划企业的财务行为，使之与企业整体战略相一致，以保证企业经营目标的实现，又要遵循企业财务活动的基本规律。实行财务战略管理，将使企业分清战略性财务问题和非战略性财务问题，提高管理效率，改进财务管理工作。

　　本书从创新视角出发，认为研究财务战略管理不能仅限于传统的投资战略、融资战略及收益分配战略等方面，而应将公司治理结构、财务流程再造、业绩计量和评价、战略成本管理等问题纳入其中。其原因在于，良好的公司治理结构是企业财务战略管理的制度基础，财务流程再造是实施企业财务战略管理的有效方式，业绩计量和评价是连接财务战略目标和日常经营活动的桥梁。不仅如此，本书还将成本问题纳入了企业财务战略管理体系中，从而进一步丰富了企业财务战略管理研究的内涵。

　　另外，从营造竞争优势要求出发，企业财务战略管理更应强调企业内在的战略能力，并集中于导致长期财务价值实现的财务竞争力塑造上。基于此，书中也就企业财务竞争力问题进行了初步的探讨。

　　由于水平所限，书中难免存在不足和疏漏之处，恳请读者批评指正。

编　者

2010 年 5 月

目　录

第一章　导　论 ……………………………………………………… 1

　第一节　创新的内涵、特征和意义 ………………………………… 1

　　一、创新的内涵 ………………………………………………… 2

　　二、创新的特征 ………………………………………………… 8

　　三、创新的意义 ………………………………………………… 11

　第二节　企业创新的条件 ………………………………………… 14

　　一、各级主体的创新意识 ……………………………………… 15

　　二、外部环境的演化与变革 …………………………………… 15

　　三、市场现实与潜在需求的推动 ……………………………… 16

　　四、管理方法与手段的支撑 …………………………………… 17

　第三节　管理创新 ………………………………………………… 18

　　一、管理的本质 ………………………………………………… 18

　　二、管理创新的内涵与特点 …………………………………… 21

　　三、管理创新的内容 …………………………………………… 25

　　四、管理创新的形式 …………………………………………… 32

第二章　企业战略与战略管理 ……………………………………… 34

　第一节　企业战略 ………………………………………………… 34

　　一、战略与企业战略 …………………………………………… 34

　　二、企业战略的层次和构成要素 ……………………………… 39

　　三、企业战略思维模式 ………………………………………… 42

　　四、企业总体战略的制定 ……………………………………… 45

　第二节　企业财务战略 …………………………………………… 47

　　一、企业财务战略目标 ………………………………………… 47

　　二、企业财务战略的类型及特征 ……………………………… 50

　　三、企业财务战略的地位 ……………………………………… 53

四、企业财务战略研究的意义 55
　第三节　企业战略管理 57
　　一、战略管理的内涵 57
　　二、企业战略管理的形成 60
　　三、企业战略管理的作用 64

第三章　企业财务战略管理 66
　第一节　企业财务战略管理概述 66
　　一、企业财务战略管理观念的建立 66
　　二、企业财务战略管理的基础 68
　　三、企业财务战略管理的形成 70
　　四、企业财务战略管理的特征 72
　　五、企业财务战略管理对传统财务管理的挑战 73
　第二节　企业财务战略管理过程 74
　　一、战略分析 74
　　二、战略选择 77
　　三、战略实施 78
　　四、战略控制 81
　　五、战略评估 83
　第三节　企业财务战略管理研究方法 84
　　一、SWOT分析法 84
　　二、波士顿矩阵分析法 86
　　三、战略地位和行动评估矩阵（SPACE） 87
　　四、归纳方法 89
　　五、类比方法 89
　第四节　企业生命周期财务战略管理 89
　　一、初创期企业的财务战略管理 90
　　二、成长期企业的财务战略管理 91
　　三、成熟期企业的财务战略管理 92
　　四、衰退期企业的财务战略管理 94

第四章　财务战略管理的制度基础 96
　第一节　公司治理结构的战略意义 96
　　一、公司治理及公司治理结构 96

　　　二、公司治理结构的战略意义 101
　　　三、董事会、高层管理者与战略管理 105
　　第二节　公司治理结构模式 107
　　　一、英美模式 107
　　　二、德日模式 109
　　　三、东南亚模式 111
　　　四、公司治理结构的发展趋势 112
　　第三节　财务治理 113
　　　一、财务治理的含义 113
　　　二、财务治理的理论基础 116
　　　三、财务治理是公司治理的深化 118
　　　四、财务治理权配置的内容 119
　　　五、财务治理结构 122

第五章　企业财务流程再造 124

　　第一节　企业再造的核心是流程 124
　　　一、什么是企业再造 125
　　　二、企业再造的理论基础 128
　　　三、企业再造的核心是流程 129
　　　四、企业流程再造的意义 134
　　第二节　企业流程管理 136
　　　一、流程管理的界定 137
　　　二、企业流程管理的特点 138
　　　三、企业流程管理的内容 139
　　第三节　企业财务流程再造 140
　　　一、财务流程的概念 141
　　　二、企业财务流程的类别 142
　　　三、企业财务流程再造的核心原则 142
　　　四、企业财务流程再造的操作性原则 144
　　第四节　企业财务流程再造的实现 145
　　　一、传统企业财务流程的缺陷 145
　　　二、企业财务流程再造的阻力 145
　　　三、企业财务流程再造的意义 146
　　　四、企业财务流程再造的实现 147

第六章　企业财务战略管理业绩评价 149

第一节　业绩管理及业绩管理模式 149
一、业绩与业绩管理 149
二、业绩管理的历史演进 151
三、欧美及日本的业绩管理模式 153

第二节　业绩评价系统 153
一、业绩评价的种类 154
二、业绩评价系统的构成要素 154
三、业绩评价体系的演变 158
四、传统以财务业绩为主的业绩评价体系 162
五、业绩评价体系中非财务指标的引入 165

第三节　经济增加值 167
一、经济增加值（EVA）的产生 167
二、经济增加值（EVA）的激励系统 170
三、经济增加值（EVA）的优势与不足 171

第四节　业绩评价体系的发展 173
一、平衡记分卡（BSC） 173
二、战略记分卡 177
三、绩效棱柱 178

第五节　业绩评价、战略管理与财务激励 179
一、业绩评价与战略管理 179
二、业绩评价与财务激励 181

第七章　企业战略成本管理 182

第一节　传统成本管理及其缺陷 182
一、传统成本管理发展的历程 182
二、传统成本管理的缺陷 183

第二节　战略成本管理模式 186
一、战略成本管理产生的背景 186
二、战略成本管理的基本思想 188
三、战略成本管理模式及流程 190
四、战略成本管理的特征 192
五、战略成本管理的措施 194

第三节 战略成本管理的基本框架 195
　　一、价值链分析（Value Chain Analysis ）.................................195
　　二、战略定位分析（Strategic Positioning Analysis ）.................199
　　三、成本动因分析（Cost Driver Analysis ）.............................202
　　四、从价值链到价值群 205
第四节 战略成本管理的拓展 206
　　一、以作业为基准的战略成本管理 206
　　二、质量成本管理的战略拓展 208

第八章　企业财务竞争力 210

第一节 企业核心竞争力 210
　　一、核心竞争力 210
　　二、企业竞争优势是战略选择权的结果 213
第二节 企业财务竞争力 214
　　一、财务竞争力的特征 215
　　二、财务竞争力的内容 215

参考文献 219

后 记 226

第一章 导 论

人类社会的进步，从本质上讲，就是一个从简单到复杂，由低级到高级，不断推陈出新的过程。社会的不断进步表现在两个方面：一是不断丰富的物质产品，包括衣食住行各个方面的物品及其的不断更新；二是不断增加的精神产品，包括各种科学理论、思想体系、道德、法律、艺术、宗教等上层建筑。在物质和精神财富的无限积累中，一切创新的成果都是最宝贵、最有价值的，因而也是对人类社会发展最有意义的部分。同时，人类为了生存，也总在不断改进生产工具、劳动条件和生存环境。

知识经济时代，创新不仅在经济生活中，而且在社会发展中都起着决定性的作用，创新能力的高低成为决定一个国家、地区、组织和个人成功与否的重要因素。在这种情况下，对创新的理解已经不能仅仅从某一个学科或领域来进行。从广泛的意义上讲，创新是人类在实践活动中取得的有利于人类社会发展的各种飞跃或进步。各个国家的经济发展阶段不同，创新能力存在较大差异，因而造成了国家间由于知识差距而导致的国力差距。新兴的 IT、通信和生物技术领域的蓬勃发展进一步刺激了创新的发展，这种趋势在 21 世纪更强劲。当代世界各国，无论是发达国家还是发展中国家，都清楚地认识到创新是国家发展的动力，是社会进步的标志，而且都把创新列为国民经济发展和社会进步的基本国策。可以说，在当代，创新已经超越了意识形态和社会制度的差异而成为人类的共识，成为知识经济社会的核心。

任何企业都必须能够利用创新经营模式，使其员工充分发挥出他们与生俱来的创造力。正如江泽民 1995 年在全国科技大会上所做的论述："创新是一个民族的灵魂，是国家兴旺发达的不竭动力。一个没有创新能力的民族，难以屹立于世界民族之林。"这一见解无疑成为 21 世纪经济发展的重要战略思想。

第一节 创新的内涵、特征和意义

创新是一个历史范畴，人类社会的发展程度不同，人们对创新的认识程度不同。在我国，早在两千多年前，老子就指出："反者道之动，弱者道之用。天下万物生于有，有生于无。"① 在此，隐含着创新过程总会有有无相生的思想。儒家经典之一《大学》中也有"苟日新，日日新，又日新"② 的创新思想。

一、创新的内涵

创新能够改变世界，能够给世界带来新东西、新事物，促使世界不断地运动、变化和发展，并成为人们认识世界、改造世界的源动力。创新概念自 20 世纪初诞生以来不断丰富和发展，已经成为当代最重要的科技与经济密切结合的综合性理论思想之一。创新理论、创新动力和创新战略的研究已经成为 21 世纪经济学和管理学研究的热点问题。

1. 何谓创新

"创新"（Innovation）从词义可以解释为创新行为、发明行为或创造某种新事物的行为，是和人与社会的实践本质密切联系的，是广泛存在于人的活动中的普遍行为。迄今为止，创新仍然是一个经常会引起争议的话题，不同的研究者从不同的角度出发对创新给出了定义。

心理学家尝试开发对创新思维能力有效的测试方法，以确定它们之间的因果关系，研究促进或阻碍创新的认知形式和过程；教育学家侧重于对有创新能力的学生的先天和后天因素进行研究，研究如何利用给予设施和方案促进学生创新能力的培养，以及教师和家长对学生创造力的影响；管理学家研究企业机构中影响创新和改革的企业设计与文化报告。尽管如此，创新理论的研究更多的还是在经济学领域进行的。经济学对创新的一般定义是：创新是企业家向经济中引入的能给社会或消费者带来价值追加的新东西，这种东西以前未曾从商业的意义上引入经济之中。

马克思在《经济学手稿》中就有关于创新的论述："自然因素的应用——在一定程度上自然因素被列入资本的组成部分——是同科学作为生产过程的独立因素的发展相一致的。生产过程成了科学的应用，而科学反过来成了生产过程的因素即所谓职能。每一项发现都成了新的发明或生产方法的新的改进基础。"③

（1）创新理论观点的首次提出。20 世纪初，熊彼特在其著作《经济发展理论——对于利润、资本、信贷、利息和经济周期的考察》中首次提出了创新的理论观点。他以"创新理论"为核心，研究了资本主义经济发展的实质、动

---

① 老子. 诗译道德经［M］. 卢国龙译. 北京：华夏出版社，2003：80.
② 四书五经［M］. 北京：中国友谊出版公司，1993：1.
③ 马克思恩格斯全集（第 47 卷）［M］. 北京：人民出版社，1979：570.

力和机制，探讨了经济增长和经济发展的模式和周期波动，预测了经济发展的长期趋势。他指出："生产意味着把我们所能支配的原材料和力量组合起来。生产其他的东西，或者用不同的方法生产相同的东西，意味着以不同的方式把这些原材料和力量重新组合。只要是当'新组合'最终可能通过小步骤的不断调整从旧组合中产生的时候，那么就肯定有变化，可能也有增长，但是却既不产生新现象，也不产生我们所意味的发展。……当我们谈到生产手段的新组合时，我们指的只是后一种情况。因此，我们所说的发展，可以定义为执行新的组合。"①

熊彼特的创新理论包括以下五个方面：

第一，采用一种新的产品。也就是消费者还不熟悉的产品，或产品的一种新特性。

第二，采用一种新的生产方法。也就是在有关的制造部门中尚未通过经验鉴定的方法，这种新的方法绝不需要建立在科学的新发现的基础之上，并且也可以存在于商业上处理一种产品的新的方式之中。

第三，开辟一个新的市场。也就是有关国家的某一制造部门以前不曾进入的市场，不管这个市场以前是否存在过。

第四，掠夺或控制原材料或半制成品的一种新的供给来源。也不问这种来源是已经存在的，还是第一次创造出来的。

第五，实现任何一种工业的新的组织。比如打造一种垄断地位，或打破一种垄断地位。

熊彼特创新理论的最大特点就是强调创新在社会经济发展过程中至高无上的作用。他认为创新是一个内在因素，经济发展来自于自身创造性的一种变动。熊彼特以企业创新理论来解释资本主义的本质特征，解释资本主义发生、发展和趋于灭亡的结局。在他看来，推动资本主义变革的根本动力在于生产技术的革新和生产方法的变革。熊彼特把资本主义经济活动区分为两种类型：一是经济循环，他称之为"循环流转"，在这种情况下，企业没有技术创新，没有发展，不存在企业家，企业的总收入等于总支出，利润为零，整个生产过程循环往复，周而复始；二是经济发展，它的基本动力是"创新"。

在 20 世纪 30 年代和 40 年代相继出版的《经济周期》、《资本主义、社会主义和民主》两本书中，熊彼特对创新理论再次加以全面、具体的运用和发挥，形成了完善的创新理论体系。

---

① ［美］约瑟夫·熊彼特. 经济发展理论——对于利润、资本、信贷、利息和经济周期的考察［M］. 北京：商务印书馆，1990：73—74.

熊彼特认为，所谓创新就是"建立一种新的生产函数"，也就是说把一种从来没有过的关于生产要素和生产条件的"新组合"引入生产系统。其目的就是获取潜在的利润。所谓生产函数，是在一定时间内，在技术条件不变的情况下生产要素的投入同产出或劳动的最大产出之间的数量关系。它表示产出是投入的函数，每一生产函数都假定一个已知的技术水平，如果技术水平不同，生产函数也不同。创新的承担者，即创新主体只能是企业家。熊彼特把创新活动的倡导者与实施者称为企业家，强调创新在社会经济发展过程中至高无上的作用。他认为，静态的经济主体是经济人，而动态的经济主体则是企业家或创新者。只有那种敢于冒险，把新的发明引入经济之中的企业家，才是创新者。企业家与普通的企业经营者不同，他在分析中强调了变动和发展的观点，认为创新是一个内在的因素，经济发展也是来自于内部创造性的一种变动。其结果将促进技术创新的成功率，推动企业更多地进行技术创新。

按照熊彼特的观点，经济系统的均衡只是一种理想的状态，在实际的经济生活中是永远不可能达到的。经济发展应该理解为一种变化，它是造成经济发展或经济变化的动因，是流量系统自发的和不连续的变化，是对均衡的扰动，永远改变和替代不了先前存在的均衡状态。这种经济系统内部自发的和不连续的变化，就是创新。从熊彼特所提出的创新的本意来看，创新指的是一种经济活动，技术创新和制度创新都是从创新概念演化而来的，它们都是创新的一个重要组成部分。熊彼特所指创新概念的五个方面，虽然本意是要说明它们在经济发展中的功效，但实质上是含有了创造全新的资源配置方式方法的内在含义。由此可见，熊彼特的经济发展理论，其实是论述新的资源配置方式对经济发展的推动。不过，熊彼特的创新概念虽然涉及了管理创新的核心，但他并未准确地认定创新的资源配置功能，认识到创新对经济发展的作用在于实施了一种全新的资源配置方式，使资源利用符合全社会利益最大化的要求。

熊彼特强调了"变动"和"发展"的观点，认为"创新"是一个内在因素，经济发展也是来自内部自身创造性的一种变动，从而又比较强调内在因素的作用。创新经济学的繁荣说明了创新活动在经济生产领域得到了充分发展和典型表现。自熊彼特的创新理论开创以来，逐步得到了社会的普遍认可，并被移植到其他各个领域，出现了如科技创新、组织创新、制度创新、观念创新等许多定义，并把创新提升到了很重要的位置，将它看做是社会经济发展的不竭动力。

（2）创新理论的发展。20世纪50年代以后，熊彼特的拥护和追随者把创新理论发展成为当代西方经济学的另外两个分支——技术创新经济学和制度经济学。美国经济学家爱德华·曼斯菲尔德和比尔科克等人，从技术推广、扩散和转移以及技术创新与市场结构之间的关系等方面对技术创新进行了深入研究，并形成了技术创新经济学这一新的分支学科。兰斯·戴维斯和道格拉斯等人，把熊彼特的"创新"理论与制度派的"制度"结合起来，研究制度的变革与企业经济效益之间的关系，由此创立了制度创新经济学这样一门新学科，从而丰富和发展了"创新"理论。科斯在1937年发表了一篇《论企业的性质》的论文，他认为市场交易是有成本的，这一成本叫做交易费用。企业的产生和存在是为了节约市场交易费用，即用费用较低的企业内交易替代费用较高的市场交易。科斯用交易费用解释了企业这种组织产生的客观原因，为我们提供了企业产生发展及其创新的新视角。科斯的追随者威廉姆森进一步发展了科斯的思想和观点，在他的理论里，组织创新可以节约交易费用，而组织创新的原动力在于追求交易费用的节约。

熊彼特的追随者们认为创新理论的最大特点就是强调创新在社会经济发展过程中的作用，把创新和生产（资本）要素的"新组合"看成是资本主义的最根本特征。正是由于经济活动对于人类的重要意义，人的知识、智慧与能力，首先和集中地运用于生产领域，不断地发明新的工具，改进生产技术，提高劳动效率。一部人类生产史就是一部创新的历史。美国经济学家曼斯菲尔德认为，创新就是"一项发明的首次应用"。他认为与新产品直接有关的技术变动才是创新。产品创新是从企业的产品构思开始，以新产品的销售和交货为终结的探索性活动。[①]

20世纪90年代以来，知识经济作为一种新的经济形态初露端倪，人们对创新的认识也比以往任何时候大大深化了。经济合作与发展组织在1992年发表的《技术统计手册》中认为，创新是一个非常广泛的概念，在任何经济部门都可能发生创新，包括卫生和教育这类政府服务机构。欧盟1995年度的《创新绿皮书》中指出，创新是指在经济和社会领域内成功地生产、吸收和应用新事物，它提供解决问题的新方法，并使得满足个人和社会的需要成为可能。

美国企业管理学家德鲁克认为，"创新"不是一个技术用语，甚至可以不是一个实实在在的"东西"，而是一个经济和社会用语，其判断标准不是科学或技术，而是经济或社会环境中的一种变革，是消费者、生产者、公民、学生或教师等人的行为的一种变革。创新是企业家精神的特殊手段。创新行动赋予资源一种新的能力，使它能够创造财富。事实上，创新本身创造了资源。可以用萨伊定义企业家精神的方式定义：创新就是改变资源的产出。或如现代经济学家惯常所做的那样，将它从需求的角度来定义而不是从供给的角度，即定义为

---

① E. Mansfield. The Economics of Technological Change ［M］. New York, w. w. Norton and Company, 1971.

改变消费者的价值和满足。在他看来，创新是企业家的具体工具，也就是他们借以利用变化作为开创一种新的实业和一项新的服务机会的手段。创新是一门学科，可以供人们去学习，让人们去实践。企业家们需要有意识地去寻找创新的源泉，去寻找表明存在进行成功创新机会的情况变化及其征兆。他们需要懂得进行成功创新的原则并加以运用。创新是大胆开拓的具体手段，创新的行动就是赋予资源以创造财富的新能力。凡是能改变已有资源的财富创造潜力的行为，都是创新。如体现在管理、市场营销和组织体制等方面的新能力、新行为，即属于管理创新、市场创新和组织创新。管理是一项创新，管理是人类首次能够把具有不同技艺和知识的生产者安排在一个"组织"里共同工作的"有用知识"。系统的创新存在于有目的、有组织地寻找变化，存在于对这些变化可能提供的经济或社会创新的机遇进行系统的分析。

汤马斯·库兹马斯基教授在《创新 K 管理》（Innovation）一书中强调"创新是一种思考信念"，把创新向"艺术"（而非科学）的一端倾斜。他认为，失败是创新不可避免的一部分；拥有一套"新产品战略"的公司比较容易成功；要想达到成功的创新，新产品的开发过程必须界定清楚、有系统，而且被普遍了解；公司必须界定出创新价值观和创新团队的行为规范。

（3）国内学者对创新的认识。国内学者对创新的定义主要集中在技术方面。如傅家骥（1998）认为，技术创新是企业家抓住市场信息的潜在赢利机会，以获取商业利益为目标，重新组织生产条件和要素，建立起效能更强、效率更高和费用更低的生产经营系统，从而推出新产品、新工艺开辟新的市场、获得新的原材料来源或建立企业新的组织的过程。

杨洁（1999）认为，所谓创新是指改变、更新或执行一个新方案；改变、更新或制造一种新的东西，以获得更高的社会和经济效果的过程或行为。

许庆瑞（2000）认为，技术创新是技术变革的一个阶段。技术变革过程大体分为技术发明、创新和扩散三个阶段。其中，创新是继发明之后实现新技术的第一次商业性应用，是科学转化为直接生产力的阶段。

赵玉林（2006）认为，创新是一个过程，是从新产品、新工艺的构想、研究、开发到首次商业化应用的全过程。是企业家抓住新技术的潜在赢利机会，重新组织生产条件和要素并首次引入生产系统，从而推出新的产品、新的工艺、开辟新的市场、获得新的原材料来源，以及由此而引发的金融变革、组织变革和制度变革。

2002 年浙江大学创新和发展研究中心提出了基于系统与网络的全面创新管理（Total Innovation Management, TIM）新范式。它的基本内涵是：以提高核心能力为目标，以战略为导向，以技术创新为中心，以各创新因素（如组织、战略、文化、制度等）在扩展时空域内的协同为手段，通过有效的创新管理机制、方法和工具，实现"全员、全时空、全价值链创新"的构架。

由此可见，创新是一个较为宽泛的概念。创新意味着观念的变革，意味着组织的变革；创新意味着运行模式的变革，意味着竞争基础的变革。从企业的角度而言，有的东西之所以能称之为创新，是因为它提高了企业的工作效率或巩固了企业的市场地位；或者是通过生产要素的重新组合，为企业获取潜在利润准备了条件；或者是改善了我们的生活质量。创新可以被其他企业模仿，并能够较快地普及，推动经济周期性发展。创新也是一个动态的过程，随着时间的推进，会由于相关因素的变化而变化。从事创新活动、使生产要素重新组合的人称为创新者。应该说明的是，创新不一定是全新的东西，旧的东西以新的形式出现或与新的方式结合也是创新。

从战略管理的视角理解创新，应更加强调其服务于竞争，支撑优势基础的属性。一切可以提升企业竞争力，以形成竞争中差异化优势为目的，并能够为消费者感知和认同的开创性活动和行为都可以纳入企业创新的范畴。创新可以体现在企业生产经营价值链活动的各个环节和企业活动的整个过程及各个层面。在当前新的环境下，战略管理的主要任务是研究创新的发展战略，发掘创新机会，集聚和培育创新资源、能力，建立并完善创新系统，塑造创新企业文化，建立竞争优势。从战略管理角度理解创新，创新资源的配置更应强调突出行业特点、竞争需要和企业的具体资源能力状况。

2. 与创新相关的概念

（1）创新与发明。创新和发明不同。发明是研究活动本身或它的直接结果，是通过技术表现出来的人的精神的创造；是利用自然科学原理或自然规律，解决某一领域内所存在的问题的具有创造性的技术解决方案；是人的一种思维活动，是以满足一定欲望为目的的已有知识的新结合。发明只是有一种新设想或新物品，只有通过申请专利被企业家引入生产过程，产生新的经济效益，才能成为创新。发明只是创新过程的一部分，有了发明不等于有了创新。创新是一种具有经济和社会目标导向的行为。按照熊彼特的观点，创新是发明的第一次商业化应用。具体而言，第一次把发明引入生产体系并为商业化生产服务的行为就是创新。创新可以看成是技术改进的单元，创新不一定非是重大技术进展的商业化，它也可能仅仅是对渐进变化的技术诀窍的利用，有时甚至根本不涉及技术改进。大多数人认为，实现成功创新的途径就是拥有大量潜在的发明。

（2）创新与创造。创新与创造不同。创造的内容很丰富，既可以是一种设想、一种行为、一种成果，也可以是一种事业、一种价值、一种意境。创新则强调的是破旧立新和创造或发明的成功实施，具有更高的经济效益和社会价值。

创新是人类的一种高级创造活动，是人在社会发展的实践中扬弃旧事物、旧思想或旧方法，把新设想或新成果成功实施并获得更高效益的运作系统。

（3）创新与研发。研发也就是研究与开发的简称，是以某一特定目标或任务为导向的稀缺资源的配置过程，是衡量一个国家和企业创新能力的基本指标之一。世界经合组织（OECD）给出的定义是：研究开发是一种系统的创造性工作，其目的在于丰富人类、文化和社会的知识宝库，并利用这些知识进行新的发明。研究与开发通常相互联结、相互区别。研究是指试图产生极有可能应用的创造性发明，可分为基础研究和应用研究。基础研究是无目的性的，主要进行有关知识和真理的讨论，它是社会和科学本身发展的重要基础。基础研究一旦取得重大突破，将推动整个科学技术和社会生产飞速向前发展。应用研究则主要是用于解决实际问题的，是把基础研究成果应用于解决新技术、新产品、新工艺和新方法等问题而进行的科学研究。开发强调修改发明和现行创新以满足特定需要。研发是创新的前期阶段，是创新的投入，是创新成功的物质和科学基础。

国际上对研究开发与创新关系的实证研究表明，研究开发投入多，所产生的创新不一定多。一味强调研究开发，而对创新过程的市场需求考虑不足，则很可能出现大量科技成果不能转化为现实生产力的现象。

二、创新的特征

创新的本质是将科学技术应用于产品、工艺以及其他商业用途上，以改变人们的生活方式，提高人们的生活质量。创新所带来的经济效益仅仅是创新的一个表现而已。

一般地，创新具有以下特征：

1. 创造性

创新可以看做是具有多种复杂的创造性活动。这种创造性，一是体现在新技术、新产品、新工艺的显著变化上，或者是由于对现有技术做出了某些改进，使得旧技术更加完善，应用效果明显提高；二是体现在组织机构、制度、经营和管理方式的变革上，其特点是打破常规、勇于探索；三是体现在创新必须是创造性构思的结果。在此过程中，人类创造性地把生产要素应用于生产经营的实践活动中，实现了技术形态的转化。从本质意义上说，创新的含义在于人类物质文明、精神文明的一切领域、一切层面上获得的新发展、新突破。人的创新活动所具有的创造性，最本质的属性就是敢于进行新的尝试，包括新的设想、新的实验、新的举措等。所以，人的创造性活动——创新是人区别于其他动物的本质特征。动物在自然面前是被动的适应，只能根据自然条件在生物层次上进行优胜劣汰式的进化，而人与自然的关系则是相互作用、共生共存的关系。人的活动虽然受到自然条件的制约，但人可以通过自己的活动改变自然条件，促使其朝着有利于自己的方向发展。人正是通过自己所独有的创新活动来展现自己的本质力量的。

从创新成果的实质上看，创新往往是变革旧事物的产物，都带有变革性。当我们没有办法解决问题的时候，就得考虑一下"变"，即改变结构、功能、方式、方法等。这个由"变"到"通"的过程，就是创造和革新的过程。不破不立，破"旧"才能立"新"，推"陈"才能出"新"，这些都是指对旧事物的变革。

2. 风险性

一个创新方案的提出和实施，要经过研究开发、生产以及市场占有等各个环节，面临诸多不确定性，如技术开发的不确定性、生产实现的不确定性、市场销售的不确定性、收益分配的不确定性、资金支持的不确定性等，甚至还有来自于社会、政治等方面的不确定性。所有这些不确定性，使得企业创新行为面临较大的风险。企业创新如果成功，其成果将会给企业带来新的经济增长点，大大提高其经济和社会效益，使之具有更强的市场竞争力。但如果创新结果不尽人意，不仅使企业在创新过程中的投入无法收回，而且可能会因此影响其市场竞争能力。

通常，一个新产品、新工艺的问世往往要经过很多次的试验和探索才能成功，而且一个新产品从生产到占领市场往往历时很久。在此过程中，人们尽管都是立足于对现实条件和未来趋势的把握上进行决策的，但因很多主客观原因的制约，人们虽然可以有计划，有一定的目的性，但却不能完全控制创新的过程和结果。人们不可能准确无误地预测未来，也不可能完全准确地左右未来客观环境的变化和发展趋势。例如，就市场状况看，企业往往不易把握市场需要的基本特征，并将这些特征融入到创新过程中。当一种创新产品推向市场时，是否能向用户提供更大的满足，用户是否接受，如何让用户尽快地接受，以及如何使创新向其他领域扩散等存在诸多不确定性，从而使得创新成为一种高收益和高风险并存的经济活动。另外，消费者的观念变化、同行业竞争的加剧，以及政府经济政策的调整等都会对创新产生影响和冲击，从而给创新带来风险。

3. 市场性

市场经济条件下，创新是为了满足经济和社会的发展需要，市场是企业创新的出发点和归宿点，是否取得市场成功是判断现代企业生存和发展的重要标准。创新活动必须与市场相结合，围绕市场目标进行才有意义，企业的一切创新行为都应致力于提高企业与市场的吻合度。一方面，企业通过一系列的创新活动，要适应市场的变化，做到与市场变化同步发展。另一方面，企业也要善于把握市场未来的发展方向，预测市场的潜在趋势，勇于探索，加大创新投入，创造新的社会需求，创造新的市场。企业最直接的客观环境是市场，离开市场就谈不上准确、科学的创新。现实中有许多企业在引进技术或开发新产品时，因不关注市场只关注技术所导致失败的例子。

4. 系统性

企业是创新的主体，是一个由多种要素构成的综合体。就企业而言，企业生产经营是由研发、决策、生产、营销等许多环节构成的系统活动，创新效益的实现贯穿于整个创新活动中。要使创新活动有效进行，企业内部各个环节必须密切配合，任何环节出现失误都会影响创新活动的效果。同时，创新的实现也与企业的经营观念、管理制度、组织结构等密切相关，创新的实现，需要组织内部战略、资金、文化等要素的协同作用，需要组织、制度、资金等诸多方面的支撑。它们既是创新的基础条件，同时也在创新过程中不断积累和加强，并对企业进一步创新发生作用。

可见，创新是一个系统工程，涉及企业的方方面面，是一个全方位的、具有动态性和协调性的创新系统。就政府而言，其管理理念、管理方法、经济政策等，必须随着经济社会发展的变化而不断进行动态调整，以形成适应经济发展的创新体系。

5. 层次性

创新具有层次性。创新既包括大的技术革命、整个社会的制度变革和进步，也包括小的工艺改造以及管理方法、学习方法的改进。正因为创新层次高低不同，其产生的影响也不同。一般来说，相对低层次的创新活动仅影响某一领域、某一个体或某种行为，而高层次的创新活动所产生的影响则有可能会影响整个社会发展和民族进步。当然，低层次的创新活动经过一定时期的量的积累可以转化为高层次的创新活动，高层次的创新活动反过来也可能促进低层次的创新活动。

6. 普遍性

创新是普遍存在的，是人类社会的本质特征。如果创新能力只是少数人才具有的一种能力，那么创新理论就失去了它存在的必要和意义。可以说，创新是每个个体所具有的潜能。人类的创新行为使人们的智慧和物质文明不断积累，从而才有了人类历史的进步和人类自身的发展。尤其是在当代社会，创新已经成为显著的时代特征，并发生在人类社会生活的各个领域和层次，表现在各个行业的方方面面，无一例外。不仅如此，不同领域的创新既有共同点，又有不同点。共同点是它们都是人类为了改进自己的生活而进行的创造性活动，不同点是它们发生在不同的领域，不仅创新对象、方法、途径不同，而且创新成果不同。在不同领域发生的创新活动具有高度的关联性，一些关键领域的创新如果不能实现则会对其他领域的创新形成制约。

在知识经济时代，创新能力已经成为一个国家和民族、一个组织甚至每一个个体能否取得成功的决定性因素。

7. 扩散性

无论哪一种形式的创新都具有扩散性。如一种有生命力的理论诞生后，只要经过实践检验是正确的，就会很快在社会上广泛传播开来；再如一种技术创新、制度创新，只要有足够的社会价值，能够提高劳动生产率，也同样会在企业之间、行业之间、地区之间乃至国家之间迅速扩散并传播。由此，也使得创新在社会发展中所起的作用大大增强。知识经济时代，企业生产经营更多地体现出网络化、信息化和国际化的特征，信息交流传播的速度进一步加快，从而使得创新扩散更加迅速。

8. 收益的非独占性

一般地，按照风险和报酬均衡原则，高风险往往要求高报酬。创新活动也同样如此。就企业而言，创新的最终目的体现在增加企业效益、促进企业持续发展的过程中。企业创新是为了使之获得更高更好的经济和社会效益，具有持续增长的态势和可持续发展的后劲。当然，创新者难以获取从创新活动中所产生的全部收益。这是因为，创新活动本身主要是产生一种无形知识，它通过产品实物而体现出来。由于知识复制要比知识创新容易，所以，造成了创新收益的非独占性。实施知识产权的难易程度，决定了创新收益的独占程度。

三、创新的意义

纵观人类社会的发展历程，人类社会的发展史就是一部创新史。同样，任何企业发展的历史也是创新的历史，企业生存和发展的基础就在于创新。只有持续不断地创新，企业才能在市场竞争中获胜。因而，在一定意义上讲，创新具有重要的战略意义。

1. 创新是人类社会的主旋律

现实中，创新已发展为一种共同的范式。任何企业、组织、社会、国家，在当代社会中都必须创新。创新发生于不同领域，表现为不同形式、产生了不同效果。如果把创新作为一种普遍的、通用的语言，就需要对其进行新的综合，提炼出不同领域创新的共同特征，运用更具有概括性的范畴，提出更具有普遍性的规律，做出可以共同理解与接受的理论表述。

创新可以是个人行为，也可以是组织行为。在人类社会活动中，有一条简单又行之有效的规律，也就是创造力的第一法则——出奇制胜。如果人类没有创新，现代社会就没有层出不穷的新产品、新技术、新工艺、新材料、新发明，人类也就不可能享受如此丰富多彩的现代生活。正是这些新的精神成果和物质成果，构成了人类的精神文明和物质文明，推动着人类社会向着新的高度不断迈进。人类发展的历史，特别是当今世界的激烈竞争表明，哪一个民族和国家善于创新，它发展就快，就强大，就处于世界领先的地位；谁因循守旧，谁就落后，在世界上就处于被动挨打的地位；哪个民族和国家在历史上某个时期善于创新，这个时期就发展迅速，就强大，什么时候创新少了，就开始落伍。一个民族，特别是后进国家和民族，只要不甘于在激烈的国际竞争中处于劣势，就必须牢固确立起全民族的创新意识，营造良好的创新环境，努力提高全民族的创新能力，加大创新步伐。国与国之间的竞争，从现象上看是综合国力的较量，归根到底，实质上是人才、科技实力的竞争，是创新思想、创新能力的竞争。古代中国所以成为世界上公认的强国，就是由于春秋之交出了孔子、孟子、老子、墨子等一大批思想家，出现了"百家争鸣"的局面，出现了许多新的理论和观念，使古老的中国在世界上率先顺利完成了由奴隶制向封建制的过渡。"二战"后，日本经济之所以能够很快从极度困境中得以恢复，并随之取得迅速发展，创造了"经济奇迹"，其根本原因就在于创新。

当今世界已进入知识经济时代，知识经济建立在日益发达的、成为未来经济主流的信息产业之上，强调产品和服务的数字化、网络化、智能化，主张个性化的商品生产，这些无不体现了社会发展对创新的要求。知识经济的发展主要取决于智力资源的占有和配置，取决于知识或有效信息的积累和利用，知识本身也成为产品，它不断被生产出来，并通过加工、处理、传输和经营，从而为越来越多的居民所消费，许多以资源、劳动消耗为主要特征的生产过程向智能化方向转变，生产和整个经济活动由领先资源和劳动投入转变为主要领先知识、技术的投入，人类将更加合理、科学、创造性地利用资源，建立起经济、社会、资源、环境协调发展的模式。这是知识及知识创新的表现。掌握知识，创造和应用知识的能力和效率将成为影响一个国家综合国力和国际竞争力的重要因素。

2. 创新是人们改造世界的创造性活动

我们知道，科学家、政治家、企业家等的成功，在于他们立足于创新、得益于创新。他们有更宽的眼界，善于寻找和积累新的经验，用新的思考方法考察市场、考察社会，用与众不同的方式看待和思考问题。他们所获得的新视角可以推动他们提出创见，使得其他人很难模仿。若他们因循守旧，就不可能在时代的潮流中有所建树。成功的企业家，不论其个人动机如何，有一点是共同的，就是他们都设法创造价值、做出贡献。他们不满足于对已经存在的事物仅仅做出一些改进或修改，而总是设法创造新的、与众不同的价值，满足新的、不同的追求。美国芝加哥大学的心理学教授契克森米哈赖（Mihaly Csik Sentimihalyi）研究发现，创新者大多具有"从一个性格极端到另一个性格极端的"的能力，但一般人则只能倾向于向一个极端发展。[①]

成功的创新要以建立领先地位为目标。也就是说，一项创新在开始时如果不以取得领先地位为目标，就不会有充分的创新精神，创新社会表现为创新的普遍性。全面创新产生于创新的连续反应和快速反馈。全面创新也成为一种竞争方式，并促使社会发生着日新月异的变化，社会变革的时间尺度缩短，发展的节奏加快。在相同的时间间隔内，创新社会包容了比传统社会更多、更大的进步值，在这种环境中，创新意识已成为时代意识，创新精神已成为时代精神。

人是实践的动物。创新存在于人的实践活动中。人类根据对自然界属性的认识，运用工具加工和改造自然物，使其更好地满足人的需要。科学在工艺上的自觉应用，生产的分工与协作，都促进了劳动生产率的提高，增加了社会自由时间，为社会非生产部门的发展提供了物质基础。生产关系的创新，建立了更有效率的产权关系与分配关系及其制度，进一步解放和发展了生产力，推动了社会上层建筑领域以及思想观念的创新。事实上，一个企业要成为具备开拓精神的企业，不一定非小而新才可以，一些规模巨大而且历史悠久的老企业也可能成为具有开拓精神的企业。

3. 创新是企业生存和发展的关键

企业作为现代工业社会的标准生产形式，已经存在了两个世纪。今天的企业同两百年前相比有天壤之别，但有一点是永远不会改变的，那就是企业必须在市场激烈的竞争中取得优势，才能生存和发展。因而，不仅需要企业既有的生产经营系统能够良好运转，而且更重要的是能够时刻保持变革创新的能力，接受不断变革的市场挑战。从创造学的角度看，创新的最终目的就是要充分发挥企业内个体和群体的创造力，形成企业的核心竞争力。只有这样，企业才能赶上时代潮流，才能创造新的产品、开拓新的领域，才能有生存的基础和发展的源泉，才能占领市场。

伴随经济日益全球化和技术进步节奏的加快，企业的生存和发展越来越多地受到自然的、社会的、经济的、政治的、法律的、文化的、技术的以及企业组织自身的多种因素的影响，就市场而言，总有一些企业、行业衰落和消亡的同时，另一些企业、行业在迅速地崛起，这些企业或行业的崛起都与其不断创新变革活动密不可分。换言之，在当代，企业不仅要与本国、本地区的企业竞争，更要同世界其他国家、其他地区的企业竞争；不仅要与老对手竞争，还要

---

① 尤克强. 知识管理与企业创新［M］. 北京：清华大学出版社，2003：153.

同不断出现的新企业竞争，以及进行跨行业的扩张渗透性竞争。企业在激烈的竞争环境下，要想在市场竞争中占有一席之地，必须从市场环境的变化出发，调整自己的发展战略，在充分预见竞争对手的相应对策条件下寻找新的市场策略和运行方式，不断提高产品价值中的知识含量和高科技含量，提高自身的市场应变能力和竞争能力，不断向市场推出新产品，提高产品和服务的市场竞争力和市场含量。世界上众多成功的企业，由小到大，由弱到强，发展成为具有长久生命力的大企业、大集团，无一不是以不断创新实现的。一个现代企业唯有锐意进取、不断创新，才能充满活力，在激烈的市场竞争中稳操胜券，在不利条件和逆境中争得生存和发展。因此，创新关系到企业的盛衰成败，是企业获得竞争优势的决定性因素，是企业实现可持续发展的源泉。

追求效益最大化是企业的重要目标。创新的过程是企业实现这一目标的有效途径，是企业优化自身行为的过程，是企业实现快速发展的过程。企业的每一次调整、每一次变更都是创新。这种持续不断地推出、实施新的思想、新的管理方式、新的工艺、新的市场战略的过程，就是不断实现创新的经济效益、推动企业持续不断发展的过程。创新把潜在的资源变成了现实的资源，引入了新的生产要素，扩大了生产组织的生产能力与范围，采取了新的资源组合方式，形成了资源的新的价值、效用与收益，实现了财富生产的新的可能途径。一个企业的创新是否成功，其检验标准就是看其创新行为是否使其获得了明显的收益。

第二节 企业创新的条件

作为建立在社会化大生产和专业化分工协作基础上的经济组织，企业一方面不断地实现着本身的自我改造和创新，另一方面又构成了社会创新的主体和社会进步与国家现代化的基础。今天的企业所面对的是一个变革的时代，这是任何一个企业都无法避免的。企业作为社会经济的细胞，面临着社会变革的严峻考验，面临着日趋激烈的经济全球化的强烈挑战，面临着日新月异的世界高新技术革命的猛烈冲击。企业只有具有了强烈的创新意识，并通过创新不断推动其发展，才能有整个社会的创新。

企业创新的内涵十分丰富，包括技术创新、制度创新、文化创新等诸多方面。它们相互作用、相互影响，构成了一个有机的整体体系。随着经济全球化发展，中国市场已成为世界市场的一部分，面向世界的中国企业必须是国际化的企业。中国企业不仅面临着参与本土竞争的压力，而且面临着必须在全球范围内直接或间接参与国际竞争的压力，为了在国际竞争中赢得优势，企业必须全面进行创新。

　　企业创新活动是在一定的环境和条件下进行的，创新过程中往往存在诸多影响因素，各个因素错综复杂，相互影响，每一因素都可能对总体创新效果及其他因素产生影响。

一、各级主体的创新意识

　　人类社会是不断发展进步的，并从客观上刺激人们适应这种发展进步。社会发展进步的需要是激励人们树立创新意识、不断创新的源动力。因此，为适应社会发展的需求，人们必须不断增强创新意识，提高创新能力，积极进行创新活动。对企业而言同样如此。知识经济是以创新的速度、方向决定成败的经济，它改变了以往传统经济条件下以资源、资本的增量来决定企业成长的模式，使创新成为企业管理的永恒主题。

　　众所周知，企业是由计划、生产、质量、技术、财务、营销等活动组成的庞大体系，企业的创新意识是指导其进行各种生产经营活动的关键，对企业的生产经营活动起着导向作用。企业发展的过程、企业经营模式的演进过程都不可避免地受企业内部各种主体创新意识的影响。企业中创新的主体可以是企业内部每个员工个体，也可以是不同层次管理人员组成的团队及其企业整体。所有这些创新主体都应具有较好的文化素质和价值观，具备将创新转化为实际操作方案的能力，以及控制协调加快进展的各项能力。创新意识可以说是各种要素、各种形式构成的整体系统，创新意识的各种要素、各种形式必然作为相互作用的有机整体影响人的行为，显示其调节和控制作用。在现实的企业管理活动中，管理主体的理智、情感、意识等共同参与控制和调节人的管理行为，管理主体应努力使管理活动的调控更具自觉性，加强调控中理性成分的作用，并使感情、愿望、信念、意志等非理性因素发挥积极的作用。

　　企业主体的创新意识是诱发创新的重要动因。世界上优秀的企业大都注重开放，勇于创新。如日本索尼公司的创始人井深大直在谈到索尼公司成功的秘诀时说："独创，决不模仿他人，这是我的哲学。"该公司一直把研制世界上都能接受的新产品作为国际竞争的总方针，从建立之始，先从生产半导体收音机起步，后来依靠开发单枪三束彩色显像管电视机占领国际市场。20世纪80年代又抢先推出激光唱机，取得了巨大的成功。

二、外部环境的演化与变革

　　所有企业都处于一个特定环境的包围中，并与环境不断发生相互影响和相互作用。人类历史发展的实践证明，市场是买方与卖方的结合，市场态势是供求双方力量相互作用的结果，市场唯一不变的法则就是永远在变。用户的需求在变，竞争对手的竞争策略在变，有竞争才有创新，有竞争才有发展。竞争贯穿于企业生产经营的全过程。因而，企业就要研究市场，把握市场变化的方向，努力研究竞争对手及其竞争方式，在满足用户需求和保持竞争优势的前提下，全面系统地考虑生产经营各方面的竞争实力，积极主动地从各个环节上参与竞争，策划市场、技术和持续发展战略。由于经济全球化伴随着企业竞争的全球化，企业进入和退出市场变得更加容易和普遍，各国政府所设置的市场壁垒随着经济全球化中不断降低的关税和世界范围内管制的取消而逐渐土崩瓦解。因此，适应经济全球化要求的创新将成为企业今后发展的关键。若企业家和员工在创新系统中形成了促进创新的整体力量，创新就有了良好的内部环境，这种环境的好坏是影响企业创新成功的主要因素，对于发挥管理创新意识的调控功能具有重要的意义。

由于市场本身使企业创新活动很难处于社会需求的最优水平，所以创新还需要国家的政策支持，同时需要健全和完善的创新政策体系。政府作为社会的管理者和经济活动的组织者、调控者，要为企业创新建立一个良好的外部环境，提供应有的法律法规，保障企业创新的权力和规范企业的创新行为；要给企业创造各种合作机会，指导企业的创新方向；要给企业创新提供一系列优惠政策，刺激企业创新的愿望。从英国产业革命的成功到第二次世界大战后日本经济的迅速腾飞，一个重要原因就是这些国家发展科技、重视创新。

三、市场现实与潜在需求的推动

需要是人持续活动的动力。即人们的特定需要一经得到满足，又会产生新的需要，为人的活动提供不竭动力。按照马斯洛提出的"需要层次论"，人的基本需要至少有五种：生理需要、安全需要、友爱需要、尊重需要及自我实现的需要。他还把这五种需要分为两大层次：生存性需要和发展性需要。人们进行创新不仅仅是为了满足基本的生存需要，而且是为了满足其高层次的发展需要。在直接的个人层次上讲，人们的创新活动往往出于满足个人发展性需要的目的，是个体自我实现、自我发展、自我完善的要求和表现。

生产是为了满足消费者的需求，因而就生产的物质内容和数量界限来说，消费需求决定着生产，市场预测和市场调研的内容就是寻找这种需求的表现形式与需求总量。当顾客获得能满足其需求的产品之前，这种需求是潜在的，满足这种需求的市场也处于潜在的状态。当能够满足顾客需求的产品从潜在状态变成现实状态时，潜在的购买这种产品的顾客就会从潜在状态变成现实状态。随着卖方市场向买方市场转变，市场竞争日趋激烈。企业的顾客也由于自身素质的提高和收入水平的增加，对产品的选择范围越来越广，期望越来越高，对产品和服务的个性化和多样化的要求越来越高。顾客需要的不仅仅是单纯的产品，还需要产品、信息和服务的一体化。

研究表明，在某些行业，大约 80% 的创新构思来自生产和市场需求。[①] 相当一部分消费者可能对某种物品有着强烈的渴求，而现成的产品或服务却无法满足这种需要；或者消费者仅仅是具有某种欲望，而对满足该欲望的物品并不明确，随着经济技术发展到一定时期，这种欲望就变成了对某一具体物品的潜在需求，所有这些都表明存在创新的机会。产品在市场上被接受的程度，决定了一切创新的成效。营销人员的责任之一，就是提出并促使形成能正确反映用户需要的核心产品概念。但把企业的所有资源全部投向单纯的市场需求项目而不考虑潜在的市场机会是不明智的，因为市场需求尽管会引起大量创新，但如果不能很好地在创新过程中将营销与创新相结合，也可能无法产生具有较大影响力的创新，甚至将影响新产品进入市场的命运。

市场需要尽管可能会导致大量创新，但不见得能像重大技术进步那样产生有较大影响力的创新。如渐进性创新往往来自需求拉动，而根本性创新更可能起源于技术的推动。

四、管理方法与手段的支撑

如前所述，创新是改变现实世界的创造性活动，创新的结果要产生社会化的影响，创新更多的不是依靠个人所能完成的。也就是说，创新需要管理才能实现，管理是创新取得成功的重要条件。Roy Rothwell 认为，对于实现持续的企业创新这一目标而言，有若干个战略层次的根本前提，其中首要因素就是对创新高层管理的保证。管理大师彼得·德鲁克认为，自工业革命以来，知识从应用于工具、生产过程和产品，到应用于人的工作，再到应用于知识，即管理革命。"提供知识以找出应用于现在知识创造效益的最佳方法，事实上就是我们所说的管理。""知识正在被系统地、有目的地用来界定需要什么新知识，它是否可以以及为了使知识产生效益必须做些什么。换句话说，知识正在被用于系统创新。"[②]

泰勒的"科学管理"确立了工业经济时代企业管理的标准模式。科学管理提出了如何计划、控制和分解工业性工作过程以获取标准质量和规模经济的原则。在现代经济中，市场及其创新环境发生了很大的变化，许多创新产品再也

---

① 黄保强. 创新概论［M］. 上海：复旦大学出版社，2004：3.
② 彼得·德鲁克. 后资本主义社会［M］. 上海：上海译文出版社，1998：45-46.

不可能由标准的大批量产品构成，产品的需求和出售都表现为灵活的小批量定制。"科学管理"的传统方法已经不适应新形势下创新管理的需要，"参与式管理"则是更适宜的创新管理模式。

总而言之，创新是企业的一项重要活动。如果没有指挥、协调、控制等管理因素的介入，不可能使企业的多项资源自动围绕创新目标运转。企业创新的实现需要多种资源，如物质资源、信息资源等，这些资源还需要加上管理资源的参与，才能把多种资源整合为创新的产出。管理创新的重要任务之一就是要创造出一种鼓励创新、有利于创新的企业文化，使之成为企业的主流文化，以促进创新的展开。创新文化一旦形成，就会影响并作用于企业中每个个体的行为，使之同化与顺应并生存于其创新的文化环境中。

第三节　管理创新

作为一种人类的自主活动，管理是随着社会进步和人的发展而变化的。在古代，由于自然经济的分散性和社会协作的简单化，管理主要用于宗教、道德、特别是政治活动，因此，古代管理的概念主要是指管理社会事务和治理国家政务，是一个政治学概念。亚里士多德在其《政治学》中，也将"政治"明确解释为管理城邦国家。西方近现代一大批政治学家和社会学家将管理看成是少数上层人物凭借职权支配多数下层人员的职权等级系统，这同样是从政治学的角度来理解管理的。随着资本主义商品生产的出现和发展，社会分工日趋细密，生产协作日益突出，生产管理和企业管理便应运而生。特别是现代，企业与企业、地区与地区、国家与国家之间的竞争主要不再取决于资源的多寡，而是取决于科技、管理水平的高低，这样一来，"管理"一词的外延和内涵便发生了历史性的转移，终于演化为经济学和管理学的概念而使用。

一、管理的本质

从人类认识和实践活动的基本结构考察可以发现，管理是人类由认识到实践、由理想到现实的中介和桥梁。一方面，管理是人类在认识客观规律的基础上，进而在实践中体现自己的主动性和创造性，从而得以实现自己的本质力量的方式；另一方面，由于实践活动是管理的现实化过程，当从实践上升到理论时，就同时存在着管理主体的能动性、创造性，是管理主体力量的现实化。管理概念本身就蕴含了创造性的含义，表现在：无论在任何社会实践活动中，人类都试图通过自身"能动的"创造力，使个体行动在特定的历史条件下按照一定的方式，为一定的目的或满足某种需要服务。人类的管理活动既内在于创造物质财富的过程，又内在于人的自我完善和自我实现的过程中；既体现于人"对对象的占有"，又体现于人类生命本质力量的物化和外化；既遵循主体方面对于客体方面的合乎规律性，又遵循客体方面对于主体方面的合乎目的性；既存在于物质性活动之中，也存在于精神性活动之中。

1. 管理的本质

所谓本质是指一事物或概念与其他事物或概念相区别的属性。认识管理的本质是管理创新的前提。从哲学的角度看，本质和现象既相互独立又相互统一，本质总是隐藏在现象的背后。我们可以透过现象看本质，从而发现隐藏于现象背后的深层次的东西。管理是为企业服务的，企业的存在决定了企业管理的本质。虽然西方管理学家对现代管理理论的形成和发展起了关键性的推动作用，但纵观各家之言，可以发现，这些理论更多地关注管理的内涵、方法和艺术，强调管理理论的实用性，这与西方学者追求工具理性的人文精神是分不开的。

管理的本质决定了管理是一个不断发展和创新的过程。概括起来，可以从以下几方面来理解：

（1）管理是人类有目的的实践活动。实践是人类改造客观世界的现实活动，其基本特征是按照人的目的和需要进行变革，创建能够满足人的需要的新对象和新秩序。管理是人类的一种特殊创造性实践活动，是追求效率和效果的统一，是人类管理创造性的综合体现。随着管理活动的发展，管理的目的越来越复杂、计划越来越周密，以至于发展到今天，管理决策和计划已构成管理过程中的一个相对独立的领域，成为管理活动成败的关键环节。苏涛（2000）在分析中国传统管理思想对管理本质的探索的基础上指出，在我国，早在数千年前，就对管理的本质问题做出了较多的思考。例如，以孔子为代表的儒家认为管理的本质是行"中庸之道"，"为政以德"，"道之以德，齐之以礼"；以老子为代表的道家认为管理的本质是"道法自然"、"无为而治"；以墨翟为代表的墨家认为管理的本质是"兴天下之利，除天下之害"，"兼相爱，交相利"；以韩非子为代表的法家认为，管理的本质是以法治民，且强调"法"本身是发展变化的。他们认为，管理的本质就是一种有目的、有组织、有计划的人与人之间相互作用的行为过程，将管理的本质概括为"人为为人"。强调管理的主体是人，管理是人与人之间相互作用的行为，是为人的所需而存在的。管理的这种"为人所需"的特性决定了管理者必须尽力去调整和安排自己的管理行为，使之能协调统一个人、组织、社会三者的需要。

（2）管理是主观见之于客观的创造性实践活动。无论在何种社会实践活动中，人类都企图通过自身能动的创造力，按照"物种的尺度"和"内在的固有的尺度"相统一的原则，使人类个体的行动在特定的历史条件下都按照一定的方式、为了一定的目的和需要的满足而服务。人类的管理活动既内在于创造物质财富的过程，又内在于人的自我完善与自我实现的过程；既存在于物质性活动之中，也存在于精神性活动之中。

（3）管理是谋求秩序并追求效率的活动。按照吴照云（2008）的观点，管理在本质上是谋求秩序并追求效率的活动，追求效率是管理的主要本质。因为人类活动几乎都是社会性活动，社会性活动都是要谋求某种预期的秩序的。但是，如果最终实现了某种秩序而付出了高昂的代价，则意味着这项活动缺少管理。因此，管理不仅应谋求秩序，而且应讲求效率，即用尽可能少的投入得到尽可能多的产出。从历史上看，管理活动早就普遍存在于家庭、部落，以及军队和国家等组织中。现实中的政府机关、社会团体、企业等都少不了管理，因为它们都谋求某种秩序，并在一定程度上顾及效率。尽管西方管理学学派林立，管理观念不断推陈出新，然而其中贯穿的一个重要原则就是对效率的关注。无论是泰勒的科学管理，还是20世纪后期出现的人本管理思想，都是以效率为中心的。

（4）管理是自组织系统的功能之一。芮明杰（1987）从耗散结构的观点论述了管理的本质。他认为，管理是管理者所从事的计划、组织、指挥、协调、监督、控制等活动的总称，这些活动体现在管理过程之中，客观上起着抑制组织系统内部熵增的作用。他认为，从本质上来说，管理是自组织系统的功能之一，是组织系统的自组织能力，是克服系统内熵增的手段和方法。

2. 管理是企业发展的基石

前已述及，管理是人类走向文明的伴生物，那么，站在企业的角度来看管理，可以说，管理是企业发展的基石。

企业是国民经济的细胞，是社会生产力的主要源泉，是人类物质财富的直接创造者，在整个社会中起到举足轻重的作用。企业的兴衰决定着社会物质力量的强弱。当社会变革的浪潮冲击政治、经济以及其他许多社会结构时，最敏锐地感受到这种变革的冲击并站在最前列的，往往是企业，企业每天都在接受着市场的无情裁判。企业只有在变革中求生存、求发展，只有敢于创新，才能把握机遇。任何企业若躺在过去的安乐椅上不思进取和创新，就不可能得到发展。

对企业来说，管理是一个永恒的主题，是企业发展的基石。首先，管理的过程是通过确定企业目标，并为确保实现目标而制定发展战略且予以执行、控制的进程。因组织的性质、目标、结构不同，管理有不同的类型。企业管理就是企业经营者根据一定的理论、原则、法规、程序，运用一定的方式和方法，对企业所能支配的人、财、物、信息、能量等进行有效的计划、组织、指挥、协调和控制，使各项要素得以合理配置的过程，也是协调相互作用的各项活动，建立机构体系和管理人力资源及其他利益相关者来提升企业的功能作用的过程。其次，管理虽然不能生产出知识和物质产品，但却是生产经营活动中决定社会集体劳动生产力的关键。管理是资源，是生产力各要素的黏合剂。管理方法越先进，就越有可能使组织内个人和群体的创造力得到释放。最后，由于管理决定着对人力、物力、财力的运用效率，因而世界各发达国家都在进行着激烈的管理竞争。在现代企业里，人们从事着既有分工又有协作的共同劳动，只有通过管理，才能使这些共同劳动能够有效地进行。

20 世纪以前对管理最重要的影响是产业革命。从世界发展的历程看，产业革命的发源地是英国，它靠成功的管理实现了工业的大发展，成为世界上最强的国家。20 世纪，美国在借鉴英国管理理论的基础上，首创了具有划时代意义的泰勒科学管理理论。"二战"后，美国企业又实现了第二次"管理革命"，由全面质量管理向组织结构重新构建的方向转变。中国的青岛海尔之所以能成为国内一流、国际承认的优秀公司，不仅取决于产品技术创新能力，而且取决于管理创新能力的形成与扩展。

二、管理创新的内涵与特点

1. 不同学者对管理创新的界定

不同学者对管理创新有不同的界定。有人认为，管理创新是指一种更有效而尚未被企业采用的新的管理方式或方法的引入，管理创新是组织创新在企业经营层次上的辐射。经济史中企业产权结构的每一次变迁，都相应伴随着企业管理方式的革命。最具代表性的一次管理创新是现代股份公司兴起后，出现的所谓"所有权与管理权的分离"，这种分离导致管理等级制成为现代工商企业的一个显著特征。管理创新的主要目标是试图设计一套规则和服从程序以降低交易费用，导致生产过程中交换次数倍增，大量的资源消耗在交易费用上。

也有学者不同意上述看法。认为管理创新并不是组织创新在企业经营层次上的辐射。恰恰相反，组织创新不过是管理创新的一个部分，因为静态的组织只是帮助资源有效配置的形式，动态的组织是将资源进行结合和安置，这些功能都是管理的功能。企业引入新的管理方法可以推动资源实现更有效的配置，因此，管理创新绝不仅仅是企业引入新的有效的管理方式方法，还应该包括其他内容。管理创新是指创造一种新的更有效的资源整合范式，这种范式既可以是新的有效整合资源以达到企业目标和责任的全过程式管理，也可以是新的具体资源整合及目标制定等方面的细节管理。

也有学者认为，管理创新就是管理的科学理论和方式方法的创新。企业管理创新包括管理理念和管理思想变革、管理体制变革、企业战略目标调整、管理组织变革、生产主导方式创新、管理者能力创新和人力资源管理创新，直到最高层次的企业文化创新。管理创新是一种新的更有效的资源整合模式，这种模式既可以是新的更有效的资源整合，也可以是具体的资源整合及目标制定等方面的细节管理，是企业家对企业管理系统的（或企业战略、组织、技术、文化管理的某一方面）方略组合进行重新设计、选择、实施与评价，以促进企业管理系统综合效能不断提高，达到以尽可能少的投入，获得尽可能多的综合效益的目的，并具有动态反馈机制的全过程管理。

还有人认为，管理创新是管理者为主体从管理基本职能出发，适应社会和经济的发展，对管理工作所做的改革、变化、重组，使管理工作处于动态协调之中的活动总称。管理创新就是企业管理要根据企业的内部条件和外部环境的变化，不断地创造和运用适合企业在变化的市场竞争环境中生存和发展的新的管理理念、新的管理制度、新的管理方法、新的工艺方式，以实现企业资源和市场要素更加合理的组合和运行，从而创造出新的生产力，使企业获得更高的经济和社会效益。

尽管上述观点表述各异，但从管理创新是为了更有效运用资源，以新的管理理念、管理思想为指导，适应管理的性质、目标和对象的变化，改变原有的管理体制、模式与机制，建立新的管理关系和方式，提高企业的效益等视角看是存在一定共性的。对企业而言，管理创新就是企业从适应时代发展和市场竞争的客观要求出发，创造一种高效培育、开发和调动企业员工积极性、自觉性和创造性的管理新理念、新范式、新方法和新手段的管理活动。管理创新的经济性体现在，可以节约交易费用、降低生产成本、信息成本和监督代理成本，减少组织间存在的摩擦，加强生产和竞争优势，从而产生一种联结效应、聚集效应和系统放大效应。对企业家和管理者来说，管理创新就在于有效组织并形成一整套自己的管理思想和管理价值观。

管理创新至少包括下列五种情况：

（1）提出一种新的经营思路并加以有效实施。一种新的经营思路如果对所有企业来说都是新的且是可行的，就是管理方面的一种创新。

（2）创设一个新的组织机构并使之有效运转。一个新的组织机构的诞生是一种创新，对企业管理活动具有支撑作用。但若不能有效运转，则不是实在的创新。

（3）提出一个新的管理方式方法。新的管理方式方法能提高生产效率，或使人际关系更加协调，能更好地激励员工，有助于企业资源的有效整合以达到企业的既定目标。

（4）设计一种"新"的管理模式。管理模式是企业总体资源有效配置实施的范式。如果一种模式对所有企业的综合管理而言是新的，自然是一种创新。

（5）进行一项制度创新。管理制度是企业资源整合行为的规范。制度创新能够给企业行为带来变化，有助于促进企业更上一层楼。

从总体上说，企业管理创新就是要解决企业从市场到生产、营销、服务的一系列组织结构的改革与调整，实现合理的组织创新要求。任何一个管理环节上的失误都会影响管理创新的效果。美国管理学家钱德勒在其名著《看得见的手——美国企业的管理革命》一书中证明了企业组织的创新与发展实为管理创新的一部分。他指出："因为新的大量生产，工业成了资本密集型的工业，它引起了固定成本的增加和充分利用其机器、工厂和管理人员的迫切需要……这些大公司的活动已经不局限于协调生产过程中材料的流动，它们所管理的是从原料供应者开始，经由所有的生产和分配过程，一直达到零售商或最终消费者的整个过程。"[①] 大公司出现之后，管理的复杂化程度提高，从而导致了经理阶层的职业化和科层式管理方式的形成，这就是人类历史上最伟大的一次管理创新。

2．管理创新的模式

管理创新并不是管理者可以随心所欲建造的模型，而是必须从管理者各要素的发展状况出发，因地制宜，符合实际要求。从创新管理的角度看，管理创新主要是建立适应创新需要的管理模式。

（1）从日常管理到创造性管理。在传统组织中，管理的主要职责是处理日常事务，由此形成了一整套适应处理日常事务的管理体制。在创新组织中，也要处理大量日常事务，但管理者要把主要精力放在创造性管理上。否则，不可能实现创新的目标。

（2）从经验管理到动态管理。非创新活动大多是重复性的，对这类活动的管理更多地依据现成的经验。但创新活动是开放性的、面向未来的，没有现成的经验可以模仿，因而始终要使管理保持动态性、开放性和灵活性。

（3）从确定性管理到风险管理。在缺少变革的环境中，管理的目标是追求确定性。但只要是创新就会或多或少有风险。管理创新就是要适应创新的不确定性，探索在不确定性中创新的管理机制，以应付可能出现的各种风险。

3．管理创新的特点

管理创新可以分成有效和无效两种形式。在初始阶段，人们对于任何一项管理创新都不能保证其有效性。而企业也无法明确获知某项管理创新是否有利可图，有时可能还会造成资源的浪费、组织的重叠或无序运转、人员的闲置甚至经济效益的低下。一般来说，无效的管理创新往往是有效的管理创新的前奏

---

① 张平华. 中国企业管理创新［M］. 北京：中国发展出版社，2004：17.

和前提，是新的管理创新的推动力。追求有效的管理创新，应该是企业长期的政策方向和目标选择。企业管理创新过程中还存在自我增强机制和路径依赖性质，如果初始路径选择正确，在自我增强机制的作用下，会出现边际效益递增现象，从而进入不断优化、相互促进的良性循环状态。在管理创新的过程中，人们必须具备勇于承担错误及失败的态度和精神。

作为一种创新行为，管理创新并不是凭空想象的东西，而是实践的结果。如同技术创新、制度创新一样，管理创新也是一个与经济相结合并一体化发展的过程，它可能源于对别人的学习和借鉴，也可能源于个人灵感，但重要的不是起点而是在哪个起点上的努力。基于管理自身的性质，使这一过程具有复杂性、动态性、风险性、变革性等特点。

（1）复杂性。管理的自然属性——生产力属性，体现了管理活动具有技术性，并使其成为现代生产力系统的重要构成要素；管理的社会属性——生产关系属性，则体现了管理活动的社会性，表明了社会生产关系决定着管理性质、管理方式手段的选择和运用等。现实中，人们通常将管理创新的两大方面紧密联系在一起并进行整体的、系统的研究。管理创新行为必然兼具技术创新、制度创新两大行为的特点，且相互之间有机融合，从而使管理创新更具复杂性。

（2）动态性。现代企业是一个不断与外界环境进行物质、能量、信息交换的动态开放系统，而作为管理主体和客体的人又具有个性特征，从而为企业管理的动态性活动提供了客观现实的依据。企业欲达到既定的管理目标，就必须具有一定的创造性，而创造性正是根植于动态性之中的。正是由于这一特性，创新成为管理的职能形态。

（3）风险性。管理归根到底是对人的管理，实施管理就是通过对人的意志行为进行规范、协调、诱导，让其行为符合某一预定目的和目标。管理的这种协调、引导他人的意志行为的本质，使管理工作往往能形成一种气氛或价值观，长期影响或支配人们的行为。在科学技术飞速发展的今天，管理活动的内部、外部环境都有某种不确定性，使得管理创新的难度增加，其风险性增大。尤其是在信息不完全的状态下，其风险性特征表现更为明显。

（4）变革性。不管是整体创新，还是局部创新，只要涉及系统活动的某些内容、某些要素的性质或者是其相互组合的方式等的变动，无一不是变革旧事物，推陈出新。其结果要求与旧事物相比较更先进，在思维方式、实用价值上领先一步，更好地体现出变革性和创造性。企业管理创新的目标、方向和途径正是通过这样的不断变革、反馈才逐步得以修正和完善。我国古语有"先发制人"、"捷足先登"等说法，这些思想不仅是战争中的制胜法宝，同样也是创新活动体现价值的必要条件。

（5）持续性。企业是一个不断与外界环境进行物质、能量和信息交换的动态开放系统。由于现代企业组织活动的内、外环境具有很多不确定性因素，管理活动应该是一种超越自身的不断创造的过程。从这个意义上说，管理创新的持续性是不言而喻的。

概括起来，管理创新是一个内容十分广泛的概念，体现在如管理理念、管理目标、管理制度、组织结构、管理方法、管理技术、管理者能力等诸多方面。当前，企业搞管理创新，重点应该放在消除企业生产过程中的一些不必要的浪费，以及消除企业生产过程中的冗余环节等方面，以便尽可能地降低企业的成本，最大限度地有效利用企业有限的资源，为企业带来尽可能多的超额利润。

三、管理创新的内容

1. 管理观念创新

观念即认识或思想，是人们对客观世界的理性认识，对人类社会实践发挥着导向和统帅作用；是任何一种管理文化中最基本、最核心的内容，是不同行为赖以存在和相互区别的依据；是人们用以衡量或比较某一事物或行为的标准及尺度。就其本质来说，属于主观世界的范畴。它既包括关于自我意识的观念，也包括关于主体意识的观念。它由经验常识、理论知识、思维方式三个层次构成。在观念构建的过程中，经验常识和理论知识两个层次观念不断巩固人们的思维方式，而在观念创新过程中，新的经验常识、理论知识不断冲击旧的观念，引起旧的思维方式的瓦解，导致思维方式更新。其中，观念创新是人们适应客观世界的发展和变化，科学、准确地把握客观世界变化的规律和发展趋势，以正确的方式构建新的思维、新的理念、新的思想，以形成对变化了的客观世界的新的正确认识，其客观基础是客观世界的发展和变化。自有人类社会以来，人们在物质资料生产和社会生活的实践中，通过人的主观意识和客观世界的结合，不断改造着客观世界，人类认识客观世界的过程，既是人类不断增强能动性的过程，也是客观世界运动的必然结果。由于客观世界是不断发展变化的，因此，观念创新是人们适应客观世界发展变化的能动表现，科学合理的观念创新应当是客观世界变化的更新反映。

企业管理观念是指导企业生产经营活动的理念、认识、思维和思想的总称；是管理者或管理组织在一定的哲学思想支配下，由现实条件决定的经营管理的感性知识和理性知识构成的综合体。管理观念对企业的生产经营活动起着导向作用。企业管理观念是否正确，对企业的生存和发展起着决定性作用。一定的管理观念总是指向一定的经营管理问题，它既可以是企业战略目标的指向或依据，也可以是一定的价值原则，还可以是一种方法论。在一定的社会经济政治条件下，管理观念必定要受特定社会的政治、经济、文化的深刻影响，并体现或折射在管理的各种活动中，制约着企业的经营战略及其实现方式。现代管理学家和企业家已经普遍注意到了观念创新对企业生存和发展的重要作用，认为现代企业的发展过程和企业经营模式的演变过程，都是观念更新的过程。

管理观念的创新是管理创新的逻辑起点和基本前提。如果没有管理观念的创新，就不可能有管理创新，因为人的任何行动都是受一定的思想观念支配的。管理观念的创新旨在使管理者能够果断地抛弃陈腐观念，创造性地应用体现时代进步的新的思想去指导组织的全部活动。这方面的创新包括：新的经营观念、新的经营策略、资本运营的新思路等。在现代经营管理中，管理者的观念至关重要。它决定着管理者对管理对象的态度，决定着管人用人的方法，决定着现代管理方法的运用等。管理者应当明白，创新成功的机会与创新设想的数目是成正比的。能否不断地创新先进合理的经营理念，与时俱进，是企业能否立于不败之地的关键，管理者必须对管理创新的重要性有正确的认识。

管理观念创新也是指能够形成比以前更好地适应环境变化，并能够有效地利用资源的新观念、新构想的活动，具体内容视各国原有管理观念的不同而定。由于管理创新是一个由思想到实践的全过程，是作为一个创新思想对管理的能动的反映，管理是一个涉及计划、生产、财务、营销等活动的庞大体系，因而决定了管理观念必然是由一系列的观念组成的。管理观念创新主要体现在：从追求政绩转变为承担盈亏责任和社会责任；从粗放式经营转变为有明确的资金使用效率观念；从随意管理到建立科学的决策程序和管理流程；从对员工的形式化约束到重视人的因素作用，强调员工的精神状态、文化素养、企业认同感以及团结互助、整体协调等团队精神；从小生产意识向社会化分工协作型经营观念的转变。

现代管理人员，尤其是管理决策人员，必须树立战略观念、系统观念、以人为本观念、社会责任观念、可持续成长观念等。

（1）战略观念。企业战略是对企业的经营范围、经营目标和经营谋略等提出的总体设想和规划。在市场环境多变的情况下，公司经营成败在很大程度上取决于有无正确的、符合市场发展需要的企业战略。这是因为，没有明确的战略，企业发展就会迷失方向。一个企业只有树立正确的战略性经营思想，从整体上把握企业，在动态的环境变化中确定企业发展的未来方向，才能应付内外环境变化的要求。

（2）系统观念。树立系统观念，学会用系统方法分析问题、解决问题，不但可以协调管理系统中各个组成部分之间的关系，从而使之形成有机整体，还可以收到放大整体功能的效果。现代管理系统具有规模大、要素多、关系复杂等特点，在这种复杂的环境中实现整体目标，决定了现代管理工作的艰巨性和复杂性。因此，现代管理人员，一定要用系统的观念去看待问题，用系统分析的方法去解决问题，将相关因素动态地联系起来看，找出系统中各要素之间的关系。应考虑全局，处理好局部与全局的关系，以获得最大的整体效益。管理者在管理活动中要从效益出发，不断地调整和完善组织目标、组织结构等，要尽可能避免忽视效益的思想和做法。

（3）以人为本的观念。现代管理认为，人是现代管理的中心。人在管理系统中具有主体、客体双重身份。作为主体，人是管理者，具有行使管理的权力；作为客体，人又被管理着。研究人的需求和动机，掌握人的行动规律，运用恰当的管理方式使人的聪明才智得以最大发挥，从而最大限度地调动人的积极性以提高生产效率是现代管理的重要课题。

以人为本的观念，就是企业从基本理念到具体管理的原则和方法都要从人出发，充分重视人的因素的作用，强调员工的精神状态、文化素养、企业认同感以及团结互助、整体协调的团队精神，实施全体动员，增强忧患意识，群策群力，以人为核心和以人为目的。既要把人视为管理的主体，也要把人和人际关系作为重要的管理内容。要充分调动人的积极性、主动性和创造性，使人的价值在工作中得到体现和发展，提高企业经营业绩。首先，尊重人的价值，使员工个人利益同国家利益、企业利益相统一，把个人生存劳动的目的同企业的生存、发展和壮大自觉联系起来，使员工的个人价值在为企业的贡献中得以承认和实现。其次，把满足员工的精神需要和物质需要作为推动企业发展的重要动力。企业应尽力为员工个人能力和创造性的发挥提供有利的环境、氛围和条件。管理者与员工要相互理解、相互尊重，充分发挥人的主观能动性，实现管理的公正、公平、公开，以及有序竞争。

（4）社会责任观念。现代社会的发展越来越强烈要求企业承担一定的社会责任，由纯粹的赢利机构向公共组织机构方向转变。由此要求企业行为应当遵守社会的伦理道德，遵纪守法，诚信服务，保护环境。企业管理不能仅仅在企业利益与消费者利益之间进行动态均衡的调节，还应考虑企业利益和社会利益的平衡，以实现可持续发展。不仅如此，在社会责任观念下，企业还要重视协调企业、利益相关者和社会公众利益之间的关系。

（5）可持续成长观念。在产品、技术、知识等创新速度日益加快的今天，成长的可持续性成为现代企业面临的一个比管理效率更为重要的课题。应该看到，企业是一个人造系统，其内部系统是可以改造的，而生生不息的企业管理创新正是企业实现可持续成长的重要保证。在现实中，要坚持企业生存和发展的条件而不是生存的目的是科学合理地追求利润的管理观，在管理中就会注重整体优化，讲求系统管理，实行企业系统整体功能优化；讲求管理精细化，实行管理科学化、程序化、规范化、制度化；注重开拓创新，讲求在自我否定中发展自我、超越自我，实现变革与稳定并存；注重以诚信为本，讲求质量、服务、信誉等。

（6）全员创新观念。在人性化、民主化管理普遍的今天，企业的管理创新如果没有员工的理解、合作与参与，是无法取得成功的，企业的管理效果最终应反映在调动员工的积极性上。企业的管理活动应当是以企业全体人员为主体的全员创新，企业员工应当都是企业管理活动的主动参与者。企业应营造出一种尊重员工、依靠员工、激励员工的良好环境，让各级员工都能够积极地投身到管理创新中来。

2. 管理理论创新

管理理论的发展是管理理论家与管理实践家们不断对管理真谛、管理特性的认识与把握的过程，也是管理理论的创新过程。在此过程中，必然经历从量变到质变的过程。管理理论创新，特别是重大管理理论创新不是凭空而来的，而是源自于社会经济发展，特别是企业生产经营发展的客观需要。从科学管理到行为科学，再到现代管理，它们的产生都基于一定的社会经济背景，都是适应社会经济发展和企业发展的客观需要而发生的，无一不是理论创新的结果。

管理理论工作者应当有广阔的视野和长远的目光，关注社会经济发展和企业发展的现实需要和未来需要，开展符合现实需要和未来需要的管理理论研究。在一段时间里，或许是在相当长的时间内，管理理论的发展应该是在一定层面和一定条件下进行的，然后经过不断的改良和完善而逐渐走向新的层面。如信息技术的迅速发展，使制造业能在管理信息系统、计算机辅助制造与设计、计算机集成制造系统和决策支持系统中，通过人—机对话实施计划与控制，可从物料资源规划发展到企业资源规划和企业流程再造。集开发、生产和实物分销于一体的适时生产，可不断消灭浪费，实现供应链中的快速响应和敏捷制造，实现无污染的清洁生产和绿色制造，通过网络协调设计，进行生产方式的创新。

3. 管理组织创新

任何组织都存在于一定的环境之中，它既会不断地影响环境，也会不断地受环境的影响。要使组织适应变化了的环境，就必须对组织进行变革。管理组织变革的首要目的是建立一个有效的组织机构。对管理组织进行变革，就是要根据组织的外部环境和内部情况的变化，及时地改变组织内部各个有机组成要素相互作用的联系方式。企业必须用以经济效益为中心的管理思想和效益最大化的经营战略，对企业内部的各类组织重新设计、规划，实现管理组织的创新。这方面的创新涉及组织机构的发展、部门机构的职责和权限调整、组织内部信息流程及其网络的重构等，其中管理组织结构特征的变化是体现管理组织创新要求的重要方面。

在世界经济全球化、市场化、信息化的大背景下，管理组织创新主要有以下几个方面：

（1）直线—职能型向网络型转变。直线—职能型组织是在总结直线型和职能型的基础上扬长避短形成的，为中国企业所普遍采用。但这种组织因下级缺乏必要的自主权，各个专业职能部门之间的横向联系较差，企业上下级之间的信息路线长，适应环境能力差而不能适应现代企业发展的要求。网络型组织是在克服直线—职能型组织的缺点的过程中，在信息社会的基础上形成的。其主要优点有：使企业管理中的横向联系和纵向联系、分权化与集权化恰当地联系起来，便于各个管理部门相互协调和相互监督，各层级之间的信息线路较短，组织应变生存能力强。

（2）金字塔型向扁平化转化。长期以来，中国企业以管理幅度划分管理层，按照职能设立部门，形成了金字塔形的组织结构。这种结构管理层次多，管理部门多，管理效率低下，因而越来越难以适应信息社会的要求。扁平型组织则因以综合性部门为主，管理层次少，管理部门少，管理各部门和被管理者拥有较大的自由度，信息沟通和传达的环节较少，所需的时间和周期较短，管理效率自然要高。而且通过减少组织的中间层次，一方面，使基层具有充分的生产经营决策、信息处理权，能够自主地进行横向协调与合作；另一方面，高层决策者也可以着重于企业的战略管理等非程序化决策和沟通横向业务部门的工作。

（3）刚性化向柔性化转变。所谓组织刚性化就是设立固定的和正式的组织机构；所谓柔性化是指组织适应意外变化的能力。组织柔性化就是设立临时性的，以任务为导向的小团队组织，用灵活多样的方式，在市场环境发生变化时，给企业提供足够的应变能力。组织柔性化是以组织的灵活性和可塑性为基础的。在组织内部，它能够不断地对其拥有的人力资源进行灵活的调配，组建各种跨业务单位的内部联系网络，可以实现企业组织集中与分散的统一、稳定性与灵活性的统一，能够给企业提供应对内、外部环境变化的应变能力，可以节约管理成本，提高管理效益。在组织外部，可以实现联盟组织之间的优势互补，创造新的竞争优势。

（4）实体化向虚拟化转变。虚拟化是组织网络化的极端形式。虚拟化使得组织的边界变得模糊，企业组织更多地依赖于电子空间。虚拟化企业更多地依靠人员的知识和才干，而不是他们的职能。由于虚拟企业不受时空限制，从而将有限的资源集中在附加值高的功能上，使组织以最有效的方式运转，以高弹性化适应市场的快速变化，进一步促进了经济区域化与经济全球化。随着虚拟企业的出现，经营方式也出现了虚拟方式。现在西方一些大公司，将组织边界扩展到多个国家，从事着一体化的国际生产，将国际分工演化成企业内部分工，形成"全球价值链"和国际生产网络。

4. 管理模式创新

管理模式是一种系统化的指导与控制方法，它把企业中的人、财、物和信息等资源，高质量、低成本、快速及时地转换为市场所需的产品和服务，是管理方法、管理手段、管理内容等的有机统一，是一个综合性和全面性的管理范式。管理模式的创新从来都与企业所处的社会背景以及企业的特点密切相关。也就是说，能够结合企业的特点创造出全新的管理并获得成功，是管理模式的创新，如集成管理、危机管理、企业再造等；还可以是某一具体管理领域的创新，如生产管理模式创新、财务管理模式创新等。

如前所述，20 世纪 60 年代以前，由于市场需求比较稳定，因此，当时较为盛行的方法是通过确定经济生产批量、安全库存、订货点，来保证生产的稳定性，但没有注意独立需求与相关需求的差别。60 年代中期，出现了物料需求计划（MRP），较好地解决了相关需求的管理问题。此后，企业界和理论界针对环境的变化，先后开发了制造资源计划（MRP Ⅱ）、适时生产制（JIT）和精细生产等新的管理模式。这些管理模式对提高企业的整体效益和在市场上的竞争力做出了巨大贡献。但是，进入 20 世纪 90 年代以来，消费者的需求特征发生了前所未有的变化，整个世界的经济也出现了全球一体化的特征。因此，只考虑企业内部资源利用问题的"纵向一体化"管理模式逐渐变得难以适应新形势的要求，从 20 世纪 80 年代后期开始，越来越多的企业逐渐采取了"横向一体化"的管理模式，即利用企业外部资源快速响应市场需求，本企业只抓住最核心的东西——产品方向和市场。"横向一体化"形成了一条从供应商到制造商再到分销商的贯穿所有企业的链条。由于相邻节点企业表现出一种需求与供应的关系，从而把所有相邻企业依次连接起来，形成了供应链。供应链管理把企业资源的范畴从过去单个企业扩大到了整个社会。它将原来管理模式的核心要求，即时间、质量和成本（TQC）拓展为时间、质量、成本、服务和弹性（TQCSF），有助于促进物流、资金流和信息流的合理流动，提高企业的核心竞争能力。

不仅如此，与前工业经济时代相适应的是行为管理，与工业经济时代相适应的是科学管理，与当今网络经济时代相适应的则是数字管理。所谓数字管理是指以计算机、因特网、通信、人工智能等为手段，以资源的可数字化和管理的可计算化为特征，以实现计划、组织、协调、服务、创新等职能为内容，以企业效益最大化为目标的一种管理模式。这种模式具有定量化、智能化、综合性、集成性、动态性和系统性等特点。

5. 管理思维创新

思维是人脑在感觉、知觉、表象的基础上，通过去粗取精、去伪存真、由此及彼、由表及里的加工制作，形成概念、做出判断、进行推理的认识活动过程。正确的思维应当从实际出发，实事求是，为人们的实践活动提供理性指导。人类不能遵循一种亘古不变的思维方式，而必须改变原有的思维框架，不断采取新的思维方式，开拓新的思维领域，获取对客观事物的新认识，以满足变革生产方式的现实需要。管理就是创业，创业就是要有以事业的开拓、创新为目标的思维活动。创新思维或者是以新的知识来增加知识的积累，以增加知识的数量即信息量；或者是对已有知识进行新的分解与组合，实现知识即信息的新功能，由此达到信息结构的重组。

管理思维是管理者为了实现管理目标而进行的思维活动，是管理的必要前提。管理思维的主体是对组织具有领导、决策、协调和控制职责的管理者。任何管理都不是一成不变的，在其发展过程中总会有新情况、新问题出现。对于任何企业管理者而言，都希望在市场竞争中依靠创新思维因时、因地、因事灵活机动地选择解决问题的方式和方法，借助于观念、智慧、信息赢得竞争机会，取得巨大的现实效益。管理者必须借助于科技发展带来的新思想、新观念、新思维、新方法，把思维的触角扩展到新领域，依靠思维的抽象性和创造力，产生出新认识、新理论、新方案。辩证唯物主义认识论是管理思维的哲学基础。管理思维中的许多创新思维方式，都是对辩证唯物主义认识论的发展和补充。因此，管理者一方面要坚持唯物论，一切从实际出发，避免思维中的唯心主义；另一方面要树立辩证观，用全面的、联系的、发展的观点看问题，避免思维中的形而上学。一个国家或一个民族，要使自己的管理思维水平达到世界领先的境地，就必须着力培养、训练、提高个体管理思维主体的思维能力和水平。

管理创新思维就是管理者在组织发展处于十字路口时，能及时提出解决问题的决策方案的思维活动；或者是在组织发展的某一具体问题的处理上，能在某些局部结论和见解上具有独到的、新奇独特的思维活动。管理创新思维方式的"新"就是指要根据当代社会政治、经济、科技、文化等发展的必然性，根据人类思维方式的本质特征，结合现代管理实践和思维的实际情况，在根本上体现面向现代化、面向世界、面向未来的时代总特征。具有创新思维的管理者在具体的管理实践中，要敢于突破原有思维框架和观念的束缚，有效推进管理工作不断取得新的成绩。管理创新思维必须以正确判断事物的情况为前提，而正确的判断是以全面、准确地掌握信息为根基的。否则，既不能保证管理思维的正确创新，又不能制订出有效的决策方案。一般地，高层管理者创新思维需要的外部信息所占比重较大；基层管理者创新思维多以本单位的内部信息为主。

战略性决策创新思维所需的信息广泛而要有综合性，但精确度较低；日常业务性决策创新思维所要求的信息精确度较高，但其内容涉及的范围较窄。

6. 管理手段创新

管理手段创新是管理创新的一个不可缺少的部分。自计算机被运用于管理领域以来，管理手段的自动化就成为世界各国管理现代化的一个共同的内容，计算机在管理中的运用已成为管理现代化的一个重要标志。

计算机在现代管理中的运用，其效果是极其显著的。它可以使人力和物力的安排和使用更为合理，以节省人力和物力；可以使库存减少到最低程度，以加速资源的周转；可以降低成本，提高劳动生产率；等等。总之，计算机使管理人员摆脱了烦琐的事务性工作，提高了管理工作的效率，减少了决策的随意性等。

四、管理创新的形式

管理创新主要有本质创新、阐释创新、表现创新、企业家创新、存在创新和授权创新等多种形式。[①] 每种创新形式对现代企业的管理都十分重要。

1. 本质创新

本质创新——涉及产品、技术、系统、策略等的概念与观点。本质创新以新的理念、概念、准则、突破点和观点为基本表现形式，在经营管理中，通常采用新颖的"核心"政策、战略、价值和视角。它标志着某些事物的设想和运作以一种令人信服或可控的方式变化。如汽车经营公司重新把自己定位成运输企业时，它就开创了许多新的机会，诸如陆运、航运和海运，这种企业重新定位所包含的创新就是本质创新。再如网络创新促使竞争对手之间也不得不如同欧洲高新通信企业一样走向合作，这一构想本身也是本质创新。

2. 阐释创新

阐释创新——指关于管理的新颖或独特观点的详细阐述。管理中充满了各种工具手段和技术，每一项都是某种观点的阐释。阐释创新是创新的核心理论或原则的创新扩展。它把作为核心思想的员工授权具体扩展到对个人的政策、参与管理的结构、培训计划等方面，把阐释融入到具有创新力的环境中。当阐释具有参与性并且包含各种观点和奇思妙想，并将这些想法创造性地综合起来时，它就成为创新；阐释作为一种衡量标准，依据世界上的最佳范例，在某个部门，只有采用创新方法才能弥补差距时，企业就具有了竞争优势。

3. 表现创新

表现创新——有关企业经营及其产品、场所等的创造性和艺术性外观或传

达的信息。表达性语言创新以图像、比喻或修辞来感染人们进行思维转变。在很大的范围内，创造性沟通几乎是很多活动的最基本要素，如广告宣传、包装、产品设计、内部装饰、景观和建筑。而且如果企业领导层希望进行改革，往往运用引人注目的精辟比喻、口号或陈述。

4. 存在创新

存在创新——旨在提高员工的生活质量、拓展员工的意识以及开发他们的潜能的创新方法。如果创新的力量和企业管理的目标是一致的，那么，员工的创造力和责任感可以直接融入到企业管理的目标中。在"Y理论"管理模式下，员工能够得到机会实现自我定位、自我控制，完成他们负责的管理计划，并使自我实现的需求得到满足。要把提高员工的整体意识作为一个动力手段，使员工能够更好地理解企业管理的目标和目的，以及各个部分与各种功能之间的关系，成为企业管理的参与者。

5. 企业家创新

企业家创新——企业管理权应当通过企业战略单元、分区、利润中心、责任中心来下放，对每一次重要的风险投资都要全力投入总体的和功能性的管理优势。因此，企业家必须是具有远见、有成就感、有决断力、执著且有着丰富知识的多面手，能够热情地投身于开拓和创新。

6. 授权创新

授权创新——指对他人创新的授权方式，包括企业外部利益相关者、整个社会或一项事业活动的创新授权方式。从某个层次讲，授权加强了他人的权力、影响、地位、竞争力、个性、成长和发展，是企业卓越愿景的一个重要构成部分。授权可以采取培养和加强企业外部利益相关者力量的形式，例如工会、顾客、买主、银行家和管理者等。它可以采取企业的共同责任的形式或是为一项重要的社会事业做出贡献，还可以采取建立机构的形式，为社会的主要价值如公平、商业道德、信任、创新和人道树立形象。

总之，管理创新的起点和落脚点都是企业本身，这是我们全部工作的核心。应对企业进行细致的、求实的分析和评价。在此基础上，确立创新的目标、重点和难点。要把握企业管理创新的本质，创造一种有利于人才成长和广泛吸纳人才的环境。

第二章　企业战略与战略管理

　　战略无时不在，无处不在。大可用于国家，小可用于个人。简而言之，战略是对全局的谋划和指导,用于指明在竞争环境中企业的生存态势和发展方向,进而决定最重要的工作内容和竞争方式。企业战略是企业在市场激烈的竞争环境中，在谋求历史经验、调查现状、预测未来的基础上，为谋求生存和发展而做出的长远性、全局性的"谋划或方案"。其目标在于建立企业在生产领域中的位置，满足顾客的需要，成功地同竞争者进行竞争，获得卓越的业绩；其重点是着眼于企业未来的生存和发展，谋求长远的经济效益和系统的最优化，使企业的生产、技术、营销以及一切经营活动与发展变化的外部世界相适应。任何企业为了生存和发展，为了获取长期的竞争优势，就必须时刻对自己所从事的行业和企业自身有一个清醒的认识和预测，敏锐地把握机会，制定出正确的企业发展战略。因此，选择合适的企业发展战略是企业管理创新的首要任务。

第一节　企业战略

一、战略与企业战略

1. 战略

　　"战略"一词由来已久，原属军事术语，泛指一切重大的、带有全局性或对全局有决定作用的谋划，在我国自古就有。如《孙子兵法》就是我国古代一部著名的军事战略战术著作，其蕴含的丰富的战略思想和哲理直到今天都具有生命力和非常重要的指导意义。这部著作中多次提到"势"，其中最著名的一句是"兵无常势，水无常形，能以敌变化而能取胜者，谓之神"。中国古代文化常称谋略为纵横之术、长短之术、勾距之术，它是将帅或领导的哲学和艺术。

　　古代的谋略是将战略和战术合二为一的。现代军事理论中的战术指导我们在战斗中使用兵力，战略则指导我们运用战斗去达到战争的目的。简而言之，战略是关于处理重大而复杂事务的纲领性策略，其本质在于创造和变革；战术则是关于处理问题的具体措施和细则。随着生产力水平的不断提高和社会实践内涵的不断丰富，战略思想和理论被应用到各个领域，衍生出许多新的用语，如政治战略、外交战略等。

在西方，"战略"一词源于希腊语"Strategos"，原是一个军事术语，是指挥军队的艺术和科学。19世纪卡尔·冯·克劳塞维茨的《战争论》是西方最具代表性的军事理论著作。在这部著作中，他对军事实践做了全面的理论总结，为军事理论研究开辟了广阔的领域。

2. 企业战略

企业战略是以未来为主导，以现实为基础，与环境相联系，对企业发展的策划与规划。企业战略包括一个组织长远的、全局的目标，以及组织为实现这些目标在不同阶段上所实施的不同方针和政策。企业战略研究的基本单位是单个的企业，企业理论主要解释企业为什么存在，企业战略主要解释企业为什么存在差异。企业战略与企业发展的方向、企业的未来目标、实现目标的途径和政策的选择或决策有关，是对企业内外部中长期根本性变化的积极反映。企业战略的影响时间长、范围广、程度深，决定了它能够产生比其他多数管理决策更重要的结果。也就是说，制定企业战略就是规划企业的未来。当一个企业成功地形成和实施了别人无法替代的价值创造战略时，它就能够获得战略竞争力。

企业战略的概念是随着产业革命的发展而逐步形成的。18~19世纪伴随着产业革命，欧洲产生了以亚当·斯密等人的思想为代表的欧洲管理思想，以后又出现了以泰勒为代表的科学管理学派。20世纪初，法约尔对企业内部的管理活动进行整合，提出了管理的五项职能。这些学者思考的重点放在组织内部活动的管理上，这可以说是最早出现的企业战略思想。

美国哈佛商学院是近代战略管理研究的重要基地，用哈佛学院派的思路说，企业战略就是要综合平衡地考虑该企业的技能和资源，在经济环境中的机会，管理者的愿望，而且这种愿望应该有一种社会的责任。哈佛大学教授迈克尔·波特在他的名著《竞争战略》中指出："从根本上讲，开发一种竞争战略也就是为某一业务准备如何投入竞争而制定一种广泛适用的规范。"[①] 他强调竞争战略主要是靠企业全面的成本控制，而且要有所侧重。

波特认为战略不是经营效率，而是建立在独特的经营活动上的，战略就是要做到与众不同。

（1）战略要求选择一系列不同的经营活动来提供它的价值，战略的本质在于活动——选择与众不同的方式来活动，或者从事与竞争对手不同的经营活动。

---

① ［美］迈克尔·波特. 竞争战略 ［M］. 北京：中国财政经济出版社，1989：3.

（2）战略就是创造一个唯一的、有价值的、涉及一系列不同经营活动的位置。

（3）战略需要权衡，这是因为企业既要为顾客提供某些新的选择，同时又要减少某些产品或服务。

（4）战略要求企业的所有活动相互契合，相互强化。

美国管理学家钱德勒1962年最先将"战略"一词用于管理领域，并将其定义为：企业长期基本目标的确定，以及为贯彻这些目标所必须采纳的行动方针和资源配置。钱德勒的《战略与结构》解释了大企业的成长并分析了企业的管理结构如何随企业的成长而改变，分析了美国大企业的管理人员如何确定企业的成长方向，做出投资决定并调整企业组织结构，确保战略的贯彻实施。他发现，企业内管理的变化主要是战略方向的改变而并非只是为了提高企业效率。他认为，企业经营战略应当适应环境——满足市场需要，而组织结构又必须适应企业战略，随着战略变化而变化。

真正系统地从企业管理的角度对战略加以研究始于20世纪60年代中期。在此之前，对于企业战略管理的研究仅限于战略计划方面，主要是对预算期间进行扩展，但并不进行相应的战略调整。

波士顿顾问公司的奠基人亨德森认为："任何想长期生存的竞争者，都必须通过差异化而形成压倒所有其他竞争者的独特优势。全力维持这种差异化，正是企业长期战略的精髓所在。"[①] 按照他的说法，战略的本质就是维持企业的独特竞争优势。

安德鲁斯区分了战略的制定与战略的实施，他认为："战略包括四个要素：市场机遇、公司能力、个人激情以及社会责任。"[②] 其中，市场机遇和社会责任是外部环境因素，公司能力与个人激情则是企业内部因素。他认为，战略是目标、意图或目的，以及为达到这些目的而制订的主要方针和计划的一种模式，这种模式贯穿于企业的业务范围与经营类型。从本质上讲，战略的定义就是要通过一种模式，把企业的目的、方针、政策和经营活动有机地结合起来，使企业形成自己的特殊战略属性和竞争优势，将不确定的环境具体化，以便较容易地着手解决这些问题。他还主张企业应更好地配置自己的资源，形成独特的能力，以获得竞争优势。

奎因认为，战略是一种模式或计划，它将一个组织的主要目的、政策与活

---

① Rumelt, R. P., Dan E. Schendel and David J. Teece(1944),Fundamental Issues in Strategy[M]. Harvard Business School Press, 227.

② Mckiernan, P. (1996), 'Introduction' ,Historical Evolution of Strategic Management〔J〕. Vol. I, Dartmouth Publishing Company Limited, xvi.

动按照一定的顺序结合成一个紧密的整体。依照他的观点，首先，有效的正式战略包括可以达到的最主要的目的、指导或约束经营活动的重要政策、可以在一定条件下实现预定目标的主要活动程序或项目三个基本因素。其次，有效的战略是围绕着重要的战略概念与推动力而制定的，不同的战略概念与推动力会使企业的战略产生不同的内聚力、均衡性和侧重点。再次，战略的实质是建立一种强大而又灵活的态势，为企业提供若干个可以实现自己目标的抉择方式，以应付外部环境可能出现的例外情况。最后，组织中所有的战略要具有一种总体的凝聚力，每一个低层次的战略都必须是实现高层次战略的凝聚力的元素。

戴维认为，战略就是实现长期目标的方法。企业经营战略可归纳为地域扩张、多元化经营、收购兼并、产品开发、市场渗透、收缩、剥离、清算及合资。中国学者项保华在《战略管理——艺术与实务》中提出，战略的基本问题是："业务是什么？应该是什么？为什么？"进而提出战略理论的本质由三个基本假设构成。

我国台湾著名学者吴思华提出了"战略三构面"，即"营运范围的界定与调整、核心资源的创造与累计以及事业网络的建构与强化"。在他看来，优秀的企业战略取决于这三个构面的不同取向：首先，企业通过适当地界定营运范畴，并且配合环境变迁随时加以调整，以此来为社会创造价值；其次，企业通过持续地创造与积累一些核心资源，建立不败的竞争优势，实现其长期利益；最后，企业还应谋求和事业共同体中的伙伴构建适当的关系，以取得其生存的资源和正当性。

明茨伯格就企业战略提出了5P模型：计划（Plan）、行为模式（Pattern）、定位（Position）、期望（Perspective）、计谋（Ploy）。

（1）企业战略是一种计划（Plan）。从企业未来发展的角度看，企业战略的核心是解决一个企业如何从现在的位置到达将来的位置，并提供解决这个问题所要求的方向、指导和途径。明茨伯格指出，大多数人把战略看成一种计划，认为它是一种有意识的、有预计的行动，是一种处理某种局势的方针。按照这一思想，战略应具有两个基本特征：一是在企业经营活动之前制定；二是战略是有意识、有目的地开发和制定的。在实践中，企业战略一般是公开而明确的，作为一种计划写进企业正式的文件中，即企业往往会用成文的计划书来表达企业的战略。

（2）企业战略表现为一种行为模式（Pattern）。从企业过去发展历程的角度看，企业战略是一种行为模式。包括企业的价值选择、承诺等与企业文化和企业家价值观有密切联系的概念等。在选择企业战略时应充分考虑和尊重企业原有的行为模式，因为它在很大程度上决定企业未来的战略选择和战略实施的有效性。或者说，无论企业是否事先对战略有所考虑，只要有具体的经营行动，就有战略。这种战略与企业行动一致，行动的最终结果说明了战略的执行情况，使之有水到渠成的效果。

（3）企业战略是一种定位（Position）。从产业层次看，战略表现为一种定位。也就是说，战略是一个企业在自身环境中所处的位置或在市场中所处的位置，企业制定战略的目的是为了获得高于行业平均水平的收益和不断创造新优势，企业战略的主要内容是确定自己的定位和达到定位所需的各种措施。实际情况中，企业可以在广泛和狭窄的两个不同范围内同时或分别采用两种最佳定位。换言之，从企业战略是一种定位的角度强调的是企业与环境之间存在一种中间力量，这种中间力量的存在，使得企业的内部条件和外部环境会更加融洽，并把企业的重要资源集中到相应的地方，最终形成一个产品和市场的"生长圈"，提高企业的竞争优势。

（4）战略是一种对未来的期望（Perspective）。从企业层次看，战略表现为一种期望，是从企业内部和企业管理者的内心出发，为企业提出的根本的宗旨。可以说，每一种战略都是人们思维的创造物，是一种精神的产物，个人的期望和行动是通过集体的期望和行动反映出来的。研究一个组织的战略，需要了解和掌握该组织的期望如何在成员间分享，以及如何在共同一致的基础上采取行动。

（5）战略是一种计谋（Ploy）。指在特定环境下，企业把战略作为威慑和战胜竞争对手的一种手段。由于行业性竞争的存在，企业的竞争战略往往具有较强的针对性，且根据竞争对手的预期反应而调整。在动态竞争中，战略作为一种计谋的重要性十分明显。

上述五个方面是从不同角度对企业战略的阐述。

综上可见，尽管人们对企业战略的看法各异，但概括起来，人们对其认识大致可归结为以下几种：

一是企业战略是一个行动计划，这个计划的核心是企业的能力与外部机遇的匹配。

二是企业战略管理是一个为实现企业目标而不断调整行动方案的过程。

三是企业战略的本质是企业要适应环境或改变环境。

概括起来，从学术界对企业战略的相关表述看，将企业战略可概括为广义和狭义两大类。广义的定义认为，企业战略应包括企业目标和达到这些目标的方法、手段。而狭义的定义认为，企业战略只包括为实现企业目标而采取的方法、手段，而不包括企业目标。结合学术界对企业战略的认识，我们认为，所谓企业战略并非是一个抽象的概念，而是有着明确而具体的内涵的。通常，企业战略定位可以有多种选择，而战略管理的要点就是要选择一个与众不同的独特视角，这是企业成功的前提。企业战略的形成是思想与行动、控制与学习、稳定与改变的结合。企业战略的决策和实施是一个基于理性层面与感性层面而不断调试、修正和学习的过程。在一定意义上说，优秀的企业战略还要依靠企业高层管理者的洞察力和直觉。在如今的战略制胜时代，企业要想有智慧、有勇气地做正确的事，要求企业管理者必须具备战略思维能力。

二、企业战略的层次和构成要素

1. 企业战略的层次

迄今为止，尽管人们对企业战略没有统一的认识，但大多数学者认为，战略是存在于不同层次的。虽然企业规模、类型及层次结构不同，但在企业战略管理中对战略层次的划分基本上是相同的。一般地，从事多元化业务的大企业战略分为三层：公司层战略、业务层战略和职能层战略。

（1）公司层战略。公司层战略又可称为总体战略，是企业最高层次的战略，也是事关企业全局和长远发展的战略。公司层战略涉及整个公司，以公司整体为对象，包括公司为其涉足的各个不同行业之中确立其业务地位而采取的各种行动，以及公司用来管理其多元化业务群的方法途径，是公司高级管理部门为实现整体目标而为整个公司制订的方向和计划。这一战略主要是为了实现公司这一层次的目标，保证其总体战略利益的实现。首先，一家业务多元化的公司整体上的管理策略规划，主要关注的是整个公司的经营范围，通常通过采取恰当的行动，确立各个业务领域的市场地位，提高公司所涉足的各个多元化业务的联合业绩，确定公司的投资优先序列，将公司的资源导向最有吸引力的业务单元，将相关业务之间的协同作用转化为公司的竞争优势。其次，从结构和财务的角度考虑如何经营，如何在几大项业务中分配资源，如何与公司的投资人或投资机构进行沟通等。最后，通过剥离那些业绩长期低下的业务，或者是那些越来越不具有吸引力的业务，抽出没有效益的投资，用于投向具有发展前途的业务。如果说公司层战略的研究对象是一个由一些相对独立的业务组合成的企业整体，其主要内容包括企业战略决策的一系列最基本因素，是企业存在的基本逻辑关系或基本原因的话，那么，公司层战略就是这个企业整体的战略总纲。

公司层战略包括三个方面的内容。第一，公司战略通过设定组织的战略目标和活动范围，增加公司各个不同部门的价值，发挥企业的协同效应。而强调把创造价值作为公司战略的最终目的，需要关注组织与公众的各种交互关系。第二，对公司的市场范围给予关注，根据对企业的外部环境和内部资源与能力分析的结果，选择企业所从事的经营范围和领域。然后，决定如何给不同战略业务单位分配资源，以满足其在各自的市场上竞争的需要。当然，公司应该在追求自己的目标的过程中承担相应的责任、义务和期望。第三，强调公司如何管理发生于层级制度中的活动和业务。要明确本企业实施战略目标的战略单位，对已有的战略单位要重新定位其职能，没有考虑到的需要按照分工和组织效率原则重新设立。在此基础上，公司层战略应考虑该怎样发展业务，实现总体战略目标。

（2）业务层战略。业务层战略是企业内部的事业部或子公司在公司战略的指导下所制定的部门战略，也称为经营战略或竞争战略。这一战略是在总体性的公司战略指导下，特别是在共同的企业使命前提下，根据各个事业部所面临的机会和挑战做出的经营管理某一个特定的战略经营单位的战略计划，是公司层战略之下的子战略，适用于战略经营单位。其目的是提高某一分部在其所在行业或市场中的竞争优势，保证通过合适的组织结构，将源于各职能部门的价值创造能力与竞争优势进行有效的组织和整合，并最终服务于业务层战略的实施。

当一个企业从事多种不同的事业时，建立战略事业单位可以便于计划和控制。业务层战略的主要责任在负责该业务领域的管理者身上，主要涉及如何建立并加强公司在市场上的竞争地位，对业务所在行业、宏观经济形势以及其他相关领域的变化做出积极反应，如何在市场中竞争，获取持久的竞争优势；关心应开发哪些产品和服务，以及应将其提供给哪些市场；关心目标市场顾客的满意程度，以及公司目标的实现程度。业务层战略既服从于公司战略的需要，又在一定程度上影响公司战略的实现。在实行事业部制的大中型企业里，事业部战略通常是由事业部在公司战略指导下制定的。因为，企业的最高管理层往往将事业部视为企业内部具有高度自主权的战略经营单位。而对于从事单项经营的小型企业，或没有实行事业部制的中型企业来说，它的公司战略和事业部战略往往是合二为一的。

（3）职能层战略。职能层战略是属于企业运营层面的战略。是管理者为特定的职能活动、业务流程或业务领域内重要部门所制定的策略规划，主要为管理某一具体职能部门、业务流程或关键活动提出行动方案、运作策略及实际操作方案，用于确定、协调企业局部的、短期的活动，贯彻、实施和支持公司层战略与业务层战略。它将公司层战略和业务层战略的内容加以具体化，提供落实公司层战略和业务层战略的各项措施，是保证它们实现的基础性战略。职能战略包括生产战略、营销战略、财务战略、人力资源战略和研究开发战略等，所关心的是公司的不同职能，即营销、财务、生产等部门如何为其他各级战略服务，以实现其他各级战略的目标。

实施有效职能层战略的目的是通过生产、研发及销售部门的不同战略活动，发挥各职能部门的优势，提高组织的工作效率和资源的利用效率，使企业资源的利用效率最大化，以支持公司层战略和业务层战略目标的实现，为组织创造领先的创新、质量、业绩、迅速的顾客反应等方面的竞争优势。在企业既定的战略条件下，企业各层次职能部门根据其职能战略采取行动，集中各部门的潜能，支持和改进公司层战略的实施，保证企业战略目标的实现。与公司层战略和业务层战略相比，职能层战略实际上是公司层战略、业务层战略与实际达成预期战略目标之间的一座桥梁，通过加强各职能部门的合作与协调，顺利开展各项职能活动，特别是那些对战略的实施至关重要的活动，能够有效地促进公司层战略、业务层战略的成功实施。当然，各职能部门的主要任务不同，关键变量也不同，即使在同一职能的部门中，关键变量的重要性也因经营条件的不同而有所变化，因而很难归纳出一般性的职能战略。

企业战略的三个层次是内在统一的。往往高层战略指导低层战略，并通过低层战略得以实现；低层战略是高层战略的基础，并服从于高层战略的统一要求。同时，企业战略的三个层次也存在较大的差别。例如，从性质上看，公司层战略的主要表现形式是一种观念，职能层战略主要是一种执行；从战略实施的周期看，公司层战略可以是定期的也可以是不定期的，而职能层战略的战略实施则是定期进行的。

也有人将企业战略分为发展战略、竞争战略和经营功能性战略。他们认为，发展战略是企业层从结构和财务角度对整个经营范围的资源配置；竞争战略是企业内某些战略经营单位的产品开发或服务在特定市场层次上的竞争；经营功能性战略是企业经营层不同的职能，如营销、制造等如何为其他各级战略服务。

2. 企业战略的构成要素

（1）经营范围。是指企业从事生产经营活动的领域，又称为企业的定域。经营范围可以反映企业目前与其外部环境相互作用的程度，也可以用来反映企业计划与外部环境发生作用的要求。对于大多数企业来说，它们应该根据自己所处的行业、产品和市场确定经营范围。

（2）资源配置。指企业过去和目前资源和技能配置的水平和模式。资源配置的好坏极大地影响着企业实现自己目标的程度，是企业的一种特殊能力。企业只有以其他企业不能模仿的方式取得并运用适当的资源，进而形成自己特殊的技能，才能很好地开展生产经营活动。

（3）竞争优势。是指企业通过其资源配置的模式与经营范围的决策在市场上形成的与其竞争对手不同的竞争地位。应该说，竞争优势是经营范围决策和资源配置的结果。

（4）协同作用。是指企业从资源配置和经营范围的决策中所能寻求的各种共同努力的效果。根据协同作用的大小，可挖掘企业总体获利能力的潜力。

三、企业战略思维模式

战略思维模式是规范企业经理人员如何看待世界的一种心理模式，可以为我们提供认识、理解和解决企业战略性问题的观点和方法。

1. 以外部环境为基础的战略思维模式

钱德勒是研究环境—战略—结构之间关系的第一位企业战略专家。1962年，美国管理学家钱德勒的《战略与结构》一书的出版，揭开了战略管理问题研究的序幕。在这部著作中，钱德勒首次分析了环境—战略—结构之间的相互关系。他指出，企业战略应该适应环境，满足市场需求。企业组织结构应适应企业战略，随战略而变化。他还解释了大企业成长并分析了企业的管理结构如何随企业的成长而改变，分析了美国大企业的管理人员如何确定企业的成长方向，做出投资决定并调整企业组织结构，确保全部战略的贯彻实施。他发现，企业管理的变化主要是战略方向的改变而并非只是为了提高企业效率。在此基础上，有关企业战略问题的研究，形成了两个很有影响力的学派——设计学派和计划学派。

设计学派以哈佛大学的安德鲁斯及其同事为代表。设计学家认为，外部环境对企业战略的制定有重大影响，战略制定的过程就是企业内部条件与外部环境相匹配的过程。这一学派主张在使组织自身条件和外部机会相适应的基础上，将战略形成分为战略制定和战略实施两部分。战略制定过程实际上是使企业内部条件因素和企业外部环境因素相匹配的过程，这种匹配能使企业内部的优势和劣势与企业外部的机会和威胁相协调，由此建立了 SWOT 分析模型。按照安德鲁斯的观点，环境不断变化产生机遇与威胁，组织的优势与劣势将不断调整以避免威胁并利用机遇。他把战略制定看成是"分析性的"，而把战略实施看成是"管理性的"。

计划学派的代表人物是安索夫。计划学派认为，战略制定应当是一个有意识控制的规范化过程，战略实施应当按一定的程序进行，并通过一层层的财务预算体系来保证战略的顺利实施。组织的高层管理者负责管理整个计划过程，企业战略应包括企业目标、资金预算等具体内容，以保证战略的顺利实施。尽管如此，上述理论并未对产业与市场结构及其战略制定与选择的关系做出分析。

2. 以产业结构分析为基础的战略思维模式

迈克尔·波特于 20 世纪 80 年代提出的竞争战略理论是建立在产业组织学的"结构—行为—绩效"框架的基础之上，并以此作为理论分析的基石。根据该模型，有关战略问题的研究主要侧重于对市场结构这一决定产业中和产业间绩效的主导力量进行分析，分析的结果得出企业应遵从其在产业中的优势的一般战略定义。在波特看来，战略家的任务是将企业定位在能够为企业提供针对竞争对手的最好的防卫领域；或者通过战略行动影响力量的平衡，改善其地位；或者预测未来的变化并采取相应的措施在竞争对手之前改变竞争格局。企业的盈利能力取决于行业的利润水平及企业在行业中的相对地位。波特第一次将战略分析的重点由企业转向了行业，强调了企业外部环境，尤其是行业特点和结构因素对企业投资收益率的影响，并由此提出了五种竞争作用力的分析模式。波特认为，形成竞争战略的实质就是将一个公司与其环境建立联系。尽管相关环境的范围广阔，包含着社会的、经济的因素，但公司环境的最关键部分就是公司投入竞争的一个或几个产业。产业结构强烈地影响着竞争规则的确立以及潜在的可供公司选择的战略。波特认为，超额利润源于产业中认识有利结构性特征的基本能力，决定企业盈利能力的根本因素是产业的吸引力，强调产业结构分析是建立竞争战略的基础。

1991年，波特发表了《动态战略理论》的论文，综述了他的战略管理理论思想。其理论体系是：企业的管理选择与初始条件形成企业的驱动力，这些驱动力决定企业的相对成本与产品性能差异，从而决定企业的竞争优势。

产业组织模式认为，企业依靠其外部环境特点，要获得高于平均水平的投资收益率，首先要选择一个具有最大盈利潜力的行业，其次要根据这个行业的特点在行业中占一个优势地位，市场拥有的资源和能力可以通过市场买卖来获得。在这种思维模式下，企业关注的是外部机会，这是一种"机会带动"发展的模式。在一定时期内，国内外许多企业在这种思维模式的指引下，不断通过进入有盈利潜力的行业，获得了成功。在市场机会多和行业竞争不激烈的时代，这种战略思维模式在指导企业制定相应的发展战略方面发挥了重要作用。但这种模式过分强调企业的外部环境和行业的选择，忽视了企业内部的资源和能力以及核心竞争力。进入信息时代后，企业在竞争中能否获得高于平均水平的收益，不只是取决于企业外部环境，更重要的是取决于企业拥有的独特资源和能力。

与经典战略模式相比，竞争战略理论指出了企业在分析组织结构竞争环境的基础上制定竞争战略的重要性，从而有助于企业将其竞争战略的眼光转向对其有吸引力的产业的选择上。然而，竞争战略理论也缺乏对企业内在环境的考虑。

3. 以企业内部资源为基础的战略思维模式

20世纪80年代以来，由于企业内、外部环境的变化，企业和学者逐渐将探索企业竞争优势的着眼点转移到了企业层面，由此产生了以资源为基础的企业观（Resource-based View of Firm）。其基本目标是解析被经济学家看做生产函数的企业这个"黑箱"，将其拆解为更为基本的成分，以寻找企业竞争优势的根源所在。

资源基础论主要从企业内部寻找企业成长的动因，用资源与能力解释企业差异的原因。其核心观点是：企业的竞争优势来源于企业拥有或支配的资源，这些资源是指企业经营活动所需要的各种各样的有形和无形的投入，如土地、设备、资本、人力等。以资源为基础的战略思维模式认为企业是一个资源的集合体，而不是追求利润最大化的"黑箱"。采用这种战略思维模式的企业不是把重点放在企业外部环境分析和行业选择上，而是建立在竞争对手难以模仿的资源之上，根据企业内部特征来分析和制定企业的战略。该理论更侧重于解释了有些企业之所以能够持续地比其他企业取得更大成功的问题，而不是单个产品及市场开发的成败问题。

1984 年沃纳菲尔德在《战略管理杂志》上发表了《公司资源学说》，论述了企业内部资源对企业获取竞争优势的重要意义。他指出，对企业获利而言，企业内部环境比外部环境更重要；企业内部资源、知识的积累是企业获得超额收益、维持竞争优势的关键。沃纳菲尔德认为，成长战略是在利用现有资源还是开发新资源两者之间的一种权衡。格兰特对战略的制定过程建立了一个实践构架。这一构架主张战略制定的过程包括：分析公司的资源；评价公司的能力；分析公司的资源与能力的盈利潜力；选择战略；扩展与提升公司的资源与能力。

4. 以核心能力为基础的战略思维模式

虽然资源理论从一定程度上弥补了传统竞争战略理论的不足，然而，并非所有的资源都可以成为企业获取竞争优势和高额利润的源泉，在竞争优势与大多数具有普遍意义的资源之间不可能都存在因果关系。不仅如此，在 20 世纪 90 年代前，市场处于相对平稳的状态下，企业战略可基本保持不变，企业竞争表现为一场争夺位置的竞争，企业获取竞争优势的关键在于选择在何处竞争。进入 90 年代以来，在激烈动荡的市场环境中，企业竞争呈现动态化特征，竞争能否成功取决于企业对市场趋势的预测和对变化中的顾客要求的快速反应。在此态势下，企业战略的重点转向识别和开发难以被他人模仿的企业能力。由此产生了以能力为基础的企业观（Capability-based View of Firm）。

20 世纪 90 年代，G. K. Prahalad 与 G. Hamel 合作在《哈佛商业评论》上发表了《公司核心竞争能力》一文，代表了新的市场状况下对企业战略的新思考。他们认为，核心竞争能力是一个组织中的累积性学识，特别是协调不同的生产技能和有机结合的多种技术的学识。它是企业所具备的在本行业独树一帜的、难以复制和模仿的能力，具体表现在一个企业比其竞争对手更特别和更出色的一系列活动，以及整合一组资源以完成任务或者从事经营活动的有效性和效率。企业之间的竞争是基于能力的竞争，企业战略的核心在于企业自身的快速反应和行动能力，战略管理的重点是识别、开发竞争对手难以模仿的核心能力。他们还认为，企业的核心能力并不是一成不变的。企业在保持现有核心能力的同时，还应关注并不断积累、培养新的核心能力，从而使自己长期占据核心竞争力的制高点。

四、企业总体战略的制定

企业总体战略包括发展型战略、稳定型战略、收缩型战略和混合型战略等几种类型。

1. 发展型战略

发展型战略是一种扩张型战略，是企业在现有的战略基础水平上向更高一级目标发展的战略。伴随此战略的实施，往往同时出现企业规模的扩大以及企业所提供的产品数量和种类的增加。这种战略一般适用于处于有利的发展环境，在产品、技术、市场上占有很大优势的企业，特别是那些已拥有相当发展基础和实力，拥有名牌产品和社会声誉较高的企业，更应优先采取这种战略。发展型战略的实现方式有内部开发、并购、联合开发或战略联盟三种形式。

发展型战略包括产品—市场战略、一体化战略、多元化战略、跨区域以及跨国发展战略四种类型。

（1）产品—市场战略。这一战略由美国战略管理学家安索夫于 1957 年提出。他认为，企业经营战略有四种组合形式，即市场渗透、产品开发、市场开发以及多元化经营。其中，市场渗透战略被广泛地使用或与其他战略联合使用；产品开发与市场开发是同步或交替进行的。

（2）一体化战略。指企业充分利用已有的产品、技术、市场的优势，向经营的深度和广度发展的一种战略。包括纵向一体化战略和横向一体化战略。纵向一体化战略又称垂直一体化，是发生在相互买卖投入品和产出品或相互具有投入、产出关系的企业之间合并或兼并的过程。"二战"后，世界大企业发展的趋势在很大程度上是与纵向一体化联系在一起的。横向一体化也称水平一体化，指生产类似产品的企业置于同一所有权控制之下，通过兼并或与同行业的竞争者进行联合以实现扩大规模、降低成本、提高企业实力和竞争优势。

（3）多元化战略。是指一个企业同时涉足两个或两个以上相关或不相关的产业领域，以期能长期稳定地获取和追求最大经济效益。实施多元化战略有助于企业获得规模经济和范围经济的好处，充分挖掘企业内部的潜力，获得管理、生产、技术等方面的协同效应。

（4）跨区域以及跨国发展战略。通过这种战略的实施，可以使企业的组织或市场实力实现国内空间边界的扩张，提高企业的市场占有率。

2. 稳定型战略

稳定型战略是在企业内外部环境没有重大变化，市场需求、竞争格局保持稳定的条件下，企业使战略规划期内的资源分配和经营状况基本保持在目前水平上的战略。其基本表现是，企业的经营方向、业务领域、市场规模以及市场地位都大致不变或以较小的幅度增长或减少。对大多数企业来说，它是最有效的也是风险最小的战略。

采用稳定型战略的企业不需要改变自己的宗旨和目标，企业只需要集中资源于原有的经营范围和产品，以增加其竞争优势。这一战略适用于对战略期环境的预测变化不大，而在前期经营相当成功的企业。

企业在一定时期内之所以会采用稳定型战略，其根本原因是受其所处内外部环境变化的影响。其优点主要表现为企业基本维持原有的产品和市场领域，能够避免开发新产品和新市场所必需的巨大资金投入和开发风险，可以保持企业规模、资源和生产能力的协调，保持人员安排的相对稳定性。如，当经济发展处于快速成长期，而企业的资金不足，人力资源缺乏时，企业采用该战略可以把资源集中在自己具有优势的某些市场，以维持自己的竞争地位；当企业处于衰退阶段时，资源丰富的企业采用该战略可以使之保持行业中的领先地位。但长期实行稳定型战略容易使企业对环境的敏感性和适应性降低，减弱企业的风险意识，影响企业的长远发展。

3. 收缩型战略

收缩型战略是一种消极的战略。是当企业面临的经营环境、所拥有的资源状况以及发展前景发生了变化，与企业原有的战略目标出现大的差距，甚至威胁企业生存和发展时所实行的战略。

就企业的发展过程来说，企业经常会面临危机，有应对危机的需要。危机管理是企业战略管理的必要组成部分。企业选择收缩型战略一般出于几种原因：一是企业为了筹措资金，发展有潜力的业务，进行战略重组的需要。二是应付外部环境出现的经济衰退、行业周期波动的变化，而选择局部放弃。三是出于减少损失、保存实力的需要。换言之，收缩型战略实施的背景，通常是企业所面临的内外部环境出现了危机的征兆，出于应对危机的需要，企业可能需考虑在目前的领域收缩经营，以保存实力寻求新的发展机会。因此，收缩型战略实施的过程也就是企业危机管理的过程。

4. 混合型战略

混合型战略是发展型战略、稳定型战略、收缩型战略态势以及各战略态势的不同情况下的不同组合，是针对不同的业务单位采取不同的战略态势或者在不同的时期里实施不同的战略方案，以满足各部门各时间的内外部环境需要的战略。这一战略一般在大型企业采用较多。原因在于，大型企业通常拥有较多的战略业务单位，这些战略业务单位可能分布在完全不同的行业和产业群之中。混合型战略的实施为解决企业资源不足与战略目标之间的矛盾提供了方法，但同时增加了企业管理的难度，影响实施效果。因为它要求企业管理者必须有能力协调内部各战略业务单位之间的关系。

第二节　企业财务战略

财务是企业中最集中的职能领域，一个企业的财务状况是外界对这个企业最为关注的内容，财务业绩也体现了企业整体的经营结果。企业财务战略作为一种开放性、动态性和综合性的管理，就是围绕资金运动展开的。资金运动可以综合反映企业生产经营的主要方面和主要过程，并贯穿于生产过程的始终。因此，企业财务战略以资金运动为战略管理对象，通过对资金运动的掌握做出合理的判断，进行科学的财务预测和决策。企业战略能否成功实现，很大程度上取决于整个战略期间是否有充裕的资金作保证，是否有与其协调一致的财务战略决策和措施相匹配。

一、企业财务战略目标

1. 财务战略的定义

关于财务战略，迄今没有统一的定义。尽管如此，企业财务战略关注的焦点是企业资金的流动是毫无疑问的。一个企业的财务战略应当根据企业执行的总体合作和竞争战略而制定。选择财务战略必须着眼于企业未来长期稳定发展，考虑企业的发展规模、发展方向和未来可能遇到的风险，了解企业现行的战略与其相关风险的关系。

刘志远（1997）以企业战略理论和方法研究了传统财务管理的投融资和收益分配问题。他指出，财务战略是为谋求企业资金均衡有效的流动和实现企业战略，是为增强企业财务竞争优势，在分析企业内、外部因素对资金流动影响的基础上，对企业资金流动进行全局性、长期性和创造性的谋划，并确保其执行的过程。

也有学者从财务战略与企业战略的关系出发，对财务战略进行研究。如陆正飞（1999）指出，财务战略是指对企业总体的长期发展有重大影响的财务活动的指导思想和原则。

郭复初（1998）指出，财务战略是指公司在一定时期内，根据宏观经济发展战略和公司的经营方针、经营战略，对财务活动的发展目标、方向和道路，从总体上做出的一种客观而科学的概括和描述。

魏明海（2001）认为，财务战略是指在企业战略统筹下，以价值分析为基础，以促使企业资金长期、均衡、有效流转和配置为衡量标准，以维持企业长期盈利能力为目的的战略性思维方式和决策活动。

综合上述观点，我们认为，财务战略就是对企业总体和长远发展有重大影响的财务活动的指导思想和原则。企业财务战略的着眼点不是企业的当前，也不是为了维持企业的现状，而是面向未来，为了谋求企业的持续、长远发展和增强企业的财务竞争力。

财务战略的出现为财务关系的研究提供了新的起点，因此，可以说，财务战略是联系财务关系和财务活动的桥梁。在实践中根本不存在唯一的创造企业财务优势的财务战略。在相同的变化着的财务环境下，不同的企业通常采取不同的财务战略。在制定财务战略时，要从企业长期生存和发展的观点出发，有计划、有步骤地改善、充实和提高企业资本实力，提高企业对未来环境的适应能力。财务战略一经制定，就会对企业未来一个较长时期内的资本运营活动产生重大影响，而不是只有短期的影响。作为现代企业职能管理的一个特殊构成部分，财务管理在企业管理体系中占据重要地位，企业财务活动并非总是企业的局部活动，而是有着对企业整体发展具有重要战略意义的内容，因此，财务战略具有相对独立存在的意义。

企业财务战略的主要任务，是根据企业的总体战略、竞争战略和其他职能战略的要求，分析和确定企业的资金需求量，保证企业的经营活动对资金的需求，确定融资渠道和方式，调整和优化企业内部资本结构，通过有效投资和资产管理手段提高资金的使用效率，保证企业战略目标的顺利实现。没有企业财务的支持，任何企业战略都不可能取得成功。这是因为，企业财务战略所包括的筹资战略、投资战略以及收益分配战略几乎可以涵盖企业的整个生产经营活动。为使企业能够制定和选择一个确保企业可持续发展的财务战略，并使财务战略得以良好地贯彻执行，就必须采用科学的方法和遵循科学的程序。由于财务战略是企业战略的一个子战略，因此，这一程序的运行应该与企业战略运行遵循的程序相类似：

（1）进行理财环境分析。

（2）确定财务战略目标。

（3）进行可行性论证。

（4）做出最终决策。

2. 企业财务战略目标

任何企业的形成都需要资本的投入，资本的天性是逐利的。企业进行商品生产和交换的目的在于生存、发展和获利。财务管理是对企业资金进行规划和控制的一种管理活动，企业财务活动是企业生产经营活动的一种，为企业整体活动服务，财务目标与企业目标应保持一致。因此，制定正确的财务目标是财务管理成功的前提，财务战略的目标应与财务目标保持一致，财务战略目标可以为企业财务战略的形成确立方向，定义财务战略的边界，在整个财务战略系统中处于主导地位。同时，明确的财务战略目标指明了财务战略的属性，它必须服从和服务于企业战略的要求，与企业战略要求协调一致，从财务上支持和促进企业战略的实施。

财务战略目标可分为财务战略总目标和财务战略具体目标。

（1）企业财务战略总目标。财务战略总目标不仅影响财务战略的制定，而且还指导财务战略的实施。能否正确确定财务战略总目标，对财务战略的制定和实施是至关重要的。按现代经济学的观点，企业实质上是"一系列契约的连接"，各要素持有者各有其连结企业的必要性和可能性，它们对企业的存在是必不可少的。从企业长远发展来看，不能只强调某一集团的利益，而置其他利益于不顾。在一定意义上讲，企业各相关利益集团的目标都可折中为企业长期稳定的发展和企业总价值（财富）的不断增长，各个利益集团都可以借此来实现他们的最终目的。因此，企业财务战略的总目标就是股东财富最大化或企业价值最大化。

（2）企业财务战略具体目标。财务战略具体目标是为实现总目标而制定的目标，是财务战略总目标的具体化，它既规定财务战略行动的方向，又是制定理财策略的依据，在财务战略中居于核心地位。具体包括投资战略目标、融资战略目标和收益分配目标。它是在战略分析的基础上确定的，是采取具体财务战略行动的指南。

第一，投资战略目标。投资战略目标是由财务战略总目标决定的。不同的企业在不同的投资运营项目上会有不同的追求，即使同一企业，选择的经营战略类型不同，其投资战略目标也不尽相同。企业在制定投资战略目标时必须充分考虑市场占有率、现金流量、投资报酬率等问题。

第二，融资战略目标。通常，企业在确定融资战略目标时，需考虑以下两点：一是融资战略的首要目标是解决满足投资所需的资金。这是推动企业低成本扩张，不断提高市场份额的关键。二是使综合资本成本最小。企业在筹措资金时，要注意权益资本和债务资本的合理配置，优化资本结构，力争使企业综合资本成本最小。

第三，收益分配目标。企业采取何种收益分配战略，要根据企业的内外部因素的分析及投融资的要求来确定。如在企业采取竞争战略的情况下，收益分配战略的首要目标是满足筹资的需要，追求的是企业的长远利益。而资本利得目标要符合企业的根本利益，无论是采取竞争战略，还是采取稳定战略的企业，通过收益分配都期望达到这一目标，它符合企业财务战略总目标的要求。

为实现企业财务战略目标要求，必须有相应的战略重点、战略阶段及其战略对策等为之服务。其中，战略重点是指实现财务战略的具体目标的过程中，必须予以解决的重大而又薄弱的环节和问题；战略阶段是为实现战略目标而划分的阶段；战略对策是保证战略目标实现的一整套重要方针、措施的总称，是保证战略实现的手段。具体来说，一方面，企业在制定财务战略具体目标时，一般都要充分利用其外部的机会和内部的优势，但也不能完全回避外部威胁和内部劣势所潜伏的威胁性影响，明确战略重点。另一方面，为使财务战略方案能被有序执行，必须分期规定各阶段的具体任务和目标，才能保证届时实现财务战略目标。因此，在制定财务战略时，企业必须根据现有条件和对理财环境的变化和发展趋势的分析，划分战略阶段，提出各战略的时间、任务、目标及措施，明确各战略阶段的重点，使财务战略趋于完整。另外，在研究制定财务战略对策时，企业还必须以其财务状况和盈利能力为分析基础。

不同企业的未来发展前景不同，使得它们所确定的财务战略具体目标也不尽相同。加之企业将来要面对的财务环境以及可能拥有的财务资源也存在差异，我们很难描述一种通用的或唯一的可以使企业获得成功的财务战略。

此外，根据现代管理理论"结构追随战略"的观点，企业为实现战略目标必然要求企业组织结构符合企业战略的根本要求，而作为企业组织结构重要组成部分的公司治理结构的完善与否同企业战略目标的实现息息相关。通常，现代的竞争环境、现代的竞争方式和现代的竞争战略都要求现代企业制度和公司治理结构作为根本的制度保障。就财务战略而言，企业财务管理体制和内部会计控制结构必须有助于财务战略的贯彻实施。没有现代的公司治理结构和内部控制制度，将会导致严重的经济后果或出现致命的财务危机。公司治理结构、内部控制的组织形态或结构形式要服从、受制于企业战略与财务战略，它们必须为实现企业战略目标服务。内部控制系统与战略绩效控制系统相互交叉、相互渗透、相互补充，共同负责财务战略的贯彻实施。

二、企业财务战略的类型及特征

1. 企业财务战略的类型

财务战略的类型主要是从资金筹措与使用特征的角度进行划分的。从这一角度划分财务战略，总体上可以划分为以下三种类型：扩张型财务战略、稳健发展型财务战略和防御收缩型财务战略。

（1）扩张型财务战略。扩张型财务战略是以实现企业资产规模的快速扩张为目的的一种财务战略。为实施这种财务战略，企业往往需要将大部分利润乃至全部利润留存。同时，还要大量进行外部融资，更多地利用负债，以弥补内部积累相对于企业扩张需要的不足。同时，更多地利用负债而不是股权筹资，是因为负债筹资既能给企业带来财务杠杠效应，又能防止净资产收益率和每股收益的稀释。随着企业资产规模的扩张，也往往使企业的资产收益率在一个较长时期内表现出相对较低的水平，其显著特征表现为"高负债、低收益、少分配"。

（2）稳健发展型财务战略。稳健发展型财务战略指以实现企业财务绩效的稳定增长和资产规模的平稳扩张为目的的一种财务战略。实施这种战略的企业，一般将尽可能把优化现有资源的配置和提高现有资源的使用效率作为首要任务，将利润积累作为实现企业资产规模扩张的基本资金来源。为防止过重的利息负担，企业会对举债持十分谨慎的态度。所以，实施这种战略的企业的一般特征是"低负债、高收益、中分配"。

（3）防御收缩型财务战略。防御收缩型财务战略是指以预防出现财务危机和求得生存及发展为目标的一种财务战略。由于主客观因素的影响，企业面临经营困难是采取防御收缩型财务战略的主要原因。实施这种战略，一般将尽可能减少现金流出和最大增加现金流入作为首要任务，通过精简机构，盘活存量资产，节约成本开支，集中一切力量用于主营业务，以增强企业主营业务的市场竞争能力。这种财务战略的主要特征是"高负债、低收益、多分配"。

2. 企业财务战略的特征

财务战略是企业战略中一类特殊的战略。认识财务战略的特性，对于指导实施企业财务战略管理，具有重要意义。具体地，企业财务战略具有以下特征：

（1）全局性。企业财务战略以全局及整体经营活动中企业资金运动的总体发展规律为研究对象，根据企业财务的长远发展趋势而制定，从全局上规定着企业财务的总体行为，使之与企业的整体行动相一致，追求企业财务的总体竞争实力，谋求企业良好的财务状况和财务成果。总体上说，它是指导企业一切财务活动的纲领性谋划。所以，凡是关系到企业全局的财务问题，如资本结构、投资方案、财务政策等都是财务战略研究的重要问题。企业财务战略的全局性还表现在财务战略应该与其他企业职能战略相结合，共同构成企业的整体战略，企业各职能部门必须协调一致才能最大限度地实现企业的总体战略目标。

（2）长期性。企业财务战略以长远目标谋划企业财务活动，着眼于企业的长期稳定发展和竞争力的提高，在较长时期内会对企业资金运作产生重要影响，对企业各种重大理财活动具有长期方向性的指导作用。企业应在预测分析的基础上，根据目前的情况对未来的变化做出科学的预测，提出长期的财务战略方案。企业应该着眼于其长远发展目标，进行长期财务战略的规划和预测，通过不断提高资本的运营效率来增强持续竞争力。除此以外，制定企业财务战略还要从企业长期生存和发展的观点出发，有计划、有步骤地改善、充实和提高企业资本实力，以提高企业对未来环境的适应能力。

（3）风险性。由于企业的理财环境变化不定，以及国内外政治经济形势变动的影响，使得企业财务战略制定必须考虑企业在不确定环境下的适应能力和发展能力，注重企业发展过程中的各种风险因素，使得企业对各种可能发生的风险做到心中有数，准备好应对策略，以便抓住机遇，规避风险。从财务战略的角度看，研究经营风险和财务风险的目的应着眼于企业的筹资及所筹资本的投资上。财务风险和经营风险可以产生多种组合模式，以供不同类型的企业进行理性的财务战略选择。

（4）系统性。企业财务战略是把企业资本运营当做是一个系统来对待的；所注重的是它与企业整体战略、与企业内外环境之间的关系，以及其自身各要素之间的关系，并且试图从整体的、系统的角度来协调这种关系。从财务战略自身的系统而言，协调性是自然应该具有的；从财务部门与企业内部其他各部门的关系而言，企业是一个整体，财务战略必然要在与其他各部门形成协调性的基础上来实施。

（5）综合性。财务战略的制定要综合考虑影响企业财务活动的各种因素，包括财务的和非财务的，主观的和客观的等各种因素。企业财务战略不能就财务论财务，只有综合这些因素，才能全面支持企业财务战略，实现企业财务战略所要达到的目标。

（6）从属性。这里所谓的财务战略的从属性，主要是指它是企业战略的一个组成部分而言，并非是指它简单地服从于企业战略。制定财务战略的出发点应该是为了从财务方面对企业整体战略给予支持。因而，财务战略不是独立于企业战略之外的，一方面，财务战略是企业战略的执行和保障体系；另一方面，何种企业整体战略决定何种财务战略。

（7）差异性。对所有企业而言，它们既不能不追求尽可能大的盈利或资本增值，又不能一味地追求盈利而忽视其他目标。这种既统一又对立的关系，使得不同企业的整体财务战略不尽相同。如日本企业与美国企业就存在着比较显著的财务战略差异。日本企业的经营者把实现发展目标放在一切工作的首位，一切财务工作考虑的宗旨就是为了实现企业发展目标。为此，日本企业宁愿牺牲近期利润，宁愿冒更大的风险大举借债。而美国企业则比较注意近期利润，尽管它们也不放松对企业发展的追求。

三、企业财务战略的地位

企业财务战略关注的焦点是企业的资金流动，这是财务战略不同于其他各种战略的本质的规定性。企业是资金流转的动态体系，财务是维持这一体系运作并提高其效率的重要动力之一。只有资金长期均衡地有效流动、合理配置，才能为企业带来整体价值的增加。企业财务战略的目标是谋求企业资本的均衡和有效流动，以及实现企业总体战略。

企业战略是企业整体战略的一个有机组成部分，财务战略是企业战略中的一个特殊的综合性的子战略，在企业战略管理体系中处于相对独立的基础地位，是企业战略的中坚，它既从属于企业战略，又制约和支持企业战略的实现，两者是辩证统一的关系。同时，财务战略与其他总体战略的子战略，如生产战略、营销战略等存在着相互影响、相互制约的关系，与其他职能战略之间既相互区别又相互联系，可以说，财务战略渗透在企业的全部战略之中，与企业战略之间也不是一种简单的无条件服从的关系。

1. 财务战略从属于企业战略

无论从生存方面还是从发展方面考虑，企业战略对一个企业而言都是至关重要的。企业总体战略决定了企业经营的领域、产品的发展方向和技术水平，规定了企业投资的方向。企业必须在总体战略规定的范围内进行投资活动，并保证资金及时、足额到位。

作为企业战略的一个子战略，财务战略不是独立于企业战略的，而是服务于、从属于企业战略的。企业战略是财务战略的一个基本决定因素，是整个企业进行生产经营活动的指导方针，也是协调各种经营活动的主旋律。企业战略居于主导地位，对财务战略具有指导作用。财务战略应该与企业战略协调一致，从资金上支持和保证企业总体战略目标的实现；通过保证企业战略实施对资金的需求，安排企业的财务资源规模、期限与结构，提高资金运转效率，为企业战略实施提供良好的财务保障。在企业财务战略管理过程中，首先要对企业外部财务环境及自身内部资源条件进行分析，在此基础上，综合考虑企业总体战略和生产营销战略的制约作用，从而制定出符合客观情况的财务战略。

2. 财务战略制约企业战略的实现

企业战略解决的是企业在其总体目标的指引下，整个经营范围的问题以及怎样分配资源给各个经营单位的问题；财务战略则以维持企业长期盈利能力为目的，解决财务职能如何为其他各级战略服务的问题。财务战略的选择，决定着企业财务资源配置的模式，影响着企业各项活动的效率。正确的财务战略能够指引企业通过采取适当的方式筹集资金并且有效管理资金，其主要目标是增加价值。财务战略通过资金这条主线，利用综合的财务信息将企业各个层次的战略有机地联结在一起，成为协调企业纵向战略、横向战略以及纵横战略之间关系的桥梁和纽带。财务战略影响到企业战略的方方面面，包括投入的资金是否均衡有效、金融市场对资金筹集的约束和要求，资金来源的结构是否与企业所承担的风险与收益相匹配等。在企业战略管理实践中，很难将企业各层次的不同战略准确地区分为哪些是财务战略，哪些是非财务战略。

对于一个成长性的企业而言，从金融市场上筹集外部资金几乎是必需的。金融市场的特点、惯例和标准，以及由此产生的企业内部资金管理的特点等，都会对企业其他方面的运作产生重要影响。因此，在企业战略的制定过程中，或在其投入实施之前，必须检验其在资金上的可行性。如果企业战略所需资金无法得到满足，则该项战略就必须考虑修订。

一个成功的企业战略，必须有相应的财务战略与之相配合。财务对于一个企业来说是十分关键的。任何项目的事前预算、事中控制及事后考评都离不开财务。如果企业能够正确制定和实施有效的财务战略，它就能增加股东价值。否则，则会对企业经营产生致命的影响。企业及其他战略在制定时，需要考虑资本运动规律的要求，使资金能够保持均衡、有效的流动。

3. 财务战略是企业战略中最具综合性的子战略

如前所述，企业财务战略的谋划对象是企业的资金流动以及在资金流动时所产生的财务关系。正是由于资金是企业生存发展最为重要的因素，企业整体战略与其他职能战略的实施也离不开资金，因此，财务战略可以看成是企业战略的一种货币表现形式。企业财务战略在一定条件下，决定着企业总体战略的制定、部属和实施，在各种战略层次上处于主体地位。

当然，财务战略不是详细的、具体的资本运营实施计划，而是用来指导企业在一定时期内各种资本运营活动的一种纲领性谋划，规定着资本运营的总方向、总目标和总方针等重要内容，是制订各种具体资本运营计划和措施的依据。财务战略一经制定，就成为指导企业具体资本运作和财务管理行为的行动指南。因此，财务战略是企业战略管理系统中最具有综合性的子战略，对企业各层次战略的实现具有重要的意义和影响。企业需要根据其竞争能力、经营能力、产品生命周期、资金需求等对企业生存和发展有着全局影响的关键要素，制定并选择相应的财务战略，以动态地保持企业的持续竞争优势。

4. 财务战略对企业战略的其他子战略起着重要的支持和促进作用

财务战略的一个基本问题是如何优化配置资源，优化资本结构，促进资本快速流动和最大增值获利。财务战略除了贯彻企业战略的总体要求外，还必须考虑其他子战略与各职能部门战略的一致性。只有这样，财务战略才会对企业战略的其他各项职能战略的成功起到支持和促进作用。财务战略不同于其他的功能性子战略，它是企业战略管理系统中最具有综合性的子战略，对企业各层次战略的实现具有重要的意义和影响。这是因为，无论企业战略本身，还是市场营销战略、生产战略和技术创新战略等的实施均离不开资金的支持。这些战略一经制定，就会对资金产生需求。因此，制定企业战略的其他各项子战略时必须注意它们与财务战略目标的协调性。

许多企业在正式确定财务战略之前，要在各部门之间经过多次反复讨论。这一过程的重要目的之一，就是要对各项战略从资金方面予以审核，根据资金的可供量和资本增值效益等方面的考虑，对各子战略进行综合平衡，并使它们逐步协调一致起来。也就是说，企业各级战略的制定和实施必须接受财务的检验。企业做出战略选择的重要标准是可行性，可行性的首要条件就是该战略是否有资金支持。

由此可见，财务战略作为企业战略的重要组成部分，在其制定过程中，既要坚持其与企业战略的一致性，又要保持其自身的独特性。它们之间是一种相互影响、相互印证、相互协调的动态关系。同时，财务战略也是协调企业各级战略之间关系的工具。不管是处于最高层的企业战略，还是市场营销战略、生产战略等子战略，它们的实施均离不开财务的配合。

四、企业财务战略研究的意义

1. 有助于谋求高效的资金流动并实现增值

企业财务战略是战略理论在企业财务管理方面的应用和延伸，是整个企业战略不可或缺的组成部分。财务战略既具有一般企业战略的共性，又具有自己的特殊性。其特殊性主要在于它的特殊对象——资金运作上。具体表现在：①各种资金形态具有空间上的并存性和时间上的继起性。没有资金的合理配置，就无法实现高质量的资金转化。②资金运作过程具有价值上的增值性。财务管理对资金增值能力提出了更高的要求。③资金运作管理更多地体现成本效益原则。④尽管资金运作具有数量上和时间上的均衡性，但资金运作存在非对称信息假设。⑤资金运作的本质表现为资金流动。

企业财务战略关注的焦点是谋求企业资金有效流动并实现增值。资金的有效流动是企业生存和发展的基本要素，企业应在复杂多变的市场环境下，努力增强企业资金流动计划对未来环境的适应性。因此，在进行事前预测、规划和可行性研究的基础上，必须加强企业资金决策工作，特别是要做好筹集资金和资金投放的决策工作。目前，企业中普遍存在的诸多问题与资金流动有关，其中最主要的是资金管理的有效性和效率问题日益突出。如企业规模迅速扩张而企业融资能力极为有限，绝大多数企业面临资金紧缺与资金闲置浪费并存的问题。解决这一问题的关键就是要树立财务战略意识，切实加强财务战略理论的研究，从战略的高度重视财务管理工作，建立以财务管理为主导的现代企业制度下的理财模式。只有从战略的方位统筹规划，突出重点，拓宽融资渠道，开源节流，向管理要效益，才能取得资金的有效流动并实现增值。

2. 有助于适应理财环境的变化

21世纪，企业外部环境的迅速变化和内部管理机制的重构，对企业财务管理提出了新的挑战。随着金融资产证券化趋势的不断加强，产品的差异性逐渐被证券的同一性所掩盖，非对称信息规模会越来越大。确保被投资对象达到自己期望的目标，保证财务主体对资金的需求，其关键就是解决非对称信息所带来的一系列问题。如果企业不了解、不重视、不适应理财环境的变化，就很有可能失去良好的发展机遇，最终导致财务实力下降，财务状况恶化。因此，不同类型的企业必须依据其不同的外部环境和内部管理机制正常运作的要求，开展财务战略理论研究，用财务战略思想，拟定企业总体理财战略、企业经营理财战略和不同企业在竞争形势下的理财战略。只有这样，企业才能以不变应万变。企业也只有强调创新和发展的战略管理，才能在竞争对手如林的市场条件下立于不败之地并不断取得长久的发展。

3. 有助于确保资金来源的可靠性和灵活性

现实中，企业发展通常会遇到资金紧缺的问题。融资成为企业生存和发展的前提条件。但从不同渠道以不同方式筹措资金的成本、风险是有较大差异的。企业如何筹措资金，确保企业长期资金来源的可靠性和灵活性，并以此为基础不断降低企业的资金成本，促使企业经济资源的有效配置，是企业财务管理面临的关键问题之一。以往的成本管理主要着眼于降低成本，侧重于有形的成本管理。而在今天，企业更应注重债务负担、新产品开发、生产规模扩张以及市场发展等成本因素。诸如此类的问题，客观上要求企业必须充分重视财务战略问题研究，充分运用战略思想和方法，以此来谋求低成本、低风险，以及资本结构最优化，实现企业长期的、稳定的发展。

4. 有助于实现企业利益相关者的利益要求

现代企业理论认为，企业实质上就是一系列契约的连接。企业出资人、雇员、债权人、政府以及社会公众等利益相关者，按照一定的契约来分享企业的盈利和承担相应的义务。在这种契约中，缔结契约的各方都投入了一定的财务资源。契约各方都是平等的产权主体，各方都想取得企业剩余索取权和控制权，这一过程实际上就是各方博弈的过程。财务管理的实质就是要合理处理好一系列的财务关系，兼顾取得剩余索取权和控制权的各企业产权主体的利益，从简单地服从于传统财务资源提供者的利益转向体现更多企业利益相关者的利益要求。

第三节 企业战略管理

在知识经济、信息经济和网络经济日趋占据主导地位的时代，企业靠质量、技能和市场壁垒而长期保持竞争优势的日子已经一去不复返了，企业的竞争优势只能来源于比竞争对手更有效和更快速地培育、积蓄和更新资源。因此，任何企业所追求的任何管理时尚都应该趋于回到管理的根本，致力于资源与能力的获取、利用与更新。与此相适应，战略管理备受关注，企业纷纷谋求制定和实施一种既能够充分利用自身优势、又能够对激变的环境做出快速反应的有效战略。不同的战略管理倡导者分别从各自的角度理解和阐述他们的观点，从而形成了不同的战略管理学派。

从现有的研究成果可以看出，学者们对战略和战略管理的研究，实质上是对企业大量商业功能融为一体的研究。可以说，战略管理是一门综合性的学科，它不仅包含了企业及企业内部各单位层次的分析、单一经营单位中的特殊功能分析，也包括了企业竞争者的可能行动，以及潜在的竞争者、供应商、客户等外部关系人的分析，还包括了企业自身的内部优势和劣势的分析等。

一、战略管理的内涵

战略管理是管理中最基本、也是最重要的一个方面。它既包括方向、目标的制定，战略、计划的执行，又涉及最终业绩的考核。战略管理最早叫做"政策"，或者简单地叫做"战略"，它是关于企业的发展方向问题。

概括地说，战略管理强调的是一个动态过程，其目标是使企业长期有效地适应环境。"战略管理"一词最早由美国学者安索夫提出。1972 年，他在《企业经营政策》杂志上发表了《战略管理思想》一文，正式提出了"战略管理"的概念，为以后企业战略管理理论的进一步拓展奠定了基础。1975 年，安索夫的《从战略计划走向战略管理》一书，标志着现代战略管理理论体系的形成。该理论与以往的经营管理理论的不同之处在于，面向未来，动态、连续地完成了从决策到实现的过程。1979 年，安索夫又出版了《战略管理》一书，系统地提出了战略管理模式，即企业的战略行动模式，这也是他的战略管理思想的核心内容。在他看来，战略管理就是要通过一种模式，把企业的目的、方针政策和经营活动有效结合起来，使企业形成自己的特殊战略属性和竞争优势的管理行为。

安索夫还把战略管理看做是一个过程。他认为,战略管理是确定企业愿景,根据企业外部环境和内部条件确定企业目标,保证企业目标的正确落实并使企业愿景最终得以实现的一个动态过程。战略管理一般由四种要素构成:产品与市场范围、增长向量、竞争优势和协同作用。这四种要素可以产生合力,成为企业共同的经营主线。企业有了这条经营主线,全体职工就可以充分了解企业经营的方向和产生作用的力量,从而扬长避短,发挥优势。安索夫把环境、市场定位和内部资源能力置于战略的核心位置。在安索夫看来,世界上没有通用的战略,战略不是唯一的,战略的正确与否与企业所处的环境密切相关。

1. 产品及市场范围

产品及市场范围主要是指出企业寻求获利能力的范围,说明企业在所处行业中的产品与市场地位是否占有优势,说明企业属于什么特定行业和领域。一般地,为了清楚地表达企业的共同经营主线,产品和市场的范围常常需要通过分行业来描述。因为大行业的定义往往过宽,其产品、使命和技术涉及很多方面,经营的内容过于广泛,用它说明企业的产品与市场范围,会使企业的经营主线很不明确。

2. 增长向量

增长向量主要是指出企业经营运行的方向以及企业取得获利能力范围的方向,而不涉及企业目前的产品与市场的态势。增长向量一方面指出了企业在一个行业里的方向以及企业计划跨越行业界线的方向,以这种方式描述共同的经营主线是对以产品与市场范围来描述主线的一种补充;另一方面说明了企业从现有产品与市场结合向未来产品与市场组合移动的方向,以及企业计划跨越行业界限的方向。

3. 竞争优势

竞争优势主要在于概括出企业单个产品与市场的特殊属性,确定企业的竞争地位,指出企业最佳机会的特征。它表明企业某一产品与市场组合的特殊属性,凭借这种属性可以给企业带来强有力的竞争地位。一个企业要获得竞争优势,或需寻求兼并,谋求在新行业或原行业中获得重要地位;或需设置并保持竞争对手进入的障碍与壁垒;或需进行产品技术开发,产生具有突破性的产品,以替代旧产品。

4. 协同作用

协同作用指一种联合作用的效果,借此发掘企业总体获利能力的潜力,提高企业获得成功的可能性。涉及企业与其新产品和市场项目相配合所需要的特征。协同作业可以分为销售协同作用、运行协同作用、管理协同作用等。协同作用是衡量企业新产品与市场项目的一种变量。若企业的共同经营主线是进攻型的，该项目则应运用于企业最重要的要素，如销售网络等；若企业的经营主线是防御型的，则该项目要提供企业所缺少的关键要素。

也有人不同意企业战略由上述四种要素组成的观点。如日本学者伊丹敬之认为，企业战略的构成因素有三种：产品与市场群、业务活动领域和经营资源群。其中，产品与市场群就是要解决本公司的活动目标应确定在哪一种产品领域、市场领域；如果拥有数个产品与市场应如何相互联系。业务活动领域则是指从原材料供应、生产一直到产品送到顾客手中的一系列开发、生产、流通过程中，企业应该承担其中哪些部分环节的活动。经营资源群是指企业如何把开展经营活动所需要的各种资源和能力综合起来，以及在什么方向上积累资源。

1991 年，迈克尔·波特在《战略管理杂志》上发表了《动态战略理论》的论文，综合了他的战略管理思想。他认为，企业的管理选择与初始条件形成了企业的驱动力，这些驱动力来自于企业的规模、积累的经验、活动共享与能力转移、垂直一体化等。这些驱动力决定企业的相对成本与产品性能差异，从而决定企业的竞争优势。他所倡导的战略管理理论认为，竞争优势的基本单位是零散的活动，其持久性依赖于学习，对于经营多元化的企业而言，公司层战略的核心是各业务间如何实现活动共享或技能共享。

也有人认为战略管理是企业的高层领导为了保证企业的持续经营与不断发展，根据对企业内部条件与外部环境的分析，对企业的全部生产经营活动所进行的根本性与长远性的谋划与指导。在当今的企业管理环境下，战略管理通常被理解为：将企业的战略规划、战略实施、战略控制过程中相关战略要素综合而成的一种经营管理方法，是在对企业环境全面分析的基础上，确立企业长期和短期目标，进而开发和实施导向目标的企业战略全过程。

还有人认为，战略管理是经营管理的延伸和发展，是企业高层管理者对企业内外条件进行综合分析，确定企业未来的发展方针，制订战略方案，并实施这一方案的过程。它侧重于对未来的投入、产出活动进行谋划，对未来环境进行分析，以确定企业未来生产要素投入和产出的平衡关系。

概括起来，可以认为，企业战略管理是一种不同于以往传统职能管理的崭新的管理思想和管理方式，是决定企业长期表现的一系列重大管理决策和行动，包括企业战略的制订、实施、评价和控制等制定长期战略和贯彻这种战略的一系列活动。实际上，也是企业在处理自身与环境关系的过程中实现其宗旨的管理过程。战略管理追求的核心目标是取得企业的战略竞争力。一旦企业取得战略竞争力，将获得持久的竞争优势，从而获取超额回报，而这种优势是难以被模仿的。即使被模仿，其成本也是巨大的。与企业日常管理不同的是，战略管理不仅强调综合性、动态性管理，而且也是企业的一种高层次的管理，必须由企业的高层领导来推动和实施。战略管理所面临的最大挑战是环境的变化，要求企业具有战略灵活性。

战略管理通常包括以下几部分：确定业务范围和战略目标；制定并实施战略；对战略管理绩效进行评价；推出战略调整方案等。首先，确定业务范围和战略目标是明确企业发展方向和发展道路的首要步骤，也是企业决策者需要认真抉择的问题。企业努力的方向和短期及长期目标就是企业的战略目标。其次，具体的战略措施是实现企业战略目标的手段。制定战略的任务就是要全面考虑企业内外环境中所有相关的关系，取得战略目标中所追求的长短期结果，推出具体对行动的计划，以便解决企业内部资源的有机结合，取得整体优势等问题。最后，针对企业战略目标要求对战略实施情况进行有效的评价，旨在明确战略管理的业绩，做出战略目标调整的设想和方案。

二、企业战略管理的形成

战略管理是企业经营管理实践的产物，是企业在市场机制下的自主行为，是对企业的发展目标、生产规模、经营方向、经济收益进行总体设计和规划，并逐步实施的一种管理方式。战略管理关系到一个组织、一个企业的生死存亡。战略管理过程是一个连续不断的分析、规划和行动的过程，所涉及的各个阶段和步骤是不断循环和持续的。企业从职能化管理走向战略性管理是现代企业管理的一次飞跃，对于提高企业经营绩效具有极其重要的作用。

企业战略的概念最早是由美国学者安索夫做出的科学的概念界定。1972年，他在美国的《企业经营政策》杂志上发表了《战略管理思想》一文，正式提出了"战略管理"的概念，为后来企业战略管理理论和学科的发展奠定了基础。安索夫提出了一个"$2 \times 2 \times 3$"矩阵，其中一维变量是管理问题，包括外部关联与内部构型；二维变量是过程，包括规划与实施；三维变量则是环境，包括技术—经济—信息因素、心理因素和政治因素。[①] 之后，安索夫又于1979年和1984年分别出版了《战略经营论》和《树立战略经营》，形成了比较系统成熟的战略经营思想和理论。可以认为，安索夫提出的战略管理理论，在整个企业战略管理发展史上留下了光辉的一页。他在战略管理问题上的突出贡献是，认为企业战略管理过程应该被看成为一个开放式系统，组织系统内部的各个部分不仅应该相互配合，而且组织与外部环境之间也应该相匹配。这种"外在配合"与"内在配合"的双重适应对于研究战略问题是有促进作用的。

20世纪80年代，由于企业战略理论不能圆满回答企业战略实践提出的一

---

① Ansoff, H. I., etc. Strategic Planning to Strategic Management［M］. Wiley, Chichester. 1976.

些基本问题，战略实施效果也不能令人满意，战略管理普遍被企业冷落、忽视。究其原因主要在于：一是企业管理的"软化"导致"战略热"降温。80年代，以美国为代表的西方管理理论异常活跃，涌现出了决策学派、经验学派、社会学派、系统学派、数理学派等诸多学派，管理史上将这个时期归结为"热带丛林"时期。他们认为，传统的管理过分强调硬性的因素，如战略、制度、组织等，忽视其他软性因素的作用。主张发挥企业文化、作风等因素的作用，提倡重视管理中的软化成分。二是各种战略分析方法的应用，使企业走向以财务分析预测为主导的盲区。即企业管理人员在企业战略的制定过程中，有些并不深入了解企业的实际情况，结果使其在实际工作中缺乏现实性，一味追求财务上的短期利益，缺少远见卓识和运筹全局的能力，致使企业错失了许多有利的商业机遇。

20世纪90年代，由于科学技术的迅猛发展，以及网络时代的到来，企业面临的环境比以往任何时期更复杂多变，以致企业不得不思考如何在国际市场上制定更有效的竞争方略，如何抢占市场，如何掌握需求动态变化的趋势，及时调整经营方向和竞争策略等问题。而战略管理由于以预测和分析未来的竞争环境为基石，在某种程度上讲，就是企业竞争获胜的法宝。基于此，西方各国乃至整个世界又开始关注昔日一度被冷落的战略管理，试图使企业战略具有更大的现实意义。如曾一度盛行的企业再造工程在某种程度上就是企业战略的再适应。因此，20世纪90年代后，企业战略管理又回到了正常的轨道上，企业战略管理的重振势在必行。

进入21世纪，企业的外部环境和内部运行方式都在发生急剧的变化，经营者需要具备市场意识和对环境与管理的敏感性，采取战略分析、战略选择和战略实施的步骤，通过优势、机会的比较，对投资收益、风险等做出评价，并能领导、组织、管理好整个战略的具体实施，战略管理再次受到人们的关注。

纵观企业战略管理的历史进程，不难发现，企业战略管理脱胎于企业长期规划，经历了从长期规范时代到战略规划过渡时期再到战略管理时代的演变过程。

1. 长期规范时代

20世纪初，在美国和欧洲，计划和控制管理制度开始出现。美国的企业家、科学管理的创始人泰勒首次将计划职能与作业职能分开，并在企业中设立计划部，通过制订和执行计划来改进作业流程。最早的战略规划思想是20世纪初的预算思想，这种思想的核心是控制偏差和管理复杂难题。"二战"后，经过短暂的战后恢复和企业生产资源的重新配置与调整，企业的外部环境发生了很大的变化，供大于求已经是经济社会的普遍现象，人们的需求开始呈现多样化和个性化。人们对生活数量的需要已经转向对生活质量的需要，技术革新的加快缩短了产品的生命周期，不仅增加了企业的技术密集程度，而且加剧了企业间的竞争。这些变化促使企业管理人员突破传统的管理理念，寻求新的管理技术和方法。与之相伴随，20世纪50年代，长期规划思想得以在企业中普遍运用，且一直持续到20世纪60年代中期。长期规划的重点是预测增长和管理复杂难题，预测企业的销售量、成本与技术，然后开发人力与物力来实现预期的增长。

这一时期，企业的主要活动集中在通过并购而实行企业经营多元化的计划与组织，跨国经营、前向或后向一体化发展，以及产品、市场的革新与组合等战略措施方面。其侧重点在于对环境进行预测，制订长期经营计划以及静态配置资源。当时，流行的观念是：多元化经营能够分散风险，如同横向兼并能够强化企业在行业中的地位一样。

2. 战略规划过渡时期

经济学家萨缪尔森在其《经济学》中告诉人们，在任何经济制度中，尽管经济学的性质不同，但它们都面临一个共同的任务，即要实现资源在各种经济活动中的最优配置。战略规划是一个组织的决策和采取行动以提高其长期经营业绩的过程，目标是实现企业的长期盈利。战略规划的过程从本质上说就是资源的优化配置过程，以及市场机遇与内部资源的匹配过程。

进入20世纪60年代后，由于政府管制和各种调节政策，使企业逐渐丧失了对环境的控制力。同时，随着战后经济的快速发展和国际竞争的加剧，企业外部环境出现了许多新情况。由于外部环境日趋复杂，交互作用不断加强，企业能否生存和发展，不仅取决于企业内部管理及短期计划工作的水平，更取决于对当前和未来环境变化的判断、了解和适应能力。长期规划理论下，认为促使环境变化的主动权在于企业，企业对环境的变化具有很大的影响力，企业可以制订计划以应付未来的变化等前提已经不复存在。企业要生存和发展，就必须对环境因素和环境变化进行分析和预测，发现企业新的发展机会和对企业发展构成的威胁。同时，应根据对环境变动趋势的掌握，选择灵活的经营战略，设计企业未来的发展目标。因此，长期规划则被战略规划取代。与长期规划相比，战略规划比较注重的是现有资源与未来机遇的匹配，是一种非主动性的、非创造性的战略思想。20世纪60年代初，安德鲁斯、安索夫等人奠定了战略规划的基础，他们重点研究了如何把商业机会与公司资源有效匹配，并论述了战略规划的作用。

20世纪70年代后期，经济全球化的步伐加快，科技革命不断取得新的突破，使生产力的发展和产业结构升级的速度空前加快。与此同时，各国之间的利益冲突和能源短缺、债务危机等加剧了国际市场的竞争。此时，企业经济环境呈现出的最大特征是环境变化的突发性。由此，使战略规划的关于未来可以预测、可以计划的思想越来越受到质疑。

3. 战略管理时代

由于最早的战略规划被认为是单向的、静态的，其核心思想是一种非主动的、非创造性的战略思想，战略规划学派不注重企业长期竞争优势的获得，对企业如何通过创新赢得竞争力也没有提出有效的建议。而且，战略规划致命的弱点是，它假设环境是可预测的，假设一个新的战略总是能够利用企业的历史优势，或者企业的优势可以永续长存，即使企业的战略发生了变化，企业的能力和条件仍然可以保持不变，却忽视了企业的战略实施能力。因此，这样假设决定了战略规划不能适应环境不确定性越来越大的时代。随着环境变化，许多企业的高层管理者认识到，在制定战略的过程中，既要考虑环境变动的一般趋势，又要考虑环境的突变和意外出现的重大机会与威胁，增强战略的灵活性与适应性，还要把对企业外部环境的分析、预测与对企业内部能力与条件的分析、识别结合起来。由此，20 世纪 70 年代战略规划转变为战略管理。从此，企业进入了战略管理时代。

20 世纪 70 年代也是环境适应学派的时代，战略家越来越把环境的不确定性作为战略研究的重要内容，更多地关注企业如何适应环境。他们强调，监控环境与调整行为是同时的与持续的，认为战略的目标就是与环境相一致，企业与环境之间是交融的、相互渗透的，环境是企业关注的焦点并决定企业的行为。对战略与绩效的研究也起源于 20 世纪 70 年代。如钱德勒学派更深入研究了企业成长战略、组织形式与经营业绩之间的关系。

从古典的战略规划学派与适应学派向产业组织学派的演变，并不存在严格的逻辑关系。产业组织学派的核心思想是：企业的竞争战略必须将企业同它所处的环境相联系，而行业是企业经营最直接的环境，每个行业的结构决定了企业竞争的范围，企业战略管理的核心是获得竞争优势，而影响企业获得竞争优势的主要因素是行业吸引力与企业在行业中的相对地位。

20 世纪 80 年代中期开始，许多研究范围经济与交易成本的学者开始关注企业的内部资源在决定企业活动的边界方面的作用。也有一些学者开始研究不可模仿的、难以替代的资源在决定企业业绩中的作用。另有一些学者研究了创新成果占有性、积累持久竞争优势的途径、市场竞争中不完全信息的作用等。这些相关的研究为资源基础论的形成起了重要作用。资源基础论主要从企业内部寻找企业成长的动因，用资源和能力解释企业差异的原因。认为企业内部能力、资源和知识的积累是企业获得超额利润和保持竞争优势的关键，战略管理的主要因素是培养企业对自身拥有的战略资源的独特的运用能力，即核心竞争力。

应该明确，战略管理是对原有管理方式的扬弃，它既克服、弥补了原有管理方式的缺陷，又吸收、包含了原有管理方式的合理内容。

三、企业战略管理的作用

现代企业面临着瞬息万变、危机四伏的外部环境。在这种情况下，企业战略管理具有尤为重要的作用。

1. 提高企业效率

尽管战略管理不能确保企业的成功，但它能够使企业更加主动地进行决策。因此，战略管理可以提高企业的效率，并使企业在思想上和观念上发生巨大的转变，使企业能够积极主动地进行决策和管理，更好地控制自己的命运。

2. 提升企业管理水平

战略管理的贡献不在于决策本身，而在于制定这一决策的过程。战略制定过程的主要目标在于使全体员工和管理者了解企业并加强对企业的责任感，提供激发员工潜能的机会，发挥管理者和员工的潜能和创新能力。对于有效的战略管理而言，一个重要的方面是要消除信息不对称的现象，让每位员工都了解企业发展的方向、经营目标、战略和目标的实施情况等信息。通过战略管理，实现提升企业管理水平的要求。

3. 增强企业对外部环境的适应性

企业外部环境的变化为企业带来了各种机遇和挑战。战略管理的基础就是战略形势研究，以便在调查研究的基础上，明确企业在社会、行业、市场中的地位，以及与外部环境各因素之间的关系，及时抓住机遇，减少风险。企业战略管理将企业的成长和发展纳入了变化的环境中，管理工作以未来的环境变化趋势作为决策的基础，使得企业管理者重视对经营环境的研究，增强企业经营活动对外部环境的适应性，从而使二者达到最佳的结合。

4. 对企业全局发展有决定性意义

战略管理不仅对企业的局部问题和日常管理工作具有指导和规范的作用，而且对企业涉及全局的重大问题具有决定性意义。通过制定战略规划可以使企业经营者对企业当前和长远发展的经营环境、经营方向和经营能力，有一个全面正确的认识，从而不失时机地把握机会，利用机会，扬长避短，求得生存和发展；可以进行人力、物力、财力以及信息和文化等资源的优化配置，创造相对优势，解决关键问题，对企业经营目标进行组织等方面的相应调整，正确处理企业目标与国家政策、产品方向与市场需求、生产与销售、竞争与联合等一系列关系，以保证生产经营战略目标的实现。

当今世界是一个开放的世界，资源和信息在各国间流动的频率越来越高。

在整个世界市场上，不同国家的市场正日益成为全球性市场。在这种趋势下，大规模生产中极为有效的规模经济正在失去其重要性。企业要考虑在世界市场上的竞争效率和国内市场的竞争效率，就必须制定全球化战略，即以全球大市场为环境，把企业战略看成是由战略思想、战略目标、战略方针、战略对策和战略组织构成的整体。

第三章 企业财务战略管理

战略管理是企业经营管理实践的产物，是社会经济发展的必然。20 世纪 80 年代以来，企业面临的外部环境发生了新的变化，科技不断进步，竞争日趋激烈，市场瞬息万变。企业要在变幻莫测的环境中求得生存和发展，就必须关注关系未来的重大战略问题，由此引发了管理上的变革，导致了企业战略管理的出现。与之相伴随，金融市场的不断完善，金融创新、市场创新和企业并购的发展，使企业理财环境更具不确定性。这一切既给财务管理创造了机会，同时也带来了挑战。财务管理也必须站在战略的高度，分析和把握企业理财环境的状况及发展趋势，提高对不确定环境的适应能力、应变能力和利用能力。

第一节 企业财务战略管理概述

财务管理是企业的管理职能之一。当企业管理从业务管理层次向战略管理层次转变时，企业财务战略管理就成为财务管理发展的必然趋势。这是因为，在现代竞争激烈、复杂多变的经营环境下，企业经营者如果仅仅依靠以往的经验已经无法面对新的环境和形势，企业对此做出的必然反应是把战略管理作为管理的中心问题。

回顾财务学科的发展史，不难发现，来自两方面的变革推动着它的发展：一是社会经济环境的革新要求财务将新的经济活动和经济关系纳入其管理范围内；二是经济组织结构的创新，要求财务管理不断创新，适应企业组织形式的变迁而调整其运行机理和运行机制。

一、企业财务战略管理观念的建立

所谓财务战略管理就是指运用企业战略管理的思想，从战略角度对财务战略的制定和组织实施方面的管理，是企业财务管理的关键。财务战略管理既要体现企业战略管理的原则要求，从战略管理的角度来规划企业的财务行为，使之与企业的整体战略相一致，以保证企业经营目标的实现，又要遵循企业财务活动的基本规律。实行财务战略管理将使企业分清战略性财务问题和非战略性财务问题，提高管理的效率，改进财务管理工作。在知识经济条件下，有关财务战略管理研究的范围更加广泛，不仅涉及传统的投资战略、融资战略、收益分配战略等问题，而且还应包括成本战略管理，以及为实施财务战略管理而进行的财务流程再造和财务战略管理的制度基础等问题。

众所周知，现代战略管理理论以企业的资源与能力为研究对象。形成企业的核心竞争力，培育企业独特的资源与能力是企业管理工作的核心。从这个意义上说，财务战略管理的研究对象既不应脱离企业战略管理的范畴，也不应脱离创造企业持续竞争优势的要求。由于财务战略是企业竞争战略的执行战略，它从财务角度对涉及经营的所有财务事项提出战略管理目标和可操作性方案，从而为企业赢得竞争优势提供技术支持和保障。因此，独特的财务资源与财务能力的获得，不属于财务战略的研究范畴，而在更大程度上应属于企业总体战略需要解决的问题。

市场经济条件下，摒弃传统的理财观念，树立新的资本经营理财观念是建立战略财务观念的基础。

1. 传统理财观念

传统的经营理财观念是随着商品经济的发展而形成的。主要包括以下观念：

（1）经济效益观念。实现最佳经济效益是企业经营的基本目标。企业进行理财活动，必须树立正确的经济效益观念。这就要求企业在进行经营的过程中，必须处理好企业所费与所得之间的关系，最大限度地发挥财务管理在企业经营中的职能作用，在遵循资本运动规律的前提下，承担企业筹资、投资、成本费用管理及其收益分配方面的职能；要研究经营理财活动的规律，强化资金管理，重视优化资本结构，降低资本成本，合理负债经营，控制财务风险。在开展日常生产经营活动的同时，利用发达的金融、资本市场开展货币商品经营，保持良好的财务形象。

（2）货币时间价值观念。货币时间价值观念要求企业在进行理财决策时要充分认识不同时点货币价值的差异，创造良好的资金投放回收条件，加速资金周转，以减少闲置资金的损失；要采用科学方法研究未来的现金流量，各种闲置资产的机会成本，以及资本成本和投资收益率的组成及投资收益率的高低等。在投资决策中，既要考虑投资项目在寿命期内能实现的利润总和或现金净流量总和，也要重视利润和现金净流量在各个时期的分布情况，以确定最佳决策方案；在筹资决策中既要考虑资本成本，也要注重资本成本的支付方式和支付时间，以避免资本成本测算失误。

（3）资本成本观念。资本成本是指企业因筹集和使用资金而付出的代价。在市场经济条件下，由于资本所有权和资本使用权的分离，企业在筹资过程中必须考虑资本成本，研究资本成本对筹资决策的影响。如资本成本既存在于利息、股息等方面，也存在于企业购销活动中的应付款及预收款之中。因此，必须认识资本成本存在的广泛性，做出正确的筹资决策。

（4）财务风险观念。财务风险观念是在市场经济条件下，从资金需求出发，考虑资本市场评价效益，并成功实现风险决策的观念。树立财务风险观念要重视金融、资本市场的动向，以便从金融市场筹集所需要的资金；要优化资本结构，正确核算资本成本和投资收益率；要正确对待和全面分析财务风险，研究引起财务风险的一系列不确定性因素，研究防范财务风险应采取的具体措施和方法。

2. 资本经营理财观念

现代企业作为市场主体，其财务管理活动要围绕如何把加入企业活动的每种资本要素以及各种资源进行优化配置而展开。资本经营作为现代企业一种以资本增值为目标的经营理财方式，是市场经济发展的需要，是现代企业经营发展的必然趋势，也是企业获得资本更大增值获利的有效途径。按照资本经营理论，企业是各种资本要素所构成的组织体，企业运行的全部目的就在于实现其资本增值，实现股东财富最大化或企业价值最大化。企业资本运营的过程就是要对企业所拥有的各种资本要素进行合理的配置，促成其高效流动，使其资本结构优化。

资本经营理财观念包括以下方面：

（1）机会成本观念。在经营理财活动中引入机会成本观念，有助于全面考虑各种可能采取的方案，通过比较权衡，选择出最经济、最优化的资本运营方案。

（2）边际资本成本观念。应用边际资本成本分析法制定财务决策，就是要把它作为寻求最优解的工具，以决定某项财务活动究竟应该进行到何种程度才是最合算的。

（3）理财效益观念。理财效益观念是指要树立理财的根本动因是实现资本的最大增值和最大利润的观念。在资本投资决策前，要重视成本预测和决策，注重市场调研，投资要与企业发展和市场需要相适应。要重视资金与物资运营的相结合，加强成本、费用、资金的有效控制，挖掘现有资本的潜力，提高资本使用效率。

二、企业财务战略管理的基础

战略财务观念的建立不仅可以推动企业财务管理理论的发展，而且有助于促进企业财务管理工作的发展。同时，从配合企业战略实现的要求出发，必须着力做好以下工作，以形成企业财务战略管理的基础。

1. 转变财务管理部门的工作重心

这种转变是基于财务管理本身完全可以为企业战略制定提供最重要的决策支持信息。实现这种转变，财务管理部门把自己的工作重心放在反映企业的资金流向、完整记录企业的历史信息，以及给决策部门提供财务信息是不行的，而必须放在服务于企业的决策制定和经营运作上，要将更多的时间和精力投入到支持企业发展的信息服务工作中，协助企业其他职能部门更敏捷地应对市场的变化，统筹安排企业资源，进行风险管理。

2. 切实体现财务部门的战略执行功能

财务战略管理最重要的职责，仍然是通过和其他职能部门有效配合，来促进企业战略的顺利执行和有效实现。要想充分发挥其职能，最简单的办法就是深刻理解企业现阶段所制定战略的内涵、背景及其实现的优势和障碍，在此基础上根据企业战略来定位自己应思考和解决问题的战略导向。与传统财务管理活动有区别的是，财务战略管理是主动型的，主要是根据企业战略规划的总目标，安排财务部门的工作。通常，在制定战略的时候，企业财务部门已经做了大量的信息收集、分析工作，可以帮助制定适当的企业战略。

这里要特别强调的是，现代企业战略规划已经延伸到了企业外部，企业间的战略联盟和供应链的构架，成为实施财务战略管理的企业发展到一定阶段的必然选择。与之相配合，这一阶段的财务管理部门信息处理的着眼点，就是要扩展到企业外部，涉及到供应链或企业战略联盟中的其他企业。由此使得供应链成本核算、利润核算、利益协调等，日益成为现阶段财务理论研究的热点问题。

3. 建立多维的财务信息资源获取体系

借鉴现代理论研究成果，应该把企业财务分解成出资人财务（或所有者财务）和经营者财务。其中，出资人投资的目标是追求资本的保值和增值，出资人关注的财务问题主要包括投资收益、内部信息对称以及激励和约束等。因此，财务战略管理的制度安排、业绩评价指标等应充分体现出资人所关注的问题，财务管理体系主要应包括现金流量管理、制度管理、人员管理、预算管理、会计信息管理和内外部审计管理等。经营者财务管理的目标，主要应在于保持良好的经营能力、盈利能力和偿债能力；权衡负债的风险和收益，维持理想的资本结构；提高企业资产的利用效率和效益等方面。经营者关注的问题主要应包括现金流量、成本控制、市场拓展、产品研发等。由此，经营者财务管理体系应涵盖：现金流量管理、营运资本管理、投融资管理、经营者预算管理、税收管理、盈余管理、财务战略管理和风险管理等。实践中，财务管理部门应根据已经产生的基础财务信息，分别计算、分析上述两类指标，为不同财务信息主体提供其所需要的信息，实现财务部门的经营决策支持功能。

三、企业财务战略管理的形成

财务战略管理首先是从确定企业发展方向和战略目标入手，预测、分析企业所处的内、外部经营环境的变化，评估企业自身的优势和劣势、机会和威胁，进而描绘出企业发展的整个蓝图——制订出财务规划。其次，在对财务规划进行评估以后，制订财务战略实施方案，将财务战略意图具体地反映在行动规划上。再次，优化资源配置，优化资本结构，调配各种力量，使之适应战略管理的需要。最后，实施战略，努力实现企业的战略目标。在这一过程中，企业要从整体和长远利益出发，就资本经营目标、内部资源条件及经营整合能力、资本结构同环境的积极适应等问题进行谋划和决策，并依据企业内部经营整合能力将这些谋划和决策付诸实施。这一过程通常由战略环境因素分析、战略构思、战略决策、战略实施和战略控制等环节组成。这是企业财务战略管理与日常管理的统一。

从财务战略管理产生和发展的历史看，其演进形成过程大体经历了三个阶段。

1. 财务决策时代（20 世纪 30～50 年代）

20 世纪 30 年代初爆发的全球性经济危机，导致大批企业倒闭的同时，使企业财务管理人员对财务管理有了新的认识。在这一时期，企业内部的财务决策被认为是企业财务管理的最重要问题。一些财务学家认为，要在残酷的市场竞争中维持企业的生存和发展，企业财务除了要筹集资金外，还要对资金周转进行公正有效的管理；企业是为了获得利润而筹措资金的，如果不能有效地运用这些资金，就没有达到筹措资金的目的。他们强调企业内部财务管理的重要性，认为运用好企业筹措到的资金应是财务研究的中心内容。为此，很多企业纷纷建立了财务管理制度，加强了企业内部财务管理和控制价值，控制固定资金和流动资金的使用，保持企业财务资金收支平衡等。与之相伴随，财务管理理论也从"传统型公司财务论"向"综合型财务管理论"转化。财务管理一方面是研究如何取得企业所需要的资金，另一方面是计划如何适当地分配资金、运用资金、控制资金。财务学者在研究中，不仅重视从战略的角度关注企业的筹措资金，更重视对企业竞争能力的创造和培养，从而在理论上把企业财务管理向前推进了一步。

2. 财务控制时代（20 世纪 60～80 年代）

这一时期，随着世界经济形势的变化，市场竞争更加激烈，资金运用日趋复杂。企业经营者逐渐认识到，必须使企业财务管理尽快实现现代化，以适应经济形势变化的需要。在他们看来，如果不采用现代化的手段加强企业财务管理，提高企业经营效果的要求无法得以满足。这一阶段财务管理的特点表现在：一是企业跨国经营面临有关国际贸易、国际投资和国际金融等新的课题，使财务管理的外延进一步拓展，且财务管理出现了国际化的趋势；二是电子计算机的应用，促使财务管理方式发生了根本性的变革；三是财务管理成为企业管理活动的核心，企业财务主管的地位有了很大的提高，财务管理意识在企业中也得到了加强。西方国家的一些大企业，把过去以事后会计核算管理为主发展为事前的财务预测、决策与控制，同时，重视实际财务管理技术方法的运用，力求采用新的管理技术方法，以实现财务决策的最优化。价值分析、变动成本法、边际成本法、标准成本控制等被广泛地引入到企业的财务决策和管理中，在全面预算控制、制订最优投资方案，以及加速资金周转等方面起到了很好的作用。现代财务管理逐渐变成企业管理的一个日益重要的角色，以战略控制为导向的财务管理体系逐渐形成。

3. 财务战略管理时代（20 世纪 80 年代至今）

20 世纪 80 年代以来，世界经济格局进一步发生了变化。在这种高度竞争、复杂多变的经营环境下，企业经营者已无法依靠以往的经验来面对新的环境和形势，而必须把战略管理作为管理的中心问题。而且，企业要实施其战略，必须拥有将战略设想转化为现实的必要的资源，以及推进战略实施的具体行动。由于资金是一切企业战略实施必不可少的关键资源之一，企业战略能否实现，在很大程度上依赖于整个战略期间内，是否具有与其协调一致的资金支持。因此，适应企业战略管理的需要，无论从理论层面上还是从现实层面上来看，都以战略管理的思想方法为指导，对企业财务管理的理论与方法加以完善和提高，从而将之推进到财务战略管理的新阶段，都是一种历史和逻辑的必然发展。

自 1985 年迈克尔·波特教授在《企业与竞争战略》一书中搭建了战略管理与成本管理之间联结的桥梁后，形成了一股将企业战略管理与成本、会计、财务相联系的热潮。近年来，随着现代企业经营环境的重大变化和战略管理的广泛推行，财务战略管理的地位不断提高。迄今为止，一些西方国家，已将财务战略管理作为加强企业管理，构建企业核心经营能力，取得竞争优势的有力武器。

目前我们可以看到的是，战略成本管理、战略管理会计和财务战略管理这三个学科出现共存的局面，这在很大程度上使财务会计领域的战略性研究呈现了分散性特征，但当成本管理、管理会计和财务管理的研究内容上升到战略的层面时，在内容上不可避免地出现重叠，因此，基于学科间的紧密联系，进行上述三门学科的整合，共同构成一个企业战略管理系统中的职能战略，即财务战略管理，为企业总体战略目标的实现提供系统化的支撑是很有必要的。

四、企业财务战略管理的特征

企业财务战略管理的特征包括以下几个方面：

1. 关注企业的长远发展

每个企业都应该有一个明确的经营目标以及与之相应的财务目标，以此来明确企业未来的发展方向，为企业的财务管理提供具体的行为准则。只有明确了企业经营目标和财务目标才可以界定财务战略方案选择的边界，选择适合企业自身的财务战略。财务战略管理应具有战略视野，关注企业长远的、整体的发展，重视企业在市场竞争中的地位，以扩大市场份额，实现长期获利，打造企业核心竞争力为目标。

2. 重视环境的动态变化

企业制定战略以外部经营环境的不确定性为前提，企业必须关注外部环境的变化。根据变化调整战略部署，或采取有效的战略方案，充分利用有限的经济资源，保证企业在动态的环境中生存和发展。换句话说，财务战略管理就是要用一种动态的眼光去分析问题，它关心的不只是某一特定时刻的环境特征，还包括这些因素的动态变化趋势，关注这些环境特征的未来情形及其对企业可能产生的影响。

3. 关注企业核心竞争力的创造

企业财务战略的目标之一就是企业在激烈的市场竞争中是否具有核心竞争力，并将其看做企业是否能够保持优势的关键。企业有了核心竞争力，就可以根据市场的变化不断调整完善自身的经营策略。企业的核心竞争力通常包括财务核心竞争力和技术核心竞争力。技术核心竞争能力的创造来自于正确的研发决策和技术更新决策，企业财务核心能力就是企业盈利能力的可持续增长，其培养来源于合理正确的投资决策、资本结构决策、营运资金决策等。它通常体现为一个企业的本身具备的综合实力。

4. 广泛收集财务及非财务信息

在竞争环境下，衡量竞争优势的不仅有财务指标，还有大量的非财务指标。许多非财务指标尽管不能直接反映企业的经营业绩，但对企业的长远发展起着至关重要的作用。如目标市场的占有率、顾客满意度等等。因此，财务战略管理不仅应充分了解竞争对手的财务信息，还应尽可能收集竞争对手的一些非财务信息。

5. 重视企业社会效益的最大化

随着社会的进步，诸如消费者的合法权益保护、员工的社会福利保障、环境的保护等有关企业的社会责任问题，越来越成为财务和会计研究的热点。在当今的社会条件下，企业财务管理对象及其财务关系更加复杂，实现社会效益的最大化也应该成为企业财务战略管理的目标之一，从而要求企业在追求经济利益的同时，必须兼顾社会效益，自觉地承担相应的社会责任，否则，将会影响到整个企业生产经营系统的运行效率。从某种意义上说，企业社会责任的承担有利于企业树立良好的社会形象，符合企业可持续发展的目标。

五、企业财务战略管理对传统财务管理的挑战

如前所述，财务战略管理是为了适应企业经营战略需要而形成的一个新的财务管理领域，是战略管理与财务管理有机结合的产物，是战略管理在财务领域的应用和扩展。它在许多内容和方法上都超越了传统财务管理固有的范围，对传统财务管理提出了挑战。

1. 对财务管理目标的挑战

尽管理论界对财务管理目标还存在争议，但较为普遍的观点认为财务管理的目标是股东财富最大化或企业价值最大化。企业应将这些目标贯穿到财务预测、决策、计划和预算管理之中。而战略财务管理则更具有战略眼光，它关注企业未来的发展，重视企业在市场竞争中的地位，以扩大市场份额、取得竞争优势为目标。虽然从长远看二者并不矛盾，但在短期内，二者很难做到统一和协调。这是因为，战略财务管理的导向强调的是长期发展，且以产品的市场地位、获利能力等全面衡量企业的发展状况，追求的是能够伴随企业良好发展的适度的利润率，而不是追求短期的销售量来获取利润。

2. 对财务管理假设的挑战

传统财务管理包括财务主体、持续经营、货币计量、有效市场等假设，但战略财务管理对此产生了冲击。如财务主体假设要求财务提供的信息限定在某一特定主体范围内，而财务战略管理则要提供宏观经济情况和整个市场的信息以及竞争对手的信息，传统财务主体假设已不复存在。再如货币计量假设要求财务管理以货币为统一的计量尺度，提供财务信息，而财务战略管理则不仅要求提供财务信息，而且还需要提供大量如市场需求量、市场占有率、产品质量等非财务信息。财务分期假设要求按年度划分期间，财务战略管理虽不排斥按照年度分期，但其财务分期可能会更长。

3. 对财务管理对象的挑战

传统财务管理的对象是资金运动。资金运动就是价值运动，在市场经济条件下，价值是以货币来计量的。但战略财务管理的计量尺度不再是唯一的尺度，其对象也不仅仅限于资金运动。

4. 对财务管理业绩评价方法的挑战

传统财务管理的业绩评价指标一般采用投资报酬率指标，只重结果，不重

过程，忽略相对竞争地位在业绩评价中的作用。而战略财务管理主要从提高竞争地位的角度来评价企业业绩，将企业业绩评价指标与企业财务战略管理相结合，根据不同的战略，确定不同的评价标准，且要求在财务业绩和非财务业绩之间求得平衡，既重视内部业绩的改进，又重视利用外部标准衡量企业的竞争能力。

第二节　企业财务战略管理过程

企业财务战略管理过程是一个战略计划实施和评估的过程，即要根据企业的财务战略总目标和企业内外环境因素来确定财务战略具体目标，设计战略方案，并将战略方案付诸实施。在实施过程中，要对实施效果进行评价，与规划的具体目标相对比，发现偏差及时纠正。

一、战略分析

财务战略管理的起点是企业财务战略环境分析。具体地，就是了解企业的战略地位，所处的环境正在发生哪些变化，这些变化将如何影响企业的经营行为，企业具有何种竞争优势，以及与企业有关的个体和利益相关者的愿望是什么等。通过战略环境分析，管理人员可以对企业所处的外部环境和行业结构、顾客需求、企业自身的资源状况和能力有比较清楚的了解，从而确定企业财务战略的具体目标。在此过程中，企业要认清内部优势和弱点，建立长期目标，制定供选择的财务战略。

1. 环境分析

制定财务战略要考虑将企业的能力与环境相匹配。财务环境研究在财务战略研究中居于最高层次的地位，这是由财务战略和财务战略管理自身的性质和特点所决定的。因为财务战略或财务战略管理所具有的长期性、全局性等特点，决定了从环境分析入手，以财务目标的确立为逻辑起点，不仅成为基本的理论研究模式，而且是财务战略管理的出发点和根本基础。财务战略以外，对企业制定和实施财务战略有影响作用的一切系统总和构成了企业的财务战略环境，其可分为宏观环境和微观环境。宏观环境是对企业财务战略的制定和执行有直接或重大影响的环境因素，主要是企业经营的总体经济状况；微观环境是对企业所在行业产生具体影响的因素。宏观环境提供了企业竞争的舞台，微观环境则影响企业的经营方式和消费者对其产品的需求、行业内部间及与其他行业间的关系。

企业的理财环境对企业财务战略的制定和实施具有重大影响。企业处于全球经济一体化的大环境中，是在外部环境和内部环境的制约下进行理财活动的。

企业为了制定和实施财务战略，保证企业的长期生存和发展，就必须切实了解企业所处的理财环境，注重分析环境对经营理财的影响。

（1）分析宏观领域中可能影响到财务战略的各种因素及其变化以及行业竞争态势及其演变趋势，特别是行业平均成本和平均收益、资金流向和现金流量、行业投资融资等因素的变化趋势，敏锐洞察竞争对手的财务状况及其财务战略。一般而言，金融环境和国家的法律法规及各项政策对企业财务战略都具有强烈的刚性约束特征。一方面，在市场经济条件下，企业筹资、投资都必须借助于金融环境来进行。金融机构的种类和数量、业务范围和质量、金融市场的发育程度、有价证券的种类等都会对企业财务战略的制定产生重要影响。另一方面，国家通过各项政策引导企业的投资方向，进而影响企业财务战略。

（2）从企业整体战略的角度出发，以价值为基础，对企业的资金流动进行分析。在此过程中，不仅需考察每一种环境因素和公司治理结构对企业战略中各备选方案价值的影响，还要综合考察对企业整体价值的影响，以及以促使企业资金长期均衡有效地流转和配置为衡量标准，维持企业长期盈利能力为目的的战略性思维方式和决策活动。这是因为，一方面，财务活动是企业活动的一个职能领域；另一方面，企业的所有经营活动都离不开资金的运转，离不开资本的运营。这就决定了财务战略管理必然影响企业战略的方方面面，如果它不能配合企业战略管理的发展，则必然会使企业战略成为空中楼阁。财务战略规划就是为企业未来的发展变化制定方针，由于各个公司的规模和产品不同，其战略规划也不可能完全相同。

（3）通过行业结构分析制定适当的财务战略。行业环境是企业生产经营活动最直接的外部环境，是企业赖以生存和发展的空间。行业结构影响着竞争规则的确立以及企业的潜在战略，对行业盈利能力起决定性作用。企业可以通过行业结构分析制定适当的财务战略，来谋求相对优势的地位，获得更高的利润，甚至改变、影响行业的竞争结构。

成功的战略管理大多是那些与环境相适应的战略管理。不同企业所处的环境不同，各因素对企业战略管理的影响不同。企业应结合自身特点对所处环境做出合理的评价。企业在现代条件下受到环境中各种变动，特别是经济变动的影响，而环境本身又以日益加快的速度在变化，且变化日益复杂，因此，为了增进对企业战略管理行为的理解，还必须对环境本身的特点进行研究。

2. 市场分析

市场分析主要是确定企业所在的市场领域，识别企业竞争对手的数量和类型，找准可以利用、发展并保持竞争优势的市场位置。当企业学会并制定自己的战略时，需要随时跟踪竞争对手的变化并做出反应。市场规模大小表明了一种产品从市场获得收入来补偿其成本的可能性。大市场虽然更具诱惑力，但大市场又往往要求企业投入大量的资源，因此，仅凭市场规模大小并不能完全说明投资机会的优劣。行业的市场增长率是企业所推崇的评价行业吸引力的关键市场因素，如果行业增长率大于整个经济的增长水平，那么该行业就具有较高的增长率，也同时意味着有美好的前景与机会；反之较低的行业增长率则隐藏着黯淡的前景和危险。因此，行业增长率在一定程度上影响着企业的扩张方向。

3. 顾客分析

顾客是指愿意花钱购买企业提供的产品和服务的任何个人或组织。就战略管理而言，顾客或客户是主要的利益相关者集团，是他们为企业提供长远发展所需的资源。有很多分析技巧可以帮助企业总体战略管理方法的形成，帮助企业了解消费者。生产商如果有潜力提供与众不同的、独特的产品，他就具有了很大的优势，这种优势可以通过价格、产品的技术含量、销售或品牌等获得。例如差别化战略是提供与众不同的产品和服务，满足顾客特殊的需求，形成竞争优势的战略。企业形成这种战略主要是依靠产品和服务的特色，而不是产品和服务的成本。差别化的核心是取得某种独特性。这种独特性如果对于购买者有价值，则可以持续下去。因此，最具有吸引力的差别化方式是使那些竞争对手模仿起来难度很大或代价高昂的方式。如果一家公司拥有竞争对手不易模仿的核心能力和卓越能力，如果它的专有技能能够用来开展价值链中存在差别化的潜在活动，那么它就有了强大而持久的差别化基础。差别化是一个十分有效的竞争战略，但是并不能保证差别化一定能够创造有意义的竞争优势。如果公司所强调的独特特色或者能力在购买者看来并没有多大的价值，那么公司的差别化就只能在市场上获得厌倦的反应。因此，若期望通过差别化建立竞争优势，公司必须能够找出独特的成就源泉。

4. 资源和战略价值分析

资源是管理者为了追求企业目标实现所使用的任何东西。从某种意义上说，资源是企业使用的经济要素。资源分析的过程就是确定企业是否拥有维持战略管理需要的资源，如何对这些资源进行定性和定量评估。资源评估应该包括企业从外部环境分析中可以得出的特定产业的平均盈利能力，但企业能否盈利还取决于其自身因素。财务战略管理的内部环境分析主要就是为了评估企业拥有的资源和战略价值，发现优势和劣势并分析其成因，以确定竞争优势，充分挖掘潜力。当然，资源和战略价值分析应分析企业所获得的、能够支持财务战略管理的所有资源，而不是只局限在企业所有权之内的资源。

5. 核心能力分析

核心能力是企业维持长期盈利能力的源泉。企业内外部的环境分析揭示了影响企业财务战略管理的各种因素，但也存在过量信息导致整体支离破碎的危险。因此，识别核心能力对财务战略管理而言具有重要的意义。企业必须在综合分析优势、劣势的基础上，通过财务战略管理，巩固原有的核心能力或创造出新的核心能力。

二、战略选择

企业要想实现其目标，就必须确定一种战略。这是一个战略生成和选择的过程，也是一个较为复杂的决策过程。它将涉及产品和服务的开发方向，进入哪个目标市场，如何进入选定的目标市场；在确定产品和服务后，还要决定是通过内部开发还是并购来拓展业务。不同的战略方案会影响不同人或集团的利益。从企业的目标出发，战略方案的选择是为了实现企业价值最大化，确定企业的优势和能力，分析企业所处的环境，以发现机会和风险。对于所选战略方案是否与企业的目标一致这一点，可以从多方面进行考虑。其中重要的因素是：销售额及利润增长、与客户及分销商的关系、产品革新率的提高等。一个战略方案的可行性是指根据企业的现有资源和能力，以及该方案是否能够实施。一般而言，企业会根据一定的标准从多个战略方案中进行筛选比较，确定何种战略方案有助于企业目标的实现。

战略选择包括三个阶段：制订备选方案、评估备选方案和选择方案。

1. 制订备选方案

在对企业的使命和愿景、外部环境和内部条件分析的基础上，企业要拟订出多种备选方案。在这一过程中，企业领导者应鼓励方案制定者尽可能多地发挥其自身的创造性。

2. 评估备选方案

在可供选择的战略方案中，企业战略制定者应了解每一种战略方案的长处和局限性，然后根据参与制定者的综合判断来对这些战略方案进行排序。

3. 选择方案

在选择方案时，不仅要考虑战略方案的可能收益，还要分析其风险性，并考虑如果发生了意外情况，对整个战略方案的影响。

财务战略的选择是建立在企业保持持续竞争优势这一本质基础上的。财务战略的选择和实施应当从企业全局的角度进行思考，必须符合企业整体战略管理的要求，突出财务战略管理的特征。

需要明确的是战略选择并不是一个完全理性的过程和纯逻辑的行为，实际上是一个管理测评的问题。实际中，即使没有人为因素的影响，由于信息的不完整性，所选择的战略也不一定是最佳战略。

三、战略实施

战略实施就是把战略方案转化为战略行动并取得成果的过程。它是贯彻执行既定方案所必需的各项活动的总称。财务战略实施是财务战略管理的行动阶段，在这个过程中，通过企业的财务组织、财务预算与资源分配等，财务战略可以真正进入企业日常的资本运营活动之中，保证财务战略目标的实现。尽管战略实施与战略制定之间有着密切的逻辑关系，但两者之间有着本质的区别：战略制定主要是一种思维过程，需要有良好的直觉与分析能力，而战略实施是一种行动过程，需要特殊的激励和领导技能；战略制定是在行动之前部署力量，因而需要的是技能，而战略实施是在行动中管理和运用力量，需要对众多人进行协调，因而注重的是效率。

无论战略计划制定得多么有效，如果不能恰当地实施仍不能成功。战略实施就是把战略转化为行动，以及对这些行动进行控制与调整。因此，在财务战略实施过程中，企业要考虑财务战略制定和战略实施之间的关系，两者配合得越好，战略管理就越容易获得成功。战略实施要求企业树立年度目标、制定政策、激励雇员和配置资源，以便使制定的战略得以贯彻执行。

1. 财务战略实施的措施

（1）预算管理是财务战略实施的基础。企业财务战略管理是面向未来的管理，未来环境的不确定性给企业带来了风险。这种风险首先来源于企业对未来战略的定位是否正确，其次是企业的战略能否得到有效实施，二者皆可借助于财务预算来规避。

战略选择是实施战略管理的起点，也是战略管理能否成功、企业能否得到发展的决定性因素。如果企业制定的经营战略是错的，那么无论如何财务战略管理也不会得以成功。因此，财务预算要在企业选择战略目标时提供理论和数字化的分析和支持。

企业在决策自己的战略进程时，必须考虑如何尽快回笼资金。这就要求企业在综合评价内外部环境的基础上，对其实施此战略的种种后果做出比较精确全面的预算，如战略期内，对企业资金流的要求是什么？企业的筹资方针是什么？实行此战略对企业的长远发展会产生什么影响？企业可接受的最低投资报酬率是多少？等等。只有当企业财务将这些预算搞清楚并给予充分的量化时，才可以对企业财务活动决策起到理论指导作用，其战略决策的风险才能得到真正的降低。但即使一个优秀的企业已经把握了正确的战略，由于内部的管理和实施过程的缺陷，也会导致成本居高不下，资金难以取得，最终也有可能导致失败。从这个意义上说，建立企业内部一整套有效的制衡机制，保证战略目标的有效实施，是我们控制风险的有效手段。具体来讲，这个手段就是建立预算体系，因为预算体系本身就是一个风险防范体系。作为财务控制中实现目标管理的有效手段，预算管理的制定要以财务管理的目标为前提，以总体战略规划和政策导向为依托，根据企业的发展计划和经营管理目标，通过计划、统计等手段，系统地反映企业为达到经营目标所拥有的经营资源的配置情况，并将企业经营目标的主要指标分解、落实到每一个责任单位，直至每一个人的责任目标，让预算在实施过程中使责任、目标相互配合和协调，以提高管理效率，增强凝聚力，有效利用经济资源，减少不必要的经营风险和资源流失。

（2）采用战略性业绩评价制度。战略性业绩评价制度就是将业绩评价制度与企业战略管理联系起来，体现战略管理对企业战略的支持与反馈。所谓财务战略管理的战略性业绩评价制度，是以形成企业整体竞争优势为目标，综合运用货币性和非货币性的业绩指标，旨在建立以财务业绩评价为落脚点，向影响企业经营战略成功的主要方面拓展的、全方位的企业战略管理业绩评价体系。

战略性业绩评价制度指标体系的设计应遵循以下三条原则：

第一，业绩评价工作必须有利于企业长期目标的实现，指标体系的设计要有利于企业长期竞争优势的形成。要用发展的眼光去分析影响企业利润增减和竞争能力的因素，把财务指标和非财务指标有机结合起来。

第二，指标体系的设计要有全局观念，突出整体利益，区分影响整体利益和局部利益的因素，把定性指标和定量指标有机统一起来。

第三，指标体系的设计要有环境适应性。战略总是面向未来的，企业面向未来的经营活动的决策是外向型决策，指标体系的设计要体现外向型决策的要求。

（3）转变财务经理的角色。进入信息时代，财务活动不再仅仅要求财务经理懂得会计和财务的专业知识，能独立承担投资、融资和营运资本管理等决策，还要求财务经理能在财务和会计部门职责之外更多地发挥作用。这要求财务经理可以将复杂的财务数据与具体的业务部门人员沟通，以便共同努力找到对具体业务问题的创造性解决方案。财务经理要由以提供多项任务和交易导向活动的信息为主，转变为向具体业务部门提供更多决策支持和信息分析，向他们描述即将做出的决策将对财务指标产生怎样的影响，企业资源将如何配置等信息。

（4）领导要扮演促进战略实施的角色。在战略实施过程中，企业领导者不仅要发挥组织、协调、激励等基本的管理职能，还要扮演战略管理者、资源配置者、危机处理者等各种促进战略实施的角色。树立战略的地位并使企业很好地实施战略需要有一套不同的管理任务和技巧。这是因为企业战略主要是具有市场驱动能力的企业家的活动，而战略实施主要是围绕人员和经营过程的运营驱动性活动。成功的战略实施依靠领导、与他人一起工作、配置资源、建立和增强竞争能力、推行支持战略的政策等方面。管理层要能够对组织变革的有关事宜进行清楚而有说服力的传达，使企业内部各级人员对于实施战略和达到业绩目标都能坚定地拥护，从而将战略实施过程演变为一场全企业的运动。

不仅如此，管理者还要对员工在实施战略过程中进行激励。具体涉及以下问题：①如何在企业内部各部门和各层次或各业务单元之间分配和使用已有的资源。②为了实现企业目标，需要获得哪些外部资源。③为了实现既定的战略目标，需要对组织机构、公司治理结构、业务流程进行哪些调整。④如何建立有利于变革的企业环境，建立支持发展战略的企业文化，调整生产作业过程和管理人力资源等。

成功的战略实施离不开企业最高管理层的支持和理解，企业管理者除了要在物质上激励员工外，还要建立一种与战略相匹配的组织文化，在组织内部形成一种良好的工作氛围。另外，成功的战略实施还取决于企业内部各职能部门和直属公司管理者之间的合作。

2. 财务战略实施的主要任务

（1）建立一个有能力、有实力和资源力量并能够成功推行战略的组织。

（2）制定预算，将主要的资源转移到对取得财务战略成功非常关键的价值链活动中。

（3）建立支持财务战略的政策和程序。

（4）安装信息、通信生产系统，以使企业的财务人员能够在日常活动中成功担当他们的角色。

（5）推行最佳实践活动，促进价值链活动运作的持续改善。

（6）创建一种支持财务战略的工作环境和企业文化。

（7）将奖励和刺激手段与企业业绩评价目标相联系。

（8）发挥带动财务战略实施工作向前推进和不断改善财务战略实施状况所需的领导作用。

财务经理必须设计出低成本和最小风险的战略实施方法。财务战略实施是财务战略管理的行动阶段，也是难度最大的阶段。财务战略实施活动的进展状况最终会影响到企业所有的员工和各级管理者，因而，要求企业人员守纪律、具有敬业和牺牲精神。

还应该明确的是，在战略实施中，建立与发展财务战略相适应的组织架构是企业财务管理体制问题中最值得一提的。这是因为，一方面，企业的组织结构在很大程度上影响了企业财务目标和财务政策的建立，同时也影响了企业财务资源的配置；另一方面，企业财务战略的变化也将导致企业组织结构的变化，反过来影响企业财务战略管理效果。

四、战略控制

控制就是引导一个动态的系统达到预定状态。财务战略控制是指根据企业财务战略目标，及时纠正偏差，监控财务战略能够有效实施的必要过程。也就是说，财务战略控制是在企业财务战略实施过程中，通过监测企业内外环境的变化，检查其业务进展，评价经营绩效，纠正偏差，使企业所处的内外环境和企业财务战略要求协调一致，使企业财务战略目标得以实现的过程。财务战略控制的基本职能是确立控制标准、监测财务战略执行情况，对出现的偏差进行分析，拟定纠正方案，实施纠正措施。

在财务战略实施过程中，需要随时将每一方面、每一层次的财务战略实施结果或绩效同预期结果和绩效相比较，以便及时发现偏差并采取措施进行调整。如果对原有的财务战略分析不全面，财务战略方案有误，或企业执行财务战略目标的相关条件发生了变化，则需要对原有目标、方案等做出适当的调整。正确而有效的财务战略控制，不仅能够及时发现和纠正偏差，确保财务战略管理目标的实现，而且可以在必要时提出新目标、新计划和导致组织结构以及管理方法重大变革的措施等，以便在相应的组织结构的支持下，建立起完整的财务控制系统。

Robert A. Anthony（2000）提出："超过 90% 以上的商业性及非商业性组织在战略实施过程中存在着问题，这既有可能是因为没有自己的战略或制定的战略不合理，也有可能是战略实施的成本太高或耗时太多。应该意识到的是，无论战略本身的意图多么合理可行，如不能变为现实，那么这个战略就是毫无意义的。"[1] 也就是说，在战略实施的整个过程，最为重要和关键的就是成功的控制。如果说正确的财务战略的确立，有赖于正确的企业总体战略指导及对理财环境的正确分析与把握的话，那么财务战略管理得以顺利实施的关键则在于财务战略控制系统的正确和通畅地运行，这是由财务战略管理自身的特性及理财环境中日益增长的风险性和不确定性所决定的，同时也是由计划和控制在管理中不可替代的重要作用所决定的。这一切意味着对财务战略的有效控制不能仅依靠少数人的努力，而要通过细致的管理工作；财务战略的贯彻执行，离不开对财务战略管理全过程的严密控制。

实践中，一个包括环境监控在内的有效的战略控制系统主要包括以下几方面：

1. 环境监控系统

环境监控系统是对整个理财环境和企业总体战略进行连续不断的扫描和

---

[1] 唐滔智. 财务战略及其战略控制系统［M］. 财会通讯（综合版），2005（7）：78－81.

监视，对有关信息进行定性和定量分析，以得出环境因素对企业战略尤其是财务战略的影响，从而形成有利于企业适时对财务战略做出修正、调整乃至改变企业总体战略或财务战略的整体体系。

环境监控系统的控制功能和方法主要由两方面构成：

（1）前提控制系统。前提控制系统是在财务战略实施之前进行的控制，它要求以环境为基础设定企业的财务战略。由于企业对于理财环境因素不能完全识别，因此在制定财务战略时必定会做出某些假设。财务战略的前提控制一方面是对战略环境因素和总体战略的变化状况进行不间断监测，以确定和验证形成财务战略的基本假设前提因素是否仍然成立或发生了变化；另一方面是对潜在的战略风险进行跟踪，根据战略环境因素和总体战略的变化实施情况而对财务战略适时做出调整，以保持财务战略前提的有效性。目前，许多企业采取连续环境扫描系统，在财务战略制定之前，通过环境扫描，审查、评价和分析内外部环境信息，能够确保财务战略的方向性和正确性。

前提控制系统的基本程序是：

第一，搜集战略环境和企业总体战略的重要信息，找出、分析关键环境因素及总体战略对财务战略的影响。

第二，对根据企业总体战略和财务战略管理要求确立的企业愿景进行分析，得出关键理财环境假设因素。

第三，将行业关键成功因素与环境假设同企业内部资源条件进行匹配分析，以确定财务战略赖以确立的关键环境因素及假设条件是否成立。

（2）财务战略监视控制系统。战略监视是对整个理财环境包括外部和内部环境进行连续不断的观测，以判断内外环境变化对财务战略的影响，并对财务风险或威胁提出警告，以促使企业避免财务风险或抓住融资和投资机会。在战略监视控制中，既包括定性控制也包括定量控制，而以定性监视控制为主。

财务战略监视控制系统的基本程序是：

第一，搜集整个理财环境的信息，确认关键理财因素，分析这些关键理财因素可能对财务战略产生的影响。

第二，分析企业内外部条件状况，并将关键理财因素与企业内部资源能力进行匹配分析，从而得出企业在行业中的地位、财务实力状况及其优劣势。

第三，分析竞争对手的财务战略、资源能力与财务实力，并与企业自身的优劣势与财务状况进行对比分析，得出与竞争对手相比较的优劣势。

第四，在分析企业内外部因素和识别企业财务上的优劣势的基础上，进一步分析企业战略和财务战略是否有足够的财务实力基础，以及在财务战略实施过程中，那些已存在或潜在的因素对企业财务战略具有的重大或长期性影响。

第五，把握融资、投资或其他改善财务状况、加强财务实力的机会，并将机会变成现实的理财行为。

2. 财务战略绩效评估控制系统

战略执行评估控制系统属于传统的战略控制，尽管其中的战略执行控制仍然属于前馈控制，但其整个过程却是一个反馈控制系统。因此，战略执行评估控制系统以反馈控制为主，并且，以定量控制为最基本的控制方法。

（1）财务战略执行控制系统。战略执行控制有两个重要的组成部分：经营控制和实施控制。从财务战略的角度讲，经营控制着眼于财务战略计划的完成情况，关注阶段性财务目标和绩效目标的实现，其控制信息主要来源于企业内部的财务资料；实施控制则在更宽泛的范围内评估财务战略实施结果，在执行控制中要制订控制标准，评价与战略目标相关的结果，要根据战略执行结果对财务战略进行一定程度的修改、调整，或保持现状。因此，财务战略执行控制既是根据财务监控指标对企业内部环境和外部环境进行的监控，也是联结财务战略与战略实施的"纽带"和"桥梁"。

（2）财务绩效评估控制系统。所有财务战略归根结底是要通过财务战略绩效评估控制系统得以贯彻实施。财务绩效评估控制系统属于战术层次上的反馈控制，着眼于财务战略目标和财务战略计划的具体实施，根据实施效果进行反馈控制，从而达到最终实现战略目标的目的。这一类控制系统主要对战略目标、战略计划、战略实施效果的整个过程进行监控和贯彻执行，并根据战略实施结果的反馈，对战略执行过程中的偏差予以纠正，以确保战略计划的正确实施及战略目标的实现。概括起来，财务绩效评估控制系统是联结财务战略制定与财务战略实施的关键系统，是整个财务战略控制系统的核心组成部分，是财务战略最终能够成功贯彻执行的根本保障。

五、战略评估

由于企业内外部的环境因素在不断变化之中，大多数情况下，企业会发现战略实施结果与预期的战略目标不一致。因此，财务战略评估就是指通过定期运用战略评价标准，从战略基础和战略绩效两方面对企业财务战略实施的结果进行系统的评价，以确定财务战略的有效性和进行战略调整的必要性。

企业财务战略实施以后，还需要定期进行全面的、系统的战略评估，目的是判断财务战略内部的协调性、财务战略与环境的适应性、财务战略的可行性等。一方面，战略基础是战略赖以形成的前提，是战略制定的依据，包括外部环境和内部条件两个部分。另一方面，财务战略绩效评估评价企业的战略实施效果，分为财务绩效评估和非财务绩效评估两方面。财务绩效评估主要是利用财务指标将企业不同时期的业绩进行比较，将公司的业绩与竞争者的业绩进行比较，将公司不同时期的业绩与产业平均水平进行比较；非财务绩效评估主要是为了弥补财务绩效评估不能全面反映企业绩效全貌的不足。

财务战略评估阶段主要应做好以下工作：根据内外环境的变化，检查企业战略的根据和基础；比较战略实施的预期和实际进度或结果。及时采取纠正行动或应急措施以保证目标与计划的实现。

财务战略评估常用的标准有两个：

1. 适用性标准

该标准主要用来评估财务战略方案是否充分发挥了企业的优势，克服了劣势，是否完全利用了环境所提供的机会，以及企业的财务战略方案与企业的愿景、使命和财务战略目标是否一致。

2. 可行性标准

该标准主要用来分析财务战略方案是否合理体现了企业利益相关者的愿望和要求，是否能被企业主要利益相关者所接受。

常见的战略评估方法很多，如平衡记分卡就是其中之一。

第三节　企业财务战略管理研究方法

企业财务战略管理研究常用的方法与其他学科的研究方法大同小异。

一、SWOT 分析法

SWOT 分析法是战略能力评价的典型分析方法。该方法是一种综合考虑企业内部条件和外部环境的各种因素，进行系统评价，从而选择最佳经营战略的方法。其核心思想是公司的独特能力与行业的竞争要求要紧密契合。其中，S 指企业内部的优势（Srengths），W 是指企业内部的劣势（Weakness），O 是指企业外部环境的机会（Opportunities），T 是指企业外部环境的威胁（Threats）。这里，优、劣势分析主要将注意力放在企业自身的实力及与其竞争对手的比较上，机会和威胁主要着眼于外部环境变化或企业自身变化。

SWOT 分析法通过分析企业的资源与能力，指出企业的优势、劣势以及通过分析环境指出其机遇与威胁。整个分析要置于企业及竞争对手共同构造的环境中，通过与竞争对手的比较来确定自己的比较优势。SWOT 分析法对于评价企业的战略能力具有实用性。后来，科特勒修正了 SWOT 分析法，提倡使用机遇与威胁矩阵，增加了机遇和威胁发生的可能性与影响力两要素，根据发生的可能性与各要素对经营业绩的影响力进行了排序。

SWOT分析法建立在企业的资源能力和外部资源良好匹配的基础上，核心在于战略的"匹配"，即根据企业的优势、劣势及机会、威胁设计出SO战略、WO战略、ST战略和WT战略，以此获取独特的竞争优势，使企业在行业中取得有利的地位。其中，SO战略是一种发挥企业内部优势同时注重把握企业外部机会的战略；WO战略是通过利用外部机会来弥补企业的不足或者通过改变自己的劣势从而提高把握外部机会的能力的战略；ST战略是利用本企业的优势回避或减少外部威胁的一种战略；WT战略是通过减少劣势来回避外部环境威胁的一种防御型战略。通常情况下，企业首先采取WO战略、ST战略或WT战略从而达到能够采用SO战略的状况。

SWOT 分析法应该说是一种管理过程。它将管理层的注意力集中在影响企业业务成长与发展的关键因素上。该方法具有应用灵活、分析系统和清楚等特点。分析过程分为以下步骤：

1. 确认企业当前执行的战略

管理者要搞清企业目前的战略是什么，并用定性和定量方法对现行战略进行评估。定性方法主要是从战略的完整性、可行性、适应性等方面评价当前执行的战略，定量方法则是研究企业最近的战略业绩和财务业绩，从这些数据中挖掘出企业现行战略的运行效果。一般地，企业当前的业绩越好，对企业战略大调整的必要性就越小；反之，则越大。

2. 确认企业内部的优势和劣势

确认企业内部的优势和劣势是指根据企业内部资源的组合情况，分析其优势和劣势。企业的优势往往表现在是否拥有一项重要的专门的方法，是否具有经验丰富的劳动力，否拥有高质量的控制技术、忠诚的客户群，是否具有良好的竞争能力等方面。劣势通常与以下因素有关：缺乏具有竞争意义的技能和专门技术；缺乏形成竞争能力的有形资产、无形资产、组织资产等；在关键领域的竞争能力正在丧失或减弱。

3. 确定企业的核心能力与资源的竞争价值

核心能力是一种真正的企业优势和资源。一般地，一家企业的管理者应将其战略建立在充分挖掘和利用公司的核心能力之上，避免将战略建立在那些没有确切能力的领域。即使企业拥有独特能力或有其他出色竞争价值的资源，这些资源的价值也会随着时间的推移而降低，因此，为未来建立一个强大的资源基础，维持现有的有独特能力的竞争优势，永远是企业的重要任务之一。

4. 把握企业外部环境的变化，注意可能出现的机会和威胁

评价企业面临的机会时，管理者应防止将行业机会与企业机会混同，关键

是要采取积极措施设法获得自己目前所不具备的资源能力，以便获得更多的机会，并同企业已经拥有或能够获得的财务和组织资源能力很好地匹配起来。

外部环境可能带来的威胁也是不容忽视的重要方面。因此，管理者要能够确认危及企业利益的威胁，做出评价，并在采取战略行动时考虑如何抵消或减轻它们产生的影响。

SWOT分析法虽然以简单明了的方式提供了一个企业战略能力分析评价工具，但其最大的缺陷是方向单一，且在很大程度上依赖分析者的经验和直觉，对分析者的素质要求比较高。在SWOT分析中，反映外部环境机会和威胁的指标是由多个关键指标综合组成的，这些指标可能呈现优劣的方向并不一致。同时，SWOT分析中，反映企业内部条件优势和劣势的指标也很多，而且也是由多个指标综合而成的，它们所体现的市场份额与企业的财务实力可能并不一致。因此，利用由该方法分析得出的企业战略能力定位的结果，并不能判断企业外部环境的机会（或风险）以及企业的优势（或劣势）主要是由哪些因素决定的。

二、波士顿矩阵分析法

战略能力分析的一个重要组成部分是评估构成公司业务组合的互补程度。以波士顿矩阵为代表的组合分析是具有代表性的分析方法。这种方法是把企业生产经营的全部产品或业务组合作为一个整体进行分析，常用来分析企业相关经营之间的现金流量的平衡问题。通过这种方法，企业可以找到企业资源的产生单位和这些资源的最佳使用单位。作为一种有价值的方法，它被广泛应用在产业环境与企业内部条件分析、大企业发展的理论依据等方面。

安索夫在20世纪50年代就提出成长矢量要素矩阵（又称产品—市场矩阵），其实质是一种战略匹配工具，产品是反映企业内部因素的维量，市场是反映企业经营环境的维量。后来，美国波士顿咨询集团公司为咨询一家造纸公司而比较成熟地开发了一种投资组合分析方法即波士顿矩阵（又称增长—份额矩阵），其最大的优点是把企业生产经营的全部产品或业务组合作为一个整体进行分析，常用来分析企业相关经营之间的现金流量的平衡问题。通过这种方法，可以帮助企业确定行业的吸引力，帮助多业务企业通过考察各业务的相对市场份额地位及行业增长速度来管理它的业务组合，找到企业资源的产生单位和这些资源的最佳使用单位。

波士顿矩阵的横轴表示企业在产业中的相对市场份额，是指企业某项业务的市场份额与这个市场上最大的竞争对手的市场份额之比，这一市场份额反映企业在市场上的竞争地位。相对市场份额的分界线为 1.0 ~ 1.5，划分为高、低两个区域。纵轴表示市场增长率，是指企业所在产业某项业务前后两年市场销售额增长的百分比。这一增长率表示每项经营业务所在市场的相对吸引力，通常用10%平均增长率作为增长高、低的界限。纵坐标与横坐标的交叉点表示企业的一项经营业务或产品，圆圈面积的大小表示该业务或产品的收益与企业全部收益的比。波士顿矩阵把企业的全部经营业务定位在四个区域：高增长—强竞争地位的"明星"业务，高增长—低竞争地位的"问题"业务，低增长—强竞争地位的"现金牛"业务，低增长—弱竞争地位的"瘦狗"业务。

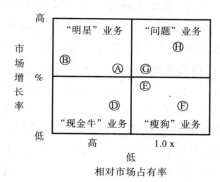

图 3-1 波士顿矩阵图

资料来源：引自刘英骥. 企业战略管理教程［M］. 北京：经济管理出版社，2006：83 – 85.

与 SWOT 分析法相比，该矩阵的优点在于将企业的不同经营业务综合在一个矩阵中，指出了每个经营单位在竞争中的地位，有助于每个经营单位了解自己在总公司中的位置和可能的战略方向，也有利于加强业务单位和企业管理人员之间的沟通，及时调整公司的业务投资组合。

波士顿矩阵也存在局限性。有学者认为，波士顿矩阵用市场增长率和企业相对市场份额两个单一指标分别代表产业的吸引力和企业的竞争地位，不能全面反映这两方面的状况，并且这两项指标的确定本身有一定困难；忽视了战略思考，同时过度依靠有关产业成长速度与市场份额地位的历史数额，可能出现差强人意的业绩；暗含的假设"市场份额与投资回报成正比"在有些情况下可能是不成立的或不全面的。同时，该矩阵在具体运用中还存在很多困难，如正确的应用组合计划会对企业的不同部分产生不同的目标和要求，这一变革往往是十分艰巨的过程。

三、战略地位和行动评估矩阵（SPACE）

战略地位和行动评估矩阵（Strategic Position and Action Evaluation Matrix），

简称SPACE矩阵分析法。通常，它的轴线采用了两个内部因素——财务优势（FS）和竞争优势（CA），以及两个外部因素——环境稳定性（ES）和产业优势（IS）。

分析步骤如下：

（1）确定各维坐标的关键要素，一般以6~8个为宜。举例说明：

第一，环境稳定要素：技术变化、通货膨胀率、需求变化、竞争产品的价格范围、进入市场的障碍、竞争压力、需求的价格弹性。

第二，产业实力要素：发展潜力、利润潜力、财务稳定性、专有技术知识、资源利用率、资本密集性、进入市场的难度、生产率和生产能力利用程度。

第三，竞争优势要素：市场份额、产品质量、产品寿命周期、产品更换周期、顾客对产品的忠心程度、竞争对手的生产能力利用程度、技术、纵向联合。

第四，财务实力要素：投资报酬、财务杠杆、偿债能力、流动资金、资本需求量与可供性、现金流量、退出市场的难易程度、经营风险。

（2）在四维坐标上按 +6~ –6 进行刻度，其中产业和财务实力坐标上的各要素按 0~6 刻度；环境稳定和竞争优势坐标按 –6~0 刻度。

（3）根据实际情况对每个要素进行评定，即确定各要素归属哪个刻度，一般来说，产业实力和财务实力坐标上的各要素刻度绝对值越大，反映该要素状况越好；环境稳定和竞争优势坐标上的各要素刻度绝对值越大，反映该要素状况越差。

（4）按各要素的重要程度加权并求各坐标的代数和。

（5）根据上述结果进行战略地位定位与评价，根据 SPACE 将有多种组合，其中四种组合是比较典型的：进攻型、竞争型、保守型、防御型。

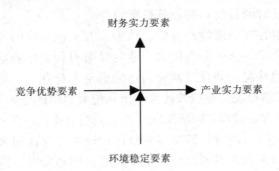

图 3-2 战略地位和行动评估矩阵（SPACE）

资料来源：［英］托马斯·加拉文，杰拉德·菲茨杰拉尔德等. 企业分析［M］. 上海：上海三联书店，1997：80 – 85.

SPACE 矩阵分析法能够克服 SWOT 分析法单一的不足，但由于它有多种可能组合，增加了分析的复杂程度。

四、归纳方法

归纳与综合是中国传统的治学方法之一。归纳出来的理论之所以受欢迎是因为它经过了实践的检验，具有可操作性。

1. 实证统计方法

这一方法主要是利用一系列统计数据来研究一些企业的战略变化趋势。如贝恩在 1951 年通过对美国 1936～1940 年的制造业产业集中度与利润率的关系的统计分析，提出了著名的"市场结构—行为—业绩"理论构架；马基兹对 219 家美国大企业在 1981～1987 年的战略变化进行了统计分析，将 20 世纪 80 年代以来美国企业战略变化的新趋势总结为"归核化"。

2. 案例分析

该方法本着整合理论与实践的宗旨，主要是从特定的目的出发，利用某项具体事例，将研究者置于特定事件的实境中，通过分析得出结论。战略管理学家通过案例研究，往往在理论与实践结合的基础上归纳总结而得出新的管理理论。如波特通过对美国大企业进行案例分析，归纳总结出了一套全新的理论，创立了如价值链、钻石模型、通用战略等。再如，哈默尔与普拉哈拉德的创新来源于对日本、美国成功企业的经验和教训的总结。

五、类比方法

在战略理论研究中类比方法经常可见。如战略管理学派中的适应学派把企业类比为生物种群，其思想同进化论十分相似。再如，战略管理中有关组织结构的理论采用类比方法更为普遍。在东方的战略管理思想中，人们更多地将企业竞争与战争相类比，由此把许多军事战略思想移植到企业战略思想中去。

第四节　企业生命周期财务战略管理

企业的可持续发展是沿着一定的生命周期轨迹运行的，企业生命周期是指企业从诞生到消亡的整个过程，也就是指从企业注册成立到其成长、壮大、衰退直至破产或解散清算完毕的整个时期。由于企业环境始终处于变化状态，构成企业的诸要素也必然呈现阶段性态势，无论是产品、组织、流程，还是企业的经营方针、经营理念等都具有周期性特点，当各要素从一个周期转向另一个周期时，就能带动企业从局部到整体的变化和飞跃。企业战略决定着企业经营的未来方向、业务范围和资源的有效配置。企业自身生命周期的自然变化与企业发展战略的形成、替代和选择存在着一定的渐进关系，处于不同生命周期阶段上的企业，其发展目标是不同的，经营者为实现企业目标所选择的企业战略也不相同。

1966 年，弗农提出了著名的产品生命周期理论。该理论认为，由于技术的创新和扩散，制成品和生物一样，也具有一个生命周期。产品的生命周期大致分为五个阶段，即引入期、成长期、成熟期、销售下降期和衰亡期。同样，在生物法则下，企业也有作为生命有机体的现象，任何企业都是一个不断发展的生命体，具有从出生到死亡的生命周期。

企业生命周期财务战略（Corporate Life Cycle—Financial Strategies，CLC—FS）最初出现于 20 世纪 70 年代，并于 90 年代成为国际上流行的财务战略管理模式。企业生命周期财务战略管理是指针对企业生命周期各阶段的不同特点及其对财务管理的影响，制定出适应各阶段发展的相应的财务战略，并以此来指导战略周期中各阶段财务活动的一种管理活动。在企业生命周期的不同阶段，企业面临的风险是不断变化的，要求企业通过制定和选择富有弹性的财务战略，来适应生命周期不同阶段的变化。

一、初创期企业的财务战略管理

在企业初创期，一般规模较小，企业的实力尚不够强大，基本业务优势不明显，企业固定资产投入大、技术力量薄弱，产品规模效益还没有完全发挥出来，核心产品还不能提供大量的现金流。这一阶段，企业要投入大量的人力、物力和财力，新产品的研发和市场拓展是否成功还是未知数。由于刚刚进入市场，企业缺乏既定的销售渠道，企业获利一般不会太大，现金流量较低，企业甚至会出现亏损。这一时期，企业应该把如何生存下去作为企业发展的目标。为了取得成功，企业必须要在开发产品以前对市场进行调查，在调查实证的基础上对产品的研发投入资金，新产品试制成功后还需要将大量的资金投入到设备的试生产和产品的试营销中去。

在这一阶段，创业者集投资者、生产经营者、管理者于一身，一般采用财务集权治理模式，一般采取一业为主的集中战略，通过资源在一项业务中的高度集中，增加企业主营业务的销售量，提高市场占有率，建立企业的市场地位。从财务管理目标上，应倾向于求生存，因为企业只有生存下来才能发展壮大，进入成长期和成熟期。为此，要求企业尽可能通过选择有利的盈利方式吸引投资者投资，或者投资于政策支持的行业或区域，通过健全的财务制度和完善的内部控制制度控制成本费用。

创业初期，企业资金筹集相对困难，企业利润分配较少甚至无利润分配，表现在风险上就是企业经营风险比财务风险大；财务管理制度和内部控制机制缺乏，成本管理不力。企业在筹资战略上主要可通过权益资本筹资，正确预测资金需求、尽快熟悉各种筹资渠道、努力降低资金成本，建立牢固的财务基础，以保证企业的生存和未来的成长。这一时期，企业应把实现财务绩效稳定增长和资产规模平稳扩张作为战略重点，把优化资源配置和提高资源使用效率作为首要任务。在加强风险管理的基础上，企业应尝试与供应商和销售商建立良好的商业关系，以便在不大量增加成本的基础上补充和缓解现金流的不足。初创期企业一般不宜采取负债筹资的方式。这是因为，一方面，初创期企业发生财务危机的风险很大，债权人出借资本要以较高的风险溢价为前提条件，从而企业的筹资成本会很高；另一方面，初创期企业一般没有或只有很少的应税收益，利用负债经营不会给企业带来节税效应。

从投资战略看，企业应该对经营项目进行充分而科学的论证，从技术、经济和效益等多方面进行系统分析，确定其可行性。通过采取集中化投资战略，主攻某个特定的顾客群，或某一细分市场，重点投资于特定目标，以更高的效率为某一狭窄的战略对象服务。

从收益分配战略看，这一时期，企业的现金净流量为负数，股东所有的期望只能是以资本增值形式获得回报，留存收益是许多企业的唯一资金来源，企业一般应采取不分配利润的政策，将大量利润留存在企业内部，以满足其发展所需。另外，企业还要加强内部控制制度建设，实行科学的管理和决策。

二、成长期企业的财务战略管理

伴随着企业经营实力的增强，企业取得了一定的发展，并形成了自己的主导产品。与初创时期比较，企业的发展速度加快，生产规模开始扩大、产品销量增加，销售收入提高，企业的所有权和经营权逐渐分离，大多采用财务分权的治理模式，企业的现有业务项目的规模和质量已经扩展到一定程度，或者是在满足现有业务的需要外还有剩余资源。此时，企业应选择一体化经营战略，延长企业的价值链，扩大企业经营规模。企业的经营风险会有所下降，基于完全合理的利润水平之上的高销售额将产生相对充裕的现金流。但由于企业必须在总体市场开发和市场占有两方面同时投入大量资金，结果导致经营过程中产生的现金重新投入经营中。加之存货和应收账款占用的资金量增加，使企业的发展资金依然紧张，自由现金流量远远不能满足经营发展的需求，最终导致股利支付率保持在低水平上，投资者所预期的回报只有通过股价上涨来实现。

从筹资战略看，由于风险投资者要求在短期内获得冒风险投资成功而带来的高回报，如果企业原始资本中存在风险资本，则企业必须找到其他适宜的外部筹资来源将其取代，并为公司下一阶段的发展提供资金储备。同时，由于公司的产品已经经受了市场的考验，新投资者较之风险投资者承担的风险要低，企业可能从广泛的潜在投资群体中搜寻新的权益资本。如果这两种筹资途径都不能解决企业发展所需资金的问题，最后可考虑采用负债筹资方式。

从投资战略看，企业适宜采取一体化投资战略，即通过企业外部扩张或自身扩展等途径获得发展。

从收益分配战略看，企业成长期收益水平有所提高，但现金流量不稳定，企业拥有较多有利可图的投资机会，需要大量资金。为此，企业不宜大量支付现金股利，而应采取高比例留存、低股利支付的政策，在支付方式上也应该以股票股利为主导。这一时期，企业财务战略管理的目标应是实现企业的发展壮大，提高盈利水平和风险管理水平，扩大企业规模；财务战略管理的重点应是严密监控企业利润的变化，并以之为基础进行市场份额的预测与规划。同时，重视对企业成本和费用的控制，以利润为目标，对企业各部门进行必要的业绩考核。这一阶段企业需选择出售证券的最优价格和时间，不断观察环境的变化，修正产品的现金流量估计，并且要严格控制运营资金，尽量减少存货资产和应收账款对资金的占用，保证较快增长的应收账款收回。成长企业还可以通过更多地采用负债筹资方式，获得财务杠杆效应。

此外，处于成长期的企业还应制定人才稳定和人才吸引战略，在人才引进和培养上增加投入，将人力资本投资纳入投资战略。将学习和成长能力的提高作为业绩考核的标准，不断提升员工处理和解决问题的能力，加强企业信息系统的建设，为企业长期的财务增长打下基础。

三、成熟期企业的财务战略管理

成熟期的企业规模急剧扩张，业务日益复杂。在此期间，企业已经形成了稳定的销售网络，市场销路趋于稳定，市场占有率较高，现金流量充裕，资源结构趋于合理，抗风险能力较强，企业产品的销售源源不断地给企业带来净现金流入。企业固定资产投资逐渐减少，产品生产批量达到了最大限度，产品成本也下降到了最低点，财务利润达到高峰。为了避免资本全部集中于一个行业可能产生的风险，以及产业进入成熟阶段后对企业发展速度产生约束，大型企业一般开始采取多样化经营的战略，或通过兼并收购等资本运作方式进行资本扩张，分散投资风险，寻求新的利润增长点，维持企业的规模和盈利水平，优化企业资源配置，提高资本运营效率。

这一阶段，企业的经营风险相应降低，使得企业可以承担中等财务风险。

企业可采取相对较高的负债率，以有效利用财务杠杆。对成熟期的企业而言，只要负债筹资导致的财务风险增加不会产生很高的总体风险，企业保持一个相对合理的资本结构，负债筹资就会为企业带来财务杠杆利益，同时提高权益资本的收益率。

从投资战略看，企业可采取适度的多角化投资战略，将企业集聚的力量通过各种途径加以释放，以实现企业的持续成长。通过实施多角化战略，企业可以选择进入新的、与原有业务特性存在根本差别的业务活动领域，更多地占领市场和开拓新市场，或避免经营单一的风险，突破生命周期的制约，寻找继续成长的路径。

从收益分配战略看，这一阶段，企业现金流量充足，筹资能力强，能随时筹集到经营所需资金，资金积累规模较大，具备较强的股利支付能力，而且投资者收益期望强烈，因此，适宜采取高股利支付比率的现金股利政策。由于这一阶段收益质量的提高，每股净利高而且有轻微的增长，投资者期望的回报更多的是通过股利分配来满足，股票价格相对比较稳定。

但此时企业的营业收入和净利润的增幅开始下滑，负增长的情况开始出现。因此，应把延长企业寿命作为财务战略管理的主要内容。财务战略重点转移的一个方面就是保持现有的市场份额和提高效率，通过负债融资而提高的财务风险可以用降低的经营风险抵消。但由于市场竞争激烈，产品价格不断下降，企业增长速度逐渐放慢。因此，企业应千方百计挖掘潜力，选择进入新的与原业务特性存在更多共性的业务活动领域，更多地占领市场和开拓新市场。

根据詹森的自由现金流假说，企业的自由现金流越多，管理者据以进行不合理行为的可能性越大。因此，为最大限度地减缓代理冲突，成熟期企业应加强其资金的运营和管理能力，以充分利用资金，减少管理者可自由支配的现金数量，进行成本优化管理。同时，由于成熟期企业已发展到一定规模，具有相当的盈利能力，因此，其财务管理目标应该是企业价值最大化，同时兼顾社会责任。在资金筹集上，可通过利润留存、盘活资金存量等方式，获得所需资金。其利润形成过程的管理重点是如何通过价值链分析，制定科学的成本费用预算，使整个价值链的成本耗费降到最低，以促进企业竞争优势的形成和成本持续降低环境的建立。成熟期企业应以市场份额和客户满意度等非财务指标为考核标准，以客户保持率、获得率和客户满意度、获利率等为尺度，以便不断提高为客户创造价值的能力，保证市场份额的增加和客户保持率的稳定增长，以及客户获得率和获利率的提高。

四、衰退期企业的财务战略管理

企业一旦进入衰退期，其营业收入和净利润会同时出现滑坡现象。这时，企业会在经营过程中遇到相当大的困难且短时间不易解决。企业存在的重大风险是，在有利可图的前提下，经营还能维持多久。此时，企业早期的债务逐个到期，企业存在着还款的压力。总体上看，企业为应对衰退，防止出现财务危机，会尽可能减少再投资，并不可避免地选择紧缩经营战略。当然，企业实施紧缩的经营战略，并不是全面的退缩，而是果断地结束那些对企业发展不利的、没落的业务项目，积累力量来寻找新的发展机会，力图从那些难以获利、竞争激烈的行业或产品中退出，根据市场变化寻找新的投资方向。

衰退期企业的财务战略管理的重点应放在财务战略的整合、财务组织制度的创新与调整、新产品开发的资金投入、人员的合理分流与素质的提高等方面。应对未来市场的产业状况进行正确预期，通过并购等方式寻求协同效应，寻找新的财务资源增长点，实现战略上的转移；应通过资产变现、压缩开支等方式保持现金流转正常进行；通过实施资产重组、优化长期资产组合，提高资产收益率。

从筹资战略看，这一时期，筹资战略的决策依据是资金偿还风险的大小。尽管衰退期企业生产经营中的现金流入开始减少，但由于市场的萎缩以及对产品技术改造动力不足造成的现金需求下降，使经营活动中产生的现金基本可以满足企业正常生产所需。因此，衰退期企业除非有大的资本运作外几乎不需要从外部筹集资金，企业主要依靠自身力量进行内源融资，但也不排除采取较高负债的可能性。因为，一方面，衰退期既是企业的"夕阳"期，也是企业新活力的孕育期，在资本市场相对发达的情况下，如果新进行业的增长性及市场潜力巨大，理性投资者会甘愿冒险；如果新进行业并不理想，投资者会对未来投资进行自我判断，因为理性投资者及债权人完全有能力通过对企业未来前景的评价，来判断其资产清算价值是否超过其债务面值，因此，这种市场环境为企业采用高负债筹资创造了客观条件。另一方面，衰退期的企业具有一定的财务实力，以其现有产业作后盾，高负债筹资战略对企业自身而言是可行的。

在投资管理方面，衰退期企业应集中一切资源用于有发展前途的核心业务上，增强核心业务的竞争力。如果企业核心业务已是"夕阳"产业，应尽可能多地收回投资，将资金用于寻找新的财务增长点上，实现战略转型。在收益分配管理方面，衰退期企业应在不断降低成本和经常性支出的前提下，争取较高的利润，并以财务指标作为评价标准，以现金流和利润的增长和维持为尺度，以资金回收和债务清偿能力的提高为目标，以财务制度创新和财务流程再造为手段，谋求企业新的发展。这一时期，一般企业不想扩大投资规模或者缺少好的投资项目,因而可以通过利用较高的自由现金流量实施高现金股利支付政策以回报投资者。

总之,企业作为一种生命机体,要经历从诞生、成长、成熟到衰退的发展过程,企业的发展轨迹及其在市场中的地位和作用,决定了其具有不同的财务特征和财务战略目标,从而导致企业财务战略管理方法应依据企业生命周期的变动而采取动态的形式。

另外,经济周期性波动是现代经济总体发展中不可避免的现象,是经济系统存在和发展的表现形式。经济的周期性波动要求企业顺应经济周期的变化制定和选择财务战略,来抵御经济大起大落产生的震荡,特别是要设法减少经济周期对财务活动产生的负效应。如在经济复苏阶段应采取扩张型财务战略,在经济繁荣阶段应采取扩张型和稳健型相结合的财务战略,在经济衰退阶段,应采取防御收缩型财务战略。

第四章　财务战略管理的制度基础

财务战略的成功实施离不开一定的制度基础和条件。由于每家企业的财务战略都是在特定的公司治理结构下形成和发展的，它规定了整个企业运行的基本框架和运行机制，能够体现投资者、经营者和管理者的才能，因此，效率较高的治理结构能使企业制定出较优的财务战略，提高企业的价值，以较低的成本实现企业目标。研究企业财务战略，绝不能脱离公司治理结构，良好的公司治理结构是财务战略管理的制度基础。公司治理结构和财务战略管理的有机结合可以产生良好的协同效应，进而提升企业价值。如果公司没有有效的治理结构，则无法保证财务战略管理的实现。

第一节　公司治理结构的战略意义

一、公司治理及公司治理结构

1. 公司治理的起源与界定

"公司治理"（Corporate Governance）是一个通行于西方发达国家的经营管理概念，是伴随着公司制企业的崛起而产生的。在公司制企业，由于资产规模庞大，经营范围广泛，内部组织结构复杂，所有者往往把企业委托给经理层经营，从而使得所有权和经营权分离，在股东与公司经理人员之间、股东与债权人之间、经理人员与员工之间都形成了一种委托—代理关系。在提高了企业的运营效率，降低了社会交易成本的同时，也产生了许多如道德风险、信息不对称、内部利益关系冲突等问题。这是因为，在公司内部，所有者和经营者的目标可能不一致。所有者的目标是利润最大化，经营者的目标则是追求自身利益。同时，伴随着企业规模扩大，管理层级增加，使信息在传递过程中往往由于传递环节多、噪音干扰等而发生衰减、失真等一系列问题，如果代理人为了自身利益而故意扭曲信息，信息不对称现象会更严重。另外，内部利益关系冲突的现象时有发生，内耗企业经营，如果没有良好的契约约束和良好的协调沟通利益分享机制，内部博弈问题会变得十分复杂，导致内部不经济和危机发生。公司治理的核心功能就是要安排公司各利益相关主体与经理人员之间的关系，以减弱或消除存在于二者之间的潜在利益冲突，解决委托—代理问题。

当代公司治理研究的全面兴起开始于詹森—梅可林（1976），他们将代理理论应用于对现代公司的研究，建立了外部股权代理成本的正式模型。他们用完全合同方法，对通过所有权或现金流量权配置解决公司治理问题的研究成为直到20世纪90年代初期公司治理研究的主流范式。而在此之前的1975年，威廉姆森（1975）首先提出了治理结构概念。以其实践发展的线索看，美国加州政府雇员退休基金首先探索了公司治理之路。加州政府雇员退休基金是美国公共退休基金内部循环系统的重要组成部分，是当前美国最大的基金会。就运作方式看，主要是以股票形式进行投资，并长期持有所投资的股票，只有当整个股票市场组成发生变化时才会调整其投资组合。1984年，加州政府雇员退休基金所投资的Texaco公司为了缓解收购威胁，通过美国《公司法》寻找法律根据以支持股份回购。在此次回购中，作为Texaco公司的战略投资者，加州政府雇员退休基金由于无法抛售公司股票而无辜受到了损失，并无法在法律规范的框架内找到解决问题的合理方式。为了解决此类问题，加州政府雇员退休基金董事会决定，在今后通过在全体股东大会上运用股东权力来制止股票市场和美国公司的非理性行为。通过创立机构投资者理事会，采取保障股东利益的有效管理方式，提高行使股东权利的能力等措施，强化了自身在公司治理中的地位和作用，促进了公司管理层行为与股东利益目标的一致。

20世纪90年代后，公司治理运动开始向全世界扩展。自1992年起，英国财务报告委员会、伦敦证券交易所成立的治理结构委员会先后发表了《凯伯里报告》、《格林伯瑞报告》和《哈姆派尔报告》，对公司管理层权利的制约和股东利益的保护进行了广泛的讨论。此后，发达国家纷纷开始推进公司治理改革，使之成为一场国际运动。

公司治理问题引起我国学者的兴趣是在20世纪90年代中期。1994年8月，在"中国经济体制的下一步改革"国际研讨会上，青木昌彦和钱颖一教授分别发表了《对内部人控制的控制：转轨经济中的公司治理结构的若干问题》和《中国的公司治理结构改革和融资改革》，首次将公司治理结构的概念引入了我国国有企业改革的研究。

不同学者对公司治理问题的表现方式及解决公司治理问题的相应机制有着不同的认识或不同的研究角度。例如，奥利弗·哈特在《公司治理理论与启示》中提出了公司治理理论分析框架。他认为，公司治理在一个组织产生的必要条件有两个：一是代理问题，确切地说是组织成员，包括所有者、经营者、职工或消费者之间存在的利益冲突；二是交易费用大使代理问题不可能通过合约解决。当合约不完全时，代理问题随之出现，治理结构才发挥作用。公司治理明确规定了公司各参与者的责任与权利分布，并清楚地说明了决策公司事务所应该遵循的规则和程序。同时，它还提供了一种结构，使之用以设置公司目标，也提供了达到这些目标和监控运营的手段。

费方域（1996）综合了国内外文献中有关公司治理的论点，从不同角度给出了公司治理的定义。如：公司治理是股东大会、董事会和经理组成的一个结构；公司治理是公司赖以代表和服务于它的投资者利益的一种组织安排，包括从公司董事会到执行人员激励计划的一切东西；公司治理是一套制度安排，用以支配若干在企业中有重大利益关系的团体——投资者、经理人员、职工之间的关系，并从这种联盟中实现经济利益；公司治理是一种委托—代理关系；公司治理是一种产权与控制关系；公司治理是董事会处理管理阶层与董事会之间的潜在冲突的缓冲层。当然，关于公司治理定义颇多，本书不可能——列举。

通过公司治理的上述定义可以看出，公司治理是一系列相互联系的概念体系，也是一系列协调、规范董事会、股东会、管理人员行为的制度安排，这种制度安排中规定了企业所有权、控制权、剩余价值索取权的分配问题，以及企业风险的承担问题，而公司治理的目标是直指企业的战略目标的。公司治理是在既定的所有权前提下安排的，所有权形式不同（如债权与股权、股权的集中与分散等），公司治理的形式也不同。公司治理的主体是利益相关者，治理的客体是利益相关者之间的责权利关系。

综合国内外学者关于公司治理的研究，可以从广义和狭义两方面来界定公司治理的内涵。从广义上讲，所有有助于缓解公司治理问题的机制都是公司治理机制，包括企业置身其中的产品、资本市场，经营者所面对的内外部劳动力市场，政府制定的保护投资者利益的法律法规，行业的标准或规范，还有诸如社会舆论以及社会的公信环境等。广义的公司治理并不仅仅关注股东的利益，还关注其他利益相关者的利益。因此广义的公司治理可以看成是维护和平衡公司所有利益相关者利益的一种机制，通常所说的公司治理机制更多的是指广义的公司治理。不仅如此，在现代企业制度中，由于企业所有权和经营权的分离所产生的委托—代理问题，更是让公司治理的重要性凸显出来。公司治理的内容不仅包括企业所有权、控制权、剩余索取权的分配，还包括了股东会、董事会与高级管理人员之间的相互关系。一个好的公司治理不仅能够解决委托—代理问题，还能大大提高企业战略管理的绩效。狭义的公司治理主要是指由所有者、董事会和高级经理人员组成的一种组织结构，所关注的是公司内部各利益主体之间相互监督、相互制衡的关系。由于狭义的公司治理主要涉及公司内部的机构，也称内部治理；广义公司治理除包含内部治理外，还涉及通过外部投资者、政府部门等对公司进行的治理，也称外部治理。通常，所谓公司治理往往是指内部治理和外部治理的统一。

应该明确，公司治理与公司管理相关联，但它们具有不同的职责和作用。公司管理主要是由经理人员去行使职责，管理的职能是：计划、组织、激励、控制和协调。管理行为和组织关注的是如何通过人与组织去取得成果，管理系统针对的是信息和决策，管理的作用是通过经营公司业务而使之提高效率。公司治理则是针对公司的目标，通过监督经理人员的行为，合理划分他们的权利和责任，均衡协调相关人员的利益等措施来发挥作用。

2. 公司治理权配置产生的原因

委托—代理理论的代表莫里斯和霍姆斯特姆认为：给定外生的委托权安排，资本家是委托人，劳动者是代理人，其核心是解决委托人与代理人的激励相容问题，委托人（资本者）如何设计最优机制，以激励代理人（经营者）在努力工作的同时为委托人创造更多的财富，它的机理体现为资本在道德风险和逆向选择中的内在作用。资本机制通过公司治理结构对战略管理起到监督和激励的作用，资本的价值实现始终贯穿于股东会、董事会及经理层的战略选择和决策，战略目标和使命的形成及战略的制定在一定程度上取决于资本的控制力。

根据委托—代理理论，企业委托—代理结构中委托人和代理人之间信息不对称、契约不完全和责任不对等是公司治理权配置产生的基本原因。

（1）在委托—代理结构中，委托人和代理人在信息上总是非对称的，主要表现在信息发生的时间和信息内容两个方面，代理人可能在签约之前拥有"私人信息"，也可能在签约之后拥有"私人信息"；非对称信息的内容可能是相关代理人的行动，也可能是相关代理人的知识，而委托人此时不可能观测到相关代理人的行动或知识。如前所述，在所有权和经营权分离的公司制企业中，公司内部治理结构的关键在于剩余索取权和控制权的配置，只有当各利益主体的剩余索取权和控制权相等时，他们的目标才会趋于一致，形成最佳的治理结构。当经营者控制权大于剩余索取权时，会出现经营者侵蚀股东利益的现象，当然这种现象可以通过约束和激励机制来加以制约，但信息不对称情况下的约束激励成本通常很高。

（2）在委托—代理结构中，契约是不完全的。委托人不可能在签订契约时充分界定当事人的行为，也不可能证实和观测当事人的结果。同时，代理人因拥有"私人信息"而获得特殊的权力，造成契约当事人在权力上不对等。由于个人的有限理性，以及外在环境的复杂性和不确定性，企业需要设计不同的机制以对付信息的不对称性、契约的不完全性和责任的不对等性，有效管理公司的经营风险，公平界定剩余收益索取权，于是就有了公司治理权配置。

3. 公司治理结构及作用

公司治理结构主要是界定所有者与经营者的相互关系。当前，理论界对公司治理结构如何确定还没有形成统一的看法。从战略管理的角度看，公司治理结构是公司战略决策制定的制度基础，也是财务战略管理的制度基础。它涉及公司长期战略目标如何制定和实现，如何制定公司的激励制度，各方的利益目标如何实现，权利如何分配与制衡等。其中，权利的分配和制衡所形成的结果——权利结构（如股东会、经理阶层、董事会及董事会的内部结构等）是公司治理结构的核心。

公司治理结构源于企业所有权与经营权的分离以及由此产生的代理关系问题，表现为组织结构及权力分配之间的制度安排，所研究的是公司制度安排的问题。这种制度安排的合理与否是公司绩效最重要的决定性因素之一。也就是说，公司治理结构并不是公司本身的一种封闭的运行，而是一种与外界广泛联系的生态系统。1999年，世界经济合作与发展组织（OECD）在《公司治理结构原则》中指出，公司治理结构是一种据以对公司进行管理和控制的体系。

就实质而言，公司治理结构通过一定的治理手段，合理配置剩余索取权和剩余控制权，形成科学的自我约束机制和相互制衡机制，以协调利益相关者之间的利益和权利关系，促进他们长期合作，保证企业的决策效率和长期发展。但是，由于公司制企业中经营权与所有权的分离以及所有者和经营者之间的信息不对称，因此，存在代理成本。更进一步讲，公司治理结构也是企业所有权安排的具体化，而企业所有权则是公司治理结构的一个抽象概念。在治理结构层次上，剩余索取权主要表现在收益分配序列上的最后索取者，控制权主要表现于投票权，即契约中没有说明的事情的决策权。公司治理权研究的核心，在于如何通过公司治理权的有效配置对经理层施加有效的激励和约束，以降低代理成本。

公司治理结构不仅包括董事会，还包括股东会和经营者阶层。从公司治理结构的形成可以看出，董事会、股东会和经营者之间形成各司其责、互相激励和约束的关系。其中，股东大会是公司最高权力机构；董事会是公司治理结构的中心部分，是连接股东和经理层的中间机构，是公司治理的关键，其监督作用的发挥取决于内部成员之间的相互制衡的关系。董事会受股东大会的委托，与股东大会是一种信托关系，董事会作为公司的最高决策机构享有广泛的权力，对公司经理人员具有任免权等。在典型的公司制企业中，通常股东可以直接或以设立监事会的方式对董事会行为进行监管。监事会的主要职责是监督董事和经理人员的活动，维护股东利益，它应该站在股东的立场促使经营者实现资本的保值增值。经营者则负责具体的、日常的生产经营活动，使有限的生产资源发挥最大的效用。站在战略管理的角度看，公司治理结构的好坏也直接作用于企业战略决策、战略实施过程。在战略实施过程中，高级管理层作为战略决策的执行者，担负着全面执行股东会、董事会决策的责任。在执行阶段，高级管理者很可能利用手中的职权谋取私利而伤害企业的利益，这种不道德行为单靠简单的委托—代理关系是不能避免的。

研究公司治理结构问题，实际上就是研究公司股东、股东大会、董事会、监事会、经理人员、各相关利益者之间的委托—代理关系。从财务管理内容与职能的外在性看，股东会是企业财务的最高管理层次，其主要职能是决策和监督等；董事会是企业财务的第二管理层次，其主要职能是决策、计划、控制和监督等；企业经理及其所领导的财务管理职能部门是企业财务的第三管理层次，其主要职能是计划、组织、控制等。从企业的出资者与经营者来说，两者对企业财务都有管理权，但出资者在企业财务管理中占主导地位，而经营者处于配合的地位。企业董事会对企业财务在行使职权方面代表的是出资者，而在承担责任方面则代表经营者。

二、公司治理结构的战略意义

公司治理结构可以被看做是企业作为针对所有者和经营者之间可能出现的利益冲突而建立的一种秩序和规则，其核心在于寻求一种保证战略决策有效性的方式，企业价值的提升在公司治理作为战略制定和执行的主导因素中起着决定性作用。通过合理的利益风险的分配、有效的监督机制及权力制衡机制、激励机制，公司治理结构能在很大程度上解决由于契约的不完整性而产生的委托—代理问题，从而为企业形成统一的战略决策并对战略实施过程进行有效的管理提供工具。作为现代企业制度的核心，公司治理结构是企业要素投入者和利益相关者之间的一种制度安排。通过合理地运用用人机制、监督机制和激励机制以及对股权结构、资本结构、治理机构设置和职权安排的合理配置，能够有效地解决利益相关者的相互关系，为公司形成统一战略目标并对战略实施和控制提供平衡工具（见图4-1）。

公司治理结构与战略管理之间存在着紧密的关系，二者的互动直接影响企业的战略适应能力以及企业的综合竞争力。因此，公司治理结构在战略管理中起着关键性的作用，这不仅体现在战略决策过程中，在战略实施过程中，公司治理所发挥的作用也是不容忽视的。在公司治理结构中，决策机制、监督机制、激励机制是三大机制，它们在战略定位中具有重要的作用。决策机制直接决定了财务战略管理的科学性和有效性；监督机制保证了财务战略管理按照计划运行，并对环境变化和战略运行风险进行监控，及时做出战略调整；激励机制中的业绩评价与考核能够评价财务战略管理效果，充分发挥治理层面各组织的积极性。竞争环境的动态性决定了财务战略管理的柔性，财务战略管理的柔性又必然需要一种能够及时适应动态竞争环境的运行框架，公司治理结构的灵活适应性在不断调整中得以体现。

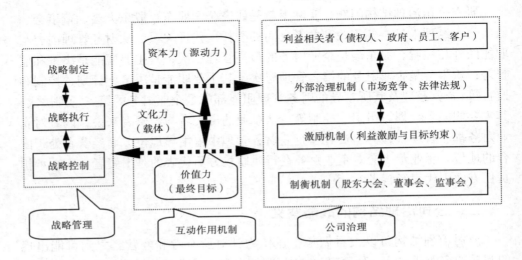

图 4-1　公司治理与战略管理相互作用模型

资料来源：引自朱廷柏、王德健. 公司治理与战略管理互动关系研究［J］. 管理科学，2004（3）：31.

1. 公司治理结构对战略管理主体有重要影响力

从企业组织的发展和演进看，治理结构的演进直接推进组织的变革，组织的变革直接影响公司的战略。在组织变革过程中，资本这一要素投入起着直接的作用。企业价值的表现形式就是公司治理的绩效和战略管理的综合控制力。战略管理的主体包括战略计划的提出者、战略的制定者、战略的实施者、战略实施过程中的监督者和评价者。作为公司治理的制衡机制，股东大会、董事会、监事会三者相互作用的最后结果将直接体现在企业的业绩上，而战略制定的决策主体与公司治理的制衡主体基本上是重合的，因此，二者在企业的价值取向上应该也是基本重合的。

由于现代企业本质上是一组契约的集合，信息的不对称性、契约的不完备性，使得公司治理结构实际上是股东作为委托人与管理者作为代理人所签订的一组契约，这些契约包括所做出的投资、筹资、收益分配等战略决策所结成的各种利益关系，不同的决策结果必然对各契约方的利益产生不同的影响。一般认为，现代公司治理发展的新趋势主要表现为董事会的权力日益扩大，而股东大会的权力逐渐缩小。董事会被置于与股东和经理层之间相互制衡的权力系统中，作为治理的主体和战略的决策者，董事会被赋予了代表股东监督和控制经理的权力，因此在股东大会（即资本的所有者权力）的条件下，董事会在一定程度上代表资本的意愿，促进企业改进绩效。而股东作为资本的真正所有者，如果通过目前的制度安排无法对经理层施加更大的压力，或机构投资者根本无精力考虑公司的治理结构时，股东将选择"用脚投票"，抛售手中的股票，导致股价下跌。当经理不是公司的所有者时，努力决策的结果使他承担了努力的全部的成本而仅获得部分的收益；当经理在职消费时，他得到的是全部的收益，承担的只是部分的成本。相比之下，经理没有动机追求努力工作，但却有动机追求在职消费，造成了股东代理成本的增加。股权代理成本产生的根源在于代理人决策与使委托人福利最大化的决策之间存在偏差。好的治理结构能够使其尽可能少地偏离股东利益最大化目标。同时，公司能够做出较好的战略决策，通过公司价值，以较低成本得到外部股权投资。反之，则股东将承担较高的代理成本。

2. 公司治理结构直接影响企业的战略目标选择

首先，作为公司治理结构中的激励机制（利益激励与目标约束），其核心是通过战略决策者提供给战略执行者以激励，来实现企业价值的最大化，实现资本增值的最大化。不仅如此，这一机制还需提供足够的激励来使战略执行者实现个人价值最大化，同时确保战略正确地实施，进而实现企业既定的战略目标。其次，作为公司治理结构中的外部治理机制（市场竞争、法律法规、政府），其目标显然是实现社会资源的最优配置和社会福利水平的最大化。因此，通过公司外部治理机制实现对公司有效的约束，可以使公司战略的制定和实施符合公司价值最大化的最终要求。

股东的目标是股票价值最大化。若股东控制公司，他们做出的投资、筹资、重组等战略决策可能符合自己的利益，但却可能损害债权人的利益。同样，在所有者和管理者分离的公司里，管理者做出的投资、筹资、重组等战略决策却有可能偏离股东的目标。从这个意义上，作为利益相关者的股东和债权人等通过合理地建立公司的内外部治理结构，可以促进企业绩效的提高，进而促使企业实现价值最大化目标。

随着战略管理理论的成熟，战略管理实践也日益体现了公司治理的渗透，并使公司治理模式的整合有了明显的趋向。战略形成阶段的环境分析、确定愿景、树立宗旨、确立目标、制定战略和政策等活动体现了利益相关者对公司治理的参与，更要求企业结合内外部环境，对各类利益相关者的利益要求进行了解并试图加以协调。战略执行阶段要求确保企业内部结构及运行机制与战略相适应，能保证相关各方利益要求的顺利实现。战略控制阶段与战略实施效果和战略目标相比，要求治理结构运行有效并体现利益相关者的要求。战略修订阶段则要纠正战略执行效果和目标的偏差，要求公司治理目标、结构、机制能做出相应调整，反映企业的战略修订。

3. 公司治理结构的价值观决定财务战略管理的基本导向

财务战略管理是为了保持企业核心竞争力所做的战略筹划的重要组成部分，是整个企业战略管理活动的关键，包括资本运营、价值链重组和资源整合等诸多方面。公司治理的一个重要内容是使管理者行为符合所有者的目标，因此公司治理结构对公司财务战略管理有着重大的影响。从这个意义上说，公司治理结构就是财务战略的制度基础，公司治理结构的价值观决定了企业财务战略管理的基本导向。不同国家的公司治理模式所体现的价值观，决定了这些国家的企业在参与国际竞争过程中所采取的战略定位方向的差异。如英美治理模式中的价值观是以投资者利益为中心的，投资者注重企业经营业绩提升所带来的资本利得和利润分配收益。这种以投资者利益为中心的价值观，决定了企业在战略定位过程中更强调战略运行的中短期效果以及由此带给投资者的回报。而日德治理模式中的价值观是以债权人和少数控股股东利益为中心的，债权人注重企业经营业绩的稳健和长期发展潜力所带来的债权资产的安全性。这种以债权人和少数控股股东利益为中心的价值观，决定了企业在战略定位过程中更强调战略运行的平稳和发展潜力的持久性。

当然，我们也要认识到，战略决策又会反作用于公司的治理结构，影响公司的治理效率。如美国安然等企业的财务造假案，从一个侧面反映了公司治理和战略管理高层为了获得一个表面较好的绩效而不择手段去造假，但由于企业利益相关者并不对这种虚假的企业价值给予肯定，因而，其结果是必然遭到市场的抛弃，最后不得不破产。相反，一些业绩良好的公司则因为有着良好的内外部治理机制和清晰的战略体系，并拥有强大的竞争优势，可以真正为企业带来最大化的利润，并为其他利益相关者带来价值的最大化。因此，公司的财务战略管理与公司治理结构是紧密相关的。好的公司治理结构中，董事会能够认真研究公司的重大发展战略和战略发展计划，审批资金预算、借贷、增资、扩股以及发行公司债券等活动，制定收益分配政策，并通过这些决策活动保护与公司有利益关系的有关各方，为公司树立良好的社会形象。

总之，公司治理结构水平的评估最终都必须利用企业绩效来衡量。为了对企业绩效做出全面考核，同时也为了激励高层管理者能够站在企业的角度长远地考虑问题，亟须在公司治理结构中引入一种全面控制体系，以促进企业战略的正确有效实施。平衡记分卡正是这样一种战略控制系统。它强调用定量思想解决管理上的问题，通过维度、目标、绩效指标、指标值、行动方案等评价企业整体战略。平衡记分卡不仅能够保持财务指标与非财务指标之间的平衡，长期目标与短期目标之间的平衡，还能很好地平衡管理业绩和经营业绩之间的关系。

三、董事会、高层管理者与战略管理

随着公司所有权与经营权的分离，公司代理问题相继出现，道德风险和逆向选择问题越来越突出。如前所述，公司治理的制度安排可以为公司形成统一战略目标，进行统一战略安排并卓有成效地实施战略提供平衡工具。换言之，良好的公司治理作为一种制度安排，能够有效地平衡公司管理者对经营裁量权的需要和股东监督管理者的需要之间的矛盾，平衡公司对降低交易成本的需要和大股东监督管理者如何处置他们投资需要的矛盾，平衡保护中小股东不受管理者和大股东自利交易损害的需要与减少股东集体行动问题的需要之间的矛盾。公司战略管理是在这个既定的平台和框架内驾驭公司制定目标并迈向目标，公司治理和战略管理的有机结合可以产生良好的协同效用，进而有效提升公司的价值。

就我国的实际情况看，在战略管理过程中最有话语权和行为能力的是董事会和高级管理者两大利益主体，因此，企业战略制定和实施过程就是这两大主体相互博弈的过程。一般而言，积极的董事会在战略决策过程中的参与程度也比较高，对战略选择有很大的影响力，在战略实施过程中也表现出了较强的控制力。反之，若董事会流于形式，高级管理者则不仅掌握了企业战略实施的指挥权，还包揽了战略制定的决策权。此时，高级管理者在进行战略选择的过程中，公司在资本市场的表现和自身利益将成为其考虑的主要因素。因此，在市场监督不到位的情况下，很可能出现内部人控制的问题。

1. 董事会与战略管理

无论采取何种模式的公司治理，董事会在战略管理中的作用都是举足轻重的。虽然在理论上说，股东对企业拥有所有权和控制权，但由于大量小股东所持的股份数量太小，在公司治理中其实并没有太大的影响力。即使是由大股东组成的股东会中，由于人员数量较大，股东间的信息链不畅，一般都会出现决策效率低下、决策质量不高的问题。因此，企业中股东会的权力实际上是委托给董事会来行使的。董事会对企业战略的制定、实施及企业发展有着很大的控制力和影响力。

按照一些经济学家的观点，董事会是由市场诱导并演化出来的经济组织，其设立的根本目的就是为了保证企业战略决策的正确性，确保战略决策与企业的基本目标、愿景、价值观相符，协调各种利益矛盾，对代理关系进行控制，并监督企业战略的正确实施。就战略决策的本质而言，就是解决未来 "企业将向何处" 以及 "如何实现目标" 的问题。一旦战略目标选定后将对企业产生长期而深远的影响。因此，战略决策过程中必须确保决策者站在企业的角度思考问题。作为股东会代表的董事会，无论是出于自身利益考虑还是因为职责所在，都对战略决策负有不可推卸的责任。与股东会相比，董事会的职责更多地偏向于对公司未来发展战略等重大事项的提议权，以及对公司日常运营的监督管理权。

从战略管理的角度看，企业董事会的主要任务是：

（1）提出企业的宗旨，为企业高层管理者制定战略且确立具体的选择范围。

（2）审批企业高层管理者的建议、决策、行动，为他们提供建议与参考意见。

（3）通过它的委员会监视企业内外的变化，并提醒企业管理者注意这些变化将会给企业带来的影响。

董事会一般由董事长和董事组成，董事又可分为内部董事和外部董事，其中，外部董事是来自公司外部的独立董事和咨询顾问等。在董事会中，独立董事作为 "局外人" 更能提出中肯的、客观的、公平的建议，因此，独立董事的设立被认为是提升公司治理效率的有效途径。当然，这必须基于 "独立董事真正独立" 的假设。如果市场发育不完善，市场对独立董事的监督与约束不到位，作为独立董事的作用并不能达到人们所预期的要求。

2. 高层管理者与战略管理

一个企业要有好的发展，有好的业绩，除了要有好的战略规划外，还必须要有把这些战略实施到每个组织细胞中的管理人员。因此，作为战略执行者的高层管理人员，在企业管理体系中居于核心地位，他们对企业战略管理起到全面推动作用，其业绩也直接关系到企业的绩效。他们在企业战略管理中不仅是靠职权，而且是靠自己的影响力和专业能力来发挥作用的。

高层管理人员负有提出战略计划、分解战略、执行战略的职责。

（1）企业高层管理者发起和管理企业战略规划的全过程。为了规定企业的宗旨，建立企业的目标，制定企业的战略和政策，企业高层经理必须有长远的目光。

（2）战略实施是一个长期而艰辛的过程，作为战略实施者，高层管理者必须一贯坚持战略目标，将企业战略完整传递下去，带领企业始终朝正确的方向迈进。

（3）高层管理者应具备敢于变革的勇气和能力，为新战略的实施与管理提出相应的有关企业制度、作业流程、管理方法等方面的变革措施。

（4）高层管理者应经常与下属交流思想，鼓励员工大胆创新，以便推行变革，确保企业战略的有效实施。

第二节 公司治理结构模式

公司治理结构的安排依赖于特定的制度环境和文化背景。由于各国（地区）企业的制度环境、经济政治条件、文化传统的不同，公司治理呈现不同的特征。从全球范围看，常见的公司治理结构模式有英美模式、德日模式和东南亚模式等。但无论哪一种模式，都包含了参与公司经营行为和经营方向的各有关人员之间的权利和义务关系的问题。

一、英美模式

1840 年，以铁路企业的发展为起点，美国现代股份公司迅速崛起，并扩展到各大行业。美国因此而成为现代公司制企业的发祥地，其现代公司组织体系、管理方法等成为各西方国家学习的典范。

英美国家的公司治理结构模式是股东主权型的外部控制模式，又称为"外部治理模式"或"市场控制模式"，是以股东主权加竞争性资本市场为特征的。其最大的特点是股东高度分散，并且流动性很强。整个治理结构框架依市场控制为主、组织控制为辅的原则来设计，依托发达的资本市场，按分散的社会化的模式构建股权结构，委托人与代理人的制约关系，以公开化、市场化的形式来表现。公司治理侧重于市场运作，强调资源的流动性和资源的合理配置。股东通过市场来控制、监督、激励和约束经营者，可以在很大程度上激发经营者的创新精神，有利于企业靠兼并机制迅速扩大规模来增强企业的竞争力。在公司机构设置上，没有独立的监事会，业务执行机构与监督机构合二为一，董事会既是决策机构，也是监督机构。但这一结构模式下创立了独立董事制度，对公司内部董事及其经营管理层进行监督，以确保董事会各项决策均应以大多数股东利益的价值取向为标准，其实际相当接近于日德的监事会制度。

由于这种模式的透明度、公开化、市场化程度高，虽然股东的主动治理欲望不强，但市场压力能有效地约束代理人的行为动机，从而使得委托人的利益得到最大程度的保护。

在英美国家，公司的资本金主要来源于资本市场，很多制度安排的出发点就是维护股东利益，其他利益相关者参与治理的安排相对较少。其公司治理模式形成和存在的基础是公司的股权具有高度的分散性。美国目前最大的股东是机构投资者，如养老基金、人寿保险等，其中养老基金所占份额最大。

具体来说，英美模式具有以下特征：

1. 最终所有权或公司所有者清晰可见，公司投资者股权和债权分离

众多的、明确的自然人是现代企业的所有者，所有者均有明确的产权份额以及追求相应权益的权力与承担一定风险的责任，这就迫使每一个所有者会最大限度地追逐资本收益，不会放弃对资本配置和使用的监督。

2. 所有权约束方式主要是通过外部市场为中介，行使间接控制

公司的债权分布分散，且较少依赖金融机构，证券市场是主要资金来源。投资回报的多少和所有者权益的增减是股东评判治理模式有效性的重要指标。如果股东认为经营业绩太差，可以抛售股票使公司被外部投资者并购接管，从而达到改组董事会和经理层的目的。

3. 股东人数众多，股权分散化

股东重视公司利益，以资本收益率作为评价企业的首要目标，以股票期权和高薪制作为激励经理的主要手段，以充分竞争的经理市场和对公司的恶意接管作为约束与监督经理的机制。不仅股东人数众多，而且主要采取个人分散持股和机构持股的形式。由于股权分散，个别股东通过股东大会"用手投票"进行公司治理的可能性小。但由于企业经营的透明度较强，经理对股东的利益充分重视，因而，股东权益一般可得到较好的保障。

4. 股东通过股东大会，选出自己信任的董事组成董事会

由于没有监事会，监管的职责由非执行董事负责。在外部治理机制方面，英美模式以其高效率的市场尤其是资本市场弥补了内部治理结构的相对不足。在内部治理结构方面，股东以"一股一票"的方式选出董事组成董事会。作为企业的主要债权人，银行通过贷款契约和破产机制参与公司治理。

5. 通过建立健全法律法规体系保护投资者利益，保障信息披露

美国和英国都较早地对上市公司的股东权利和信息披露进行了立法。如美国《1933年证券法》规定，上市公司保障投资者能够知道与上市证券有关的财务和其他重要信息，禁止证券交易中的操纵市场、内幕交易等行为，因此被称为"证券真相"法。美国的《示范公司法》和英国的《示范公司章程》规定了董事会和董事的权利和义务，以保护股东的权利。

6. 公司融资倾向偏股权，轻债权

事实表明，美英公司的融资倾向明显地偏重股权，而轻债权。究其原因，主要是因为分散型股权结构下，委托人对代理人的控制是间接型的，主要通过市场机制对代理人进行激励约束。因此，掌握了经营控制权的代理人，不愿运用还本付息压力沉重，且减少公司自由现金流的债权融资方式，自然选取无偿债压力的股权融资方式。由于以股权融资为主，所以，公司的资产负

债比例普遍偏低，资本结构的稳定性好，财务风险小。就收益分配而言，美英强调资本市场的资源配置功能，以及资源的流动性，认为利润留在企业由组织机制配置会破坏市场机制，形成市场机制缺陷，影响配置效率，并为管理人员滥用职权创造机会，因此，美英公司更倾向于将盈利的较大比例作为红利回报给股东。

英美模式也存在局限性。表现在：股票买卖的投机性强，股东主要依靠退出而不是投票参与公司经营，往往容易导致经理人员的短期行为，不利于公司产品创新和长远发展；由于管理人员的精力集中在防止接管与建立经济帝国上，也不利于企业管理和降低经营成本；股票市场兼并和接管机制往往带来很高的治理成本，不利于经营者积极性的发挥和公司价值的提高，也没有足够重视其他利益相关者的利益。

二、德日模式

1. 德国模式

德国的公司治理结构模式是标准的"共同治理"模式。按照有关规定，监事会作为公司的决策机关，其成员必须由两部分构成：股东代表和工人代表。公司的董事会实行"双层制"，即由股东和职工代表共同组成监事会，由监事会任命理事会成员，理事会负责公司的日常管理，监事会负责监督理事会的行动，但不具备任何管理功能。因此，公司的目标实际上是利益相关者各自利益目标的调和。主办银行制度和工人参与制度共同构成德国股份公司的两大特征。

（1）主办银行制度。在德国，银行未实现证券业和银行业的分离，走的是全能银行的发展思路。银行不仅提供企业贷款，而且还同时持有债务人的股份，即银行对企业来说既是股东，又是债权人。主办银行制度的出现本身就说明德国股份公司必须为利益相关者服务，而不仅仅是为股东服务。对于大股东来说，最有利的措施是"用手投票"，这样可以获得更多的内部信息，便于投资决策；对于小股东而言，自己投票的不确定性太大，不得不委托银行代管其股票。它的存在虽然不利于小股东的投资选择，但与美国股份公司相比，德国公司更能实现长期目标。

（2）工人参与制度。德国的工人参与制度由来已久。原联邦德国的《共同决定法》自 1976 年颁布以来，产生了广泛的影响。工人对企业控制权的分享不再停留在事实存在的层次上，而且上升到法律形态。工人参与决策不仅有利于决策的公开化、制约机制的科学化，而且有利于企业决策层的稳定。在德国，很少发生"恶意收购"事件，原因就在于主办银行和工人的联合抵制。显然，一个比较稳定的管理层有助于公司追求长远的发展目标，而工人和主办银行的内部监督又可有效减少经理人员的机会主义行为。

2. 日本模式

日本是最早从西方借鉴现代企业制度的东方国家。日本的公司治理结构模式是一种经理或从业员工主权型的内部控制模式。自 20 世纪 60 年代以来，日本控制企业股权的主要是法人，即金融机构和实业公司。其特点是：

（1）股东的股权集中化，主要采取法人相互交叉持股的形式。其目的不是简单地为了获取红利和谋取股票升值的收益，而是为了控制和渗透，编织企业与企业之间稳定的关系网。不同的法人股东之间一般互有默契，互不干涉，在股东大会上一般不会反对公司的议案，因此实际上成为支持企业经营者的强有力保证。个人股东由于股权十分分散，基本上起不到影响经营决策者的作用。

（2）股东注重公司的长期发展，以市场占有率作为评价公司经营的首要目标，用年终序列工资及奖金作为激励经理的主要手段，以主银行监督和终身雇佣制作为约束经理行为的机制。这一模式在一定程度上克服了经理的短视行为，避免了恶意接管所带来的资源浪费。

（3）以员工利益最大化为公司的直接目标。在日本，董事会不是由股东代表、外部董事、经理等组成，而是几乎全部由企业内部领导人担任的。董事会成了为本企业众多职工谋利的组织，其经营者或者说企业家的行为目标和约束机制也不同于西方国家。日本的经营者同职工一样领取薪水、奖金，没有如美国经营者那样受到企业优惠购股、送股等特殊待遇。他们认为，企业的目标第一是提高市场占有率，第二是总资本利润率，第三是新产品开发，而股票价格在最末一位。日本的股东更多地相当于一般的投资家或债权人，他们既没有西方现代公司的股东那样的经营监督权，也往往不能从公司中分得较高的股息。

概括起来，德日模式又称为"内部治理模式"或"组织控制模式"，以法人持股为主体，在法人持股中，以金融机构持股尤其是银行为主；公司投资者既是股东又是债权人的现象较为普遍；绝大多数公司的股权较为集中，银行或其他金融机构是公司重要的资本金来源，采用了二元制的公司治理结构，这种模式能更好地实现"最优的所有权安排"。银行的参与使债权人获得了剩余索取权和剩余控制权，员工的参与使人力资本的所有者也获得了剩余索取权和剩余控制权，能更好地实现公司的长期稳定发展，可以降低融资成本，提高效率。整个治理模式的构建贯穿了"组织控制为主、市场控制为辅"的主导思想。其中，德国公司治理结构的特点是股东会产生监事会，监事会产生董事会，大企业中职工依法参加监事会，日本的公司治理结构则重董事会而轻监事会。由于德日在法律上对法人持股没有限制，因此，公司法人相互持股现象非常普遍，其内部治理结构也表现出比英美模式更高的效率。

德日国家的金融自由化程度较低，对公司直接融资一直采取严格的监管政策，资本市场发展速度缓慢，加上商业银行在公司治理中的核心作用，逐渐形成了以银行贷款为主的融资模式。这种模式下，委托人对代理人的激励和监督，不是来自资本市场，而是来自银行体系。在日本，公司与银行间的关系十分密切，银行为公司提供长短期贷款、债券发行支持、股权投资、支付结算等系列融资服务，并称之为主银行体系融资模式。

德日模式的一个重要特征就是高负债经营，因而导致公司资本结构的稳定性差，同时，高风险的资本结构，也增大了公司在经营过程中的现金调控压力，导致财务结构不稳定。且由于德日模式中的市场作用较弱，组织功能较强，股权集中度高，大股东能对经理层实施有效的直接控制，能很好地保护自身利益，所以，其利润分配政策基本上是依据大股东的意愿行事。

德日模式的弊端在于：由于资本市场不发达，可能造成企业外部筹资的不利和并购活动中企业价值的低估，且利益各方协商所需的交易成本较高，可能导致决策效率低下。

三、东南亚模式

这种模式是一种内外控制兼容性的公司治理结构模式。其特征是个人或家族控股，因而，公司股东能够较好地兼顾收益和公司的长期发展。公司以股票持有作为激励经理人员的主要手段，股东的财产或资本与公司的长期发展成为约束经理人员的重要机制。创立家族和他们的同盟控制了大量的上市公司和非上市公司，公司所有权集中程度高，董事会成员的任命基本上由控制企业的家庭掌握。其优点是家族成员具有奉献精神，以公司的长远目标为重，公司信息的透明度较高，且家族的治理结构大大降低了内部的交易成本，可以最大限度地提高内部管理效率，实现资源的优化配置。但由于家族控制企业，容易导致独裁，排斥专业人员，甚至存在家族股东损害小股东合法利益，以及信息披露不充分、董事会缺乏诚信和问责机制等问题，同时，家族的继承方式使得董事会在选择接班的代理人时，缺乏有效的市场约束。

就中国的实际情况来看，当前正处于战略转型的关键时期，企业的公司治理结构正在逐步完善。但与欧美发达国家相比，中国的证券市场还不成熟，市场控制模式对于企业决策、行为的影响力还相当有限；银行对企业的影响较之德日也相对要小得多，家族控制模式仅适用于少数民营企业。因此，中国企业不能盲目照搬外国的公司治理模式，而应该结合实际国情状况，发展出一套适合自己的公司治理模式。

四、公司治理结构的发展趋势

20世纪90年代以来，由于金融和产品市场的全球化，法律和机构运作规范的日益接近，以及更为开放的环境，使得公司治理结构发展出现了国际趋同的趋势。具体表现在：

1. 股东运用投票权对管理层约束成为潮流

一方面，随着公司营运透明度的提高，科技手段的发展以及机构投资者的兴起，股东可以更积极地运用投票权。另一方面，信息技术的发展使得企业提供的信息增多，投资者处理信息的能力增强，从而降低了股东监督和约束管理层的成本。公开披露经理层薪酬，确立符合股东利益的管理层薪酬计划，也对管理者的机会主义行为起到了制约作用。

2. 机构投资者发挥着日益积极的作用

在日德模式的国家中，银行与企业的关系正趋于松散，机构投资者正在发展。随着国际竞争的加剧，银行业正进行大规模重组。在重组过程中，银行正淡出对公司的直接参与，通过公司直接到国际资本市场筹资，银行与企业间传统的关系日趋松散。在许多欧洲银行的私有化进程中，银行发行股份的同时往往伴随着卖出银行持有的公司股票。在原先那些机构投资者并不受重视的国家，由于国际竞争与放松管制，机构投资者特别是共同基金有了长足的发展。日德模式正呈现出许多以市场为基础的英美模式的特征。近年来，日德国家放松了金融管制，转为重视"用脚投票"的市场功能，增加了公司资金来源中的直接融资比重，但总的来说，其间接融资的比重仍大大高于美英国家。

在西方国家，公司越来越重视与投资者特别是机构投资者的联系与沟通，以保持公司经营的透明度，增强公司在资本市场上的良好形象和筹资能力。机构投资者为保持持续获利，也希望与企业建立一种长期信任关系，通过各种形式加大对企业的影响力。这种合作共进的方式既有利于企业发展，也使机构投资者能够持续获利，增强长期投资的信心。

3. 董事会的独立性大大增强

20世纪90年代以来，大量的外部董事加入董事会，使西方企业董事会的独立性明显增强。在日本等主要的内部人治理模式的国家中，企业董事会中也开始引入外部董事。

应该说明的是，独立董事和外部董事不同。外部董事与内部董事相对应，一般地，外部董事不是公司的经营管理人员，但他们可以与公司有关联性，可以是大股东或其代表，也可以是与公司有业务关系的企业所有者或管理者，还可以是公司的前任经理或现任领导班子成员的亲属。其独立性远远低于独立董事。即独立董事一定是外部董事，但只有真正独立的外部董事才是独立董事。

第三节　财务治理

现代财务是指企业生产经营过程中的财务活动及其所形成的特定的财务关系。财务理论应该是价值和权力完美结合的产物。随着西方财务理论的进一步发展，其他相关学科的成熟，先进的理论成果，特别是现代企业理论对代理成本、信息不对称等问题的研究逐渐为财务界重视，并被引入到财务理论研究中，对财务理论的发展产生了重大影响。特别是资本结构理论方面，企业理论、公司治理理论对其影响尤为明显、深远。同时，西方公司治理理论的发展也一直高度重视对公司治理中财务问题的研究，从解决股东和经营者之间委托—代理问题的激励约束机制设计，到强调公司内外部利益相关者共同治理的相机治理机制设计，都主要从财务角度出发，将财务权利、责任和利益分配作为重点。

一、财务治理的含义

1. 财务理论和公司治理理论的融合

西方财务界对公司财务理论和公司治理理论的研究是各自独立进行的。一般认为，以 1990 年法国学者贝奇里耶发表的博士论文《投机理论》为标志，西方财务学开始以其独特的研究核心和方法从经济学中独立出来。现代西方财务理论的发展，是以马科维兹的投资理论（1952）、莫迪格里尼和米勒的资本结构理论（1958）为基础发展而来的。两大理论加上以后发展起来的资本资产定价理论、资本市场有效理论、期权理论等，共同构成了现代西方财务的理论基石。

20 世纪 50 年代以来，西方财务理论发展发生了深刻变化，以投资组合理论和资本结构理论为基础的现代财务理论日趋成熟。1988 年，美国《财务杂志》第七期发表了威廉姆森的《公司财务与公司治理》一文，该文明确指出应综合考察公司财务与公司治理问题，如负债与股权融资，不仅仅是可相互替代的融资工具，更是可相互替代的治理结构。为综合研究公司财务与治理问题奠定了一定的理论基础。尤为重要的是，1991 年 12 月，世界第一部公司治理原则文献——卡德伯瑞报告在英国产生。该报告由英国财务报告委员会、伦敦证券交易所等机构合作成立的公司治理委员会起草并发布。报告的题目是《公司治理的财务方面》，着重突出了公司治理中财务的重要性。报告中重点强调了公司内部财务控制和风险管理等问题，注重了董事会的控制与报告职能以及审计人员的角色，尤其注重公司内部财务控制和风险管理问题，体现了公司治理研究中财务理论的影响和作用，对公司财务治理理论的建立与发展影响深远。由此，西方财务理论与公司治理理论的发展呈现了融合趋势。

2. 财务治理的含义

财务治理是公司治理的重要内容和主要方面。不同的人对此有不同的看法。如杨淑娥等人（2002）认为，公司财务治理实质上是通过财务机制及其制衡作用进行的，公司财务治理中的制度安排包括财务信息生成程序、生成质量以及呈报机制等的规范，对公司各利益相关者财权的配置和再配置，以及激励制度等。公司各利益主体之间的签约和再签约的过程实际上就是财权在不同利益主体间的调整过程。他们将财务治理的利益主体分为两类，一类是依赖企业内部财务治理保障其利益的主体，另一类是依赖企业外部财务治理保障其利益的主体。

衣龙新（2003）认为，财务治理是基于财务资本结构等的制度安排，对企业财权进行合理配置，在强调以股东为中心的利益相关者共同治理的前提下，形成有效的财务激励约束等机制，实现公司财务决策科学化等一系列制度、机制、行为的安排、设计和规范。财务治理本质上是公司治理的核心部分和根本表现形式，公司治理的其他方面的治理效果最终要落实到财务利益上加以体现。在他看来，财务治理主体是有能力、有资格、有意愿参与企业财务活动，并在企业治理中占有一定地位的内部权力机构、个体和法人。

周松（2005）认为，财务治理是指公司的所有者、经营者和其他相关利益主体之间的财务及其相应的责任与义务的制度安排，其根本目的在于试图通过这种制度安排，协调各利益相关者的利益冲突，解决信息不对称所带来的主体利益次优化的问题，以达到相关利益主体之间的权利、责任和利益的相互制衡，实现效率与公平的合理统一。公司财务治理有狭义和广义之分。狭义的"财务治理"，一般是指企业财务的内部治理，强调的是通过财务治理结构安排，由企业股东大会、董事会、经理层、监事会等权力机构对企业财权进行合理分配，以确定一种科学决策机制及由此形成激励约束和均衡控制关系，是对有关公司所有者、经营者和财务经理等各方面的财务制度的设计及优化；广义的"财务治理"，一般是指企业财务的共同治理，包括内部治理和外部治理，即企业内外部利益相关者共同对企业财务进行治理，强调的是利益相关者对企业有财务利益要求，并相应承担一定财务风险，因而应参与企业财务治理。财务治理结构应由利益相关者组成，并不局限于企业股东大会、董事会等权力机构，企业员工、债权人等利益相关者也应在财务治理结构中占有一定位置。

3. 财务治理的原则

根据契约理论，财务治理的基本原则是：

（1）企业剩余控制权安排给企业经营者。

（2）企业剩余索取权安排给股东与企业经营者共同享有。

（3）企业剩余索取权的安排要满足经营者的参与约束和激励约束。

4. 财务治理与财务管理的区别

（1）主体不同。从财务分层理论看，企业财务分为所有者财务、经营者财务和财务经理财务。所有者必然要从资本保全和资本增值的角度进行财务决策和控制；经营者为了履行出资者的委托责任，必须做到以最小的投入获得最大的产出；财务部门为了执行经营者财务决策，必须要组织现金的流入、流出，并降低资金占用，减少资金成本，增加资金收益。财务治理主体是指拥有财权并参与配置财权的自然人和法人。而财务管理主体是财务活动的参与者与执行者。当然，基于财务二重性看，股东大会、董事会和经理层等既是财务管理主体，同时又是财务治理主体；监事会由于不从事具体的财务活动，因而只能是财务治理主体而不是财务管理主体。

（2）机制不同。财务治理的目标，是协调公司各利益相关者之间的利益冲突，解决信息不对称问题，是一种制衡机制；是从处理利益相关者之间的财务冲突的角度来研究财务理论的。它规定了整个企业财务运作的基本框架，是企业财富创造的基础和保障。由于公司面临的内外部环境是不断变化的，因此，只有动态的财务治理才能连续不断地发现和修复公司治理中的缺陷。财务管理是一种运行机制，基于实现企业价值最大化目标，它所关注的是企业内部财务效率的提高，其视角更多地局限于具体的财务经营活动，从数量层面分析财务活动，关注企业以资本运作为中心的资本筹集、资本运用和资本收益分配，通常是在既定的治理模式下，为实现财务目标而采取的行动，是财富创造的源泉和动力。

（3）侧重点不同。财务治理是一个以产权中的财权为基本纽带，以融资结构为基础，侧重于研究财权在公司内部的合理分配，形成一组联系各利益相关主体的合约安排，以及责权利的相互制衡机制，从而提高财务活动的效率。财权表现为某一主体对财力所拥有的支配权，随着产权的分离，财权的部分权能也发生了让渡或分离。由此使得现代财务治理理论中，财权便成为现代财务治理理论的核心与研究的逻辑起点。而财务管理是关于资金的筹集、投放和分配的管理工作，侧重于从资金运动的数量层面、价值层面来分析研究财务问题，以价值形态综合反映企业的再生产过程，研究如何通过优化资源配置以创造出最大的财富。

尽管财务管理和财务治理存在不同，但二者并不是严格对立的。实践中，财务管理和财务治理之间处于一种水乳交融的状态：在资源配置的同时进行着财权配置，在财权有效配置的同时实现了资源配置的优化。

二、财务治理的理论基础

西方对财权和财务治理的研究突出表现在新财务思想对资本结构的非数量性研究上。他们抛开了对最佳资本结构的具体求证，着重分析资本结构对公司财权的安排和对财务治理结构的影响。如资本结构的代理成本理论认为，资本结构影响经营者的工作努力水平和其他行为选择，从而影响企业的市场价值。该理论强调融资结构与经营者行为之间的关系。1976年，詹森和麦克林开创了资本结构的契约理论，从公司治理的角度，建立了强调资本结构和经营者行为之间关系的代理成本模型。认为代理成本的存在源于经营者不是企业的完全所有者这一事实。因此，均衡的企业所有权结构是由股权代理成本和债权代理成本之间的平衡关系决定的，企业的最优资本结构是使两种融资方式的边际代理成本相等从而使总成本最小。信号传递理论认为，在非对称信息条件下，不同的资本结构会向资本市场传递有关企业真实价值的不同信号。罗斯（1977）认为，投资者把具有较高债务水平当成一种高质量的讯号，也即管理层预期会有更好的业绩。债务水平越高，同时，企业内部人持股比例越高，企业的质量也越高。控制权理论认为，资本结构的选择也就是企业控制权在不同证券所有人之间分配的选择。由于未来是不确定的，契约也就不可能完备，剩余选择权的分配由此就变得很重要。当契约不完备时，谁拥有剩余控制权，谁就对企业效率有重要影响。上述研究为财务治理的研究奠定了坚实的理论基础。

1. 现代企业理论

现代企业理论一般又称为企业的契约理论，是关于企业的性质、企业内部组织结构问题等方面的研究学科。现代企业理论认为，企业是一系列契约的连接（Nexus of Contract），是要素所有者之间交易产权的一种方式，而不是物质资产简单的聚合。现代企业理论主要探讨企业的本质与边界、企业内部层级制度、企业所有权与控制权分离等内容。从企业理论角度，公司治理结构只是企业所有权安排的具体化，企业所有权安排是公司治理的本质核心。由于财务治理是公司治理的最为重要的部分和本质体现，遵循企业理论—公司治理理论—财务治理理论的逻辑主线，对财务治理的核心问题——财权配置的理解和理论支持，直接来源于企业理论的有关企业所有权部分的研究成果，企业理论对财务治理理论的指导与经济学铺垫是密不可分的。

2. 公司治理理论

公司治理理论是企业理论的重要组成部分。公司治理理论对财务治理理论的指导是最为直接的、重要的。由于财务治理构成了公司治理的核心部分，财务治理结构处于公司治理结构的核心，因此，财务治理理论的不断充实、发展也必将促进公司治理理论的不断拓展、完善。应当说，公司治理理论对财务治理理论的指导是全方位的。

3. 利益相关者财务理论

利益相关者理论的萌芽始于Dodd，但其成为一个独立的理论分支则得益于Freeman的开创性研究。与传统的"股东至上"理论不同的是，"利益相关者"理论认为公司是一个责任主体，在一定程度上还必须承担社会的责任，企业的追求不能仅仅局限于最大化股东利益，也要考虑其社会价值方面。尽管这一理论在发展过程中产生了许多流派，但都认为在公司治理中应该考虑到相关者的位置。

利益相关者财务理论依据现代产权理论、企业理论的新发展，从企业财务到所有者财务再到利益相关者财务，对财务领域进行了新的拓展。利益相关者财务理论认为："企业的利益相关者都是企业'专用性资本'的供应者，财务学在注重财务资本的同时，还应将非财务性资本的其他'专用性资本'纳入到财务学范围"；"在利益相关者合作逻辑下，财务学体系可以分解为'利益相关者财务学'和'经营者财务学'两大分支体系"。利益相关者财务理论认为，企业本质是利益相关者缔结的一组合约，企业的每个利益相关者都对企业剩余做出了贡献，并应当享有剩余索取权。遵循这一"共同治理"逻辑，利益相关者财务理论提出了财务管理主体、目标多元化和确立"财务资本与智力资本"并重的理财新概念等观点，拓展了财务理论研究的视野。"利益相关者"共同治理理论关注利益相关者（特别是人力资本所有者）的利益，希望改善公司治理结构，这是应该充分肯定的。该理论指出了公司治理结构演变的方向，也在一定程度上引导着现实中公司治理结构的完善。但是，"利益相关者"共同治理理论无论在逻辑上还是在实践上都存在着很大问题。

4. 财务契约理论

从经济学的角度看，公司治理就是各种索取权人保障其权益的经济激励与约束机制。各种索取权人之间的基本关系、利益冲突及其治理机制是由财务契约确定的。这些契约主要包括股权契约、信贷契约和报酬契约，它们构成了公司治理的结构基础和机制基础。因此，财务契约理论是公司治理，尤其是财务治理的理论基础。

（1）股权契约是股东之间就设立企业相关问题签订的契约，用以协调股东内部的利益关系，尤其是大股东与小股东之间的关系。

（2）信贷契约是债权人与股东和管理者之间就债务融资相关问题签订的契

约。由于债权人与股东、债权人与管理者之间有潜在的利益冲突，所以，信贷契约需要一些额外的保护条款。

（3）报酬契约是股东与企业高层管理者之间签订的关于高层管理者权利和义务的契约。管理者与股东之间的利益冲突与处于控制地位的大股东与小股东之间的利益冲突相似。在股权高度分散的情况下，管理者能够运用大股东侵占小股东利益的方式侵占所有股东的利益。所以，报酬契约也需要一些保护性条款。

在公司治理层次，股东、债权人和高层管理者等经济主体之间存在错综复杂的利益冲突。股权契约、信贷契约和报酬契约等财务契约为控制这些利益冲突提供了有效的治理机制。在这些治理机制的基础上，投资者要保护自身的权益，还必须对公司实施财务控制。由于股权契约的本质特征和股权的分散性，股东为了有效地实施财务控制，需要构造一个包括股东会、董事会、监事会以及高层管理者的公司治理结构。

三、财务治理是公司治理的深化

企业财务治理结构在公司治理结构中处于非常重要的地位，公司治理的目标在很大程度上是通过财务治理完成的，财务治理的根本目标是提高公司的效率，实现公司内部和外部利益相关者的信息对称和利益制衡。企业财务治理中的制度安排包括对财务信息生成程序、生成质量及呈报机制等的规范，对公司各利益相关者财权的配置和再配置以及激励约束制度等。企业各利益相关者对财务信息的生成和呈报十分关注，这是他们做出相关决策的主要信息依据，各利益主体间的签约和再签约过程其实质就是财权在不同利益主体间的调整过程，如股东大会对董事会的调整和董事会对经理人员的调整等。财权的配置在企业各项权力配置中起着举足轻重的作用，只要财权得到有效配置，就能够在很大程度上保证公司治理是有效的。

企业财产权属及其保障机制是决定企业有机体能否生存的前提，而企业财务治理正是根据公司治理结构对财务决策权力和责任的进一步分配，通过财权在利益相关者之间的不同配置，从而调整利益相关者在财务体制中的地位，提高公司治理效率的一系列动态的制度安排。企业财务治理决定着财务运营的目标以及实现目标所采取的财务政策，财务治理的效果直接或间接地影响财务行为的优化与财务管理的效率，并最终影响企业价值。

财务治理是公司治理的深化，是体现企业高级管理层对财务控制的权利和责任关系的一种制度安排，是股东大会、董事会、经理人员、监事会之间对财务控制权的配置、制衡、激励和监督机制。财务治理旨在明确财务控制权力和责任，建立财务决策科学机制，缩小投资者和经营者之间关于企业财务信息的不对称，维护财务战略的适应性，降低经营风险，实现企业价值的最大化。由于财务活动是一种价值运动，具有全面反映的特点，能够综合反映生产经营活动过程和结果，控制和监督各种经济活动，并对企业各项决策具有导向性，因此，作为其主要组成部分的财务治理，理应处于公司治理的主导地位。特别是财权配置始终是公司治理的中心问题，体现的是公司利益相关者对自身权益的有效保护，这也客观决定了财务治理在公司治理中的主导地位。

通过财务治理可以增强资产的安全性和盈利性。一方面，通过财务治理主要是合理地在出资人、董事会、监事会、经理层，以及经理层内部合理的划分财权，相互制约相互监督，并且为权力设置相对应的责任，以达到资产安全的目的。另一方面，通过财务治理使经营者既有能力又有动力去创造价值，并把财权配置给最能有效使用它的人，使需要做出经营决策的人拥有实施经营行为所需的必要的财权。

应该说明，资产的盈利性对财务治理的要求是消极的，无非是理顺上下级领导关系，少管少掣肘而已，盈利的实现其实是在财务治理之外的，不是权力的划分配置工作而是权力的实际使用方法所带来的。只要所有权和经营权是分离的，资产就有因道德风险流失的可能，要恰当的牺牲部分安全性，以减少对资产盈利性的障碍。

四、财务治理权配置的内容

1. 财务治理权配置是公司治理结构的重要内容

财务治理的核心内容是财务决策权、财务执行权和财务监控权的配置。财务治理在于构建一个激励和约束机制，以保障利益相关者的权益。财务治理权配置合理与否是影响财务资源配置效率的关键性因素，也是财务治理的核心内容。

财务治理权配置是根据公司治理结构的需要和生产经营活动特征而设计的，用于维持公司治理结构中相关利益主体相互制衡的一种制度安排，包括内部治理权配置和外部治理权配置。其主要功能是限制委托人和代理人之间财务信息的不对称性、财务契约的不完全性和财务责任的不对等性，分散委托人的风险，维护委托人的监督权，以及管理者的控制权，解决对代理人的激励问题。

根据委托—代理理论，财务治理权配置的具体目标主要有四个方面：

（1）降低投资者和经营者之间关于企业财务信息的不对称性，确保经营者受托责任信息的可靠性。

（2）监督重大财务决策的执行过程，确保企业财务活动不偏离投资者预定的轨道。

（3）对因财务环境的变化而产生的不确定性因素及时作出处理，维护企业财务战略的适应性。

（4）对企业管理者进行激励。

从企业内部看，财务治理权配置主要是建立健全财务控制体系，通过各种规则、规定和预算，以及职业技术规范和各种惯例实现剩余索取权的分割；从外部看，财务治理权配置主要是要建立和完善以市场竞争机制为基础的公司外部控制机制，以保障企业资产所有权的有效配置和合理流动，避免资产所有者之间的监督缺位现象。我国目前已建立了比较完善的证券市场体系，对企业而言它主要发挥了融资功能，但其公司控制功能尚未充分发挥，因此，政府应该制定有关公司外部控制行为的法规，以规范证券市场中的公司控制行为。

2. 财务治理权配置的主要内容

包括主体、客体及手段等几方面。具体地：

（1）财务治理权配置的主体。参与财务治理的主体是企业的"利益相关者"，即利益与企业整体利益密切相关的个人或团体，因公司组织结构不同而不同。在英美国家的单层董事会制下，财务治理的主体是股东会、董事会、总经理和财务经理，而在德、日双层董事会制下，财务治理主体是股东会、董事会、监事会、总经理和财务经理。中国的公司组织结构类似于双层董事会体制，财务治理结构也是基于这种体制设立的，财务治理权配置的主体除包括股东、债权人、经营者等外，还包括外部的审计、税收、中介机构等部门。

从企业发展的角度看，财务治理的参与主体首先是股东。正是股东的投资使得企业与股东之间产生了相应的关系，使股东拥有了企业的决策权和监督权。且伴随企业的发展，现代企业制度的建立，经营者有权力决定企业的财务决策，对企业的生产经营活动负责，他们也成为财务治理的参与者。与此同时，企业的发展和资金的短缺，必然涉及外部融资问题，使得债权人也成为与企业财务治理相关的主体。每个财务治理主体都具有扩大自身财权的内在冲动，因此，仅依靠治理主体进行自我约束是远远不够的，财务治理主体之间需要一定的权利制衡，并承担相应的责任，给予一定的利益回报，这就是财权配置中的责权利相统一的思想。

对于财务治理主体的理解应抓住两个方面：拥有财权（表现为财务治理权）和参与配置财权。首先，没有财务治理权的肯定不能叫财务治理主体。如为了保证企业的自主经营，履行行政职能的政府是不拥有企业财务治理权的，因而，不是财务治理主体。其次，仅仅拥有财权，而没有参与配置财权的也不应该是财务治理主体。如企业的员工虽拥有一定的财权（主要指少部分财务执行权和财务监督权），但由于其处于委托—代理链的底层，其权力相对于其他主体而言非常弱小，因而员工就不是财务治理主体，而只是财权配置对象。

（2）财务治理权配置的客体。财务治理权配置的客体是剩余索取权和控制权的配置，即财务治理权配置主体的利益关系，也就是财务活动以及与之相关的财务关系。利益相关者组成企业，目的是为了获取一种个人单独生产所无法达到的合作收益或剩余，对这部分收益的要求权，即剩余索取权构成了"利益相关者"之间的利益关系。同时，为了确保合作关系的稳定和发展，每个"利益相关者"必须有监督、约束对方的权力，必须分享企业财务的决策权，这些权利就是控制权。因此，我国财务治理的目标，重点是在股东大会、董事会和经理人员之间确立一种有效的财务科学决策机制，对公司的所有者、经营者及其相关利益主体之间的财务决策权力及其相应的责任和义务进行制度安排，保证公司重大财务决策的准确性和成功率。

（3）财务治理权配置的手段。包括控制和激励两方面。一方面，内部财务治理权配置主要是通过建立健全的财务控制体系，以及建立健全的财务监督制度，保证财务信息的真实可靠性，弥补财务契约的不完全性和财务责任的不对等性。另一方面，通过建立和完善以市场竞争机制为基础的企业外部控制机制，保障企业资产所有权的有效配置和合理流动，避免资产所有者之间监督缺位的现象。

3. 财务治理权的优化

财务治理权配置是一个复杂的过程，它涉及许多利益主体，而且还包括许多财务核算的内容。近年来从实践上看，中国资本市场发生的大股东侵占挪用上市公司资金、大股东欺诈小股东、上市公司虚假陈述、信息披露违规误导等违法违纪现象，严重阻碍了资本市场的发展，损害了投资者的权益。造成这种现象的原因在于公司缺乏有效的投资者利益保护机制，公司财务治理失控。因此，优化财务治理权配置有重要意义：

（1）有助于协调利益相关者之间的关系。财务治理权配置是有关企业利益主体之间的财务责、权、利关系的制度组合。一方面，它通过发挥其在公司不同层次上的核心作用，可以协调出资者和经营者之间以及股东和雇员之间的利益和行为，达到相关利益主体之间责权利的相互制衡，实现效率和公平的合理统一；另一方面，通过优化企业财务管理的方式强化企业管理，加强企业财务制度的研究，完善企业的各项财务规章制度。

（2）消除信息不对称所带来的不良后果。委托—代理理论指出，企业的出资者和经营者的信息不对称，财务治理权配置的主要目的就是消除信息不对称带来的后果。通过在财务治理权配置中加强信息配置功能，以完善有关企业信息披露的各项制度。

五、财务治理结构

财务治理结构是内含于公司治理结构中的一个关于企业财权配置的制度安排。这种制度安排合理与否是企业绩效最重要的决定因素之一。具体地说，它以财权为基本纽带，以融资结构为基础，并在以股东为中心的共同治理理念的指导下，期望通过财权的合理配置，形成有效的财务激励与约束机制，实现相关者利益最大化和企业决策科学化的一套制度安排。狭义地讲，它是对有关企业内部所有者、经营者和财务经理等方面的财务制度的设计和优化。广义地讲，是对社会再生产过程中经济组织与各利益相关方在本金投入和收益过程中的财务责任、权力和利益进行协调和处理的一整套财务法律法规、观念和制度安排。因此，财务治理结构的主要功能是配置责权利。其中，财权配置是前提。即在公司的权利结构中，财权是一种最基本的、最主要的权利。这是因为，以财权配置为中心构建财务治理结构，可以提高企业财务治理的控制力和控制范围，设立有效的约束机制，遏制代理人的机会主义行为，最终决定企业财务绩效的高低。

财务治理的财权安排主要是从两方面影响企业治理，一是形成特定的财务结构，二是形成一种财务激励与约束机制。其中，资本结构是财务治理结构的基础，激励与约束机制是财务治理结构的内核。资本结构的选择在很大程度上决定着企业财务治理效率的高低。概括地说，财务治理结构主要研究企业的财务利益机制和财务管理机制问题。从财务利益机制的角度看，公司财务治理所要回答的，是如何保证外部投资者的合法财务权益不被企业"内部人"（经理层和占有控股权的大股东）侵占的问题。属于这方面的有：企业的融资结构和股权结构问题；企业财务信息披露问题；企业财务责、权、利的制度安排问题；企业经理层的财务激励及约束机制问题；企业控制权市场（兼并与反兼并）的财务管理问题；经理与董事的人力资源市场的财务有效性问题；等等。从企业财务管理机制来看，企业财务治理结构要研究的是，应当如何构架企业内部的财务活动领导体系，以确保企业的关键财务人事安排和重大财务决策的正确有效。属于这一类的财务治理问题大体有：财务机构的衰亡过程与原因；核心财务人事安排（总裁、董事、高层财务主管的选拔；高层财务领导班子的构成；总裁、董事、高层财务主管及财务经理的评估和撤换程序）；企业财务决策体制的设置；等等。

作为公司治理结构的一个组成部分，财务治理结构与公司治理结构的目标是一致的，即维护出资者利益，激励和约束经营者的经营行为。其内容与公司治理结构基本相同。

1. 出资者财务

出资者以股东大会和董事会决议的方式，依法行使公司重大财务事项的决议权和监督权，以保证资本的安全与增值。

2. 经营者财务

经营者作为企业的法人财产权的理财主体，是指对企业的经营发挥关键性作用，并实质参与重大决策的高层管理人员。其对象是全部法人财产，以董事会、经理层为代表的高管层，行使对企业重大财务事项的决策权。经营者财务的主要着眼点是财务决策、组织和财务协调，这种决策主要侧重于宏观的战略方面。从国际上公司治理机制演化的角度看，董事会的职责和权力不断趋于强化，表明董事会越来越成为公司治理的决策核心主体之一。

3. 财务经理财务

财务经理的职责定位于企业财务决策的日常执行上，他们行使日常财务管理权，以现金流转为管理对象，负责日常财务管理活动及执行统一的财务制度。一般认为，财务经理的管理对象主要是短期资产的效率和短期债务的清偿。当然，这里的财务经理是指整个财务部门和全体财务专业人员队伍。

总之，财务治理的重要问题是解决委托人与代理人的信息不对称。现实中，存在经理层通过手中的权力，直接影响财务信息的生成质量和呈报方式，而所有者则只能被动地接受所生成的财务信息的情况。完善财务治理，就是要改变这种现状，即要通过企业内部财权的合理配置，借助其外部的市场力量，对企业内部各财权持有人员的工作态度和工作质量进行有效的市场制约，在企业内外铸成一道制度性的铁壁铜墙，来迫使经理层执行制度，报告真实的财务信息。与此同时，投资者也应积极地行动起来，除要求尽快颁布有关保护所有者财富的法律条款外，还应主动地提升公司治理水平。

第五章　企业财务流程再造

　　企业是集多种要素于一体的复杂体，作为现代工业社会的标准生产形式，已经存在了两个世纪。今天的企业同以前相比，尽管有天壤之别，但企业必须在市场激烈的竞争中取得优势，才能生存和发展的要求仍然是不变的。尤其是在当代，随着经济日益全球化和技术进步节奏的加快，企业不仅要与本国本地区的企业竞争，还要同全世界的企业竞争；不仅要同老对手竞争，还要同不断出现的新对手竞争，以及跨行业地进行扩张渗透性竞争。不仅如此，当今的竞争绝不是过去竞争的再现，而是由单一竞争到多元竞争，由局部竞争到全局竞争，由浅层次竞争到深层次竞争。越来越多的企业认识到，竞争的焦点已经不仅仅是产品或服务，而重点转移到了企业的组织结构、运作机制等流程性因素上，新的竞争优势来自于企业所独有的以提高客户满意度为目标的流程变革上。所有企业希望通过敏捷、灵活、富有竞争性和创造性的、高效的组织结构，适应多变的市场环境。财务流程再造因此成为实施企业财务战略管理的有效方式。也就是说，企业特定时期的财务战略为企业财务流程再造提供了总体目标和方向，企业财务流程再造是财务战略管理实施与企业经营运作的桥梁。

第一节　企业再造的核心是流程

　　自 20 世纪 80 年代后期，特别是 90 年代以来，在美国和其他工业发达国家，企业再造运动形成热潮。它以思想的先进性和革命的彻底性吸引了许多企业的注意力，成为欧美乃至世界关注的热点。在我国，企业变革是伴随着宏观经济体制改革，而成为国家经济生活中微观层面的主要任务之一的。20 世纪 90 年代末至今，中国许多企业，如海尔、联想等先后进行了企业再造和重组，取得了很好的效果。

　　管理创新是一种新的更有效的资源整合范式，这种范式既是新的有效整合资源以达到企业目标和责任的全过程式管理，也可以是新的具体资源整合及其目标制定等方面的细节管理。企业再造的过程也就是管理创新的过程。由于企业再造不同于以往任何企业变革，其终极目标是将企业由过去的职能导向型转变为流程导向型。我们进行企业再造，首先是从业务流程开刀，再造的关键是重新设计业务流程。即要从顾客的利益出发，真正解决问题。一个经过真正意义上再造过程的企业，其组织的出发点，领导人和普通员工的思维方式，企业的日常运作方式，员工的激励方式乃至企业文化，都会经历再造。

一、什么是企业再造

1. 企业再造的界定

自从亚当·斯密在《国富论》中首次提出劳动分工的原理以来，这套管理规则指导企业的运行与发展长达两个多世纪。先是美国汽车业的先锋开拓者亨利·福特一世将劳动分工的概念应用到了汽车制造上，按分工原理分解了汽车装配工作，并由此设计出了世界上第一条汽车生产流水线。而后，几乎与福特同时代的通用汽车公司总裁艾尔弗雷德·斯隆则在福特的基础上将劳动分工理论再次向前推进了一步，他将劳动分工的理论应用到了管理部门的专业人员之中，并使之与工人的劳动分工呈现平行发展之势，从而形成了工人及管理人员的系统分工。

到了 20 世纪 90 年代，这套劳动分工规则受到了挑战。规模庞大的现代企业，由于整体工作被组织架构拆解得分崩离析，已很难适应按订单组织生产的形势要求。除此以外，随着新技术革命的日新月异，企业所处的环境发生了翻天覆地的变化。顾客（Customer）、竞争（Competition）和变化（Change）三大要素引起了企业经理人员的特别关注，传统的劳动分工规则受到了挑战。企业置身于日新月异的市场竞争中，并面临 3C 挑战：

（1）顾客。从世界范围看，20 世纪 80 年代以来，供需关系中的决定性力量发生了变化，顾客变被动为主动，买卖双方关系中的主动权转到了顾客一方。个体顾客的概念逐渐形成并日益强化，竞争使顾客对商品有了更大的选择余地。随着生活水平的不断提高，顾客对各种产品和服务也有了更高的要求。顾客需求的特点也明显地表现为多样化、个性化和现代化。

（2）竞争。企业竞争由简单走向复杂，由单一竞争发展到多元竞争，由局部竞争到全局竞争，由国内竞争到国际竞争，竞争的方式和手段发生了根本性的变化。越来越多的跨国公司越出国界，在逐渐走向一体化的全球市场上展开各种形式的竞争，几乎任何一家企业都能感受到来自国内外市场上的竞争压力。

（3）变化。变化无处不在，无时不有。在进入信息时代的今天，市场竞争加剧、需求日趋多变，产品寿命周期日益缩短，技术进步使得企业的生产、服务系统经常变化，这种变化已经成为持续不断的事情。在大量生产、大量消费的环境下发展起来的企业经营管理模式已无法适应快速变化的市场。

在上述三个方面的共同影响下，企业为了寻求持续的增长，必须借助于新的商业规则，从而使得业务流程再造应运而生。流程再造的目的在于降低企业生产成本，提高产品质量、服务水平和生产速度。企业再造理论第一次提出了从改造业已形成的业务流程出发来大幅度提高组织绩效，因而，它也是对管理过程理论的创新。

企业再造又称企业业务流程重组（Business Process Reengineering，BPR）是 20 世纪 80 年代末、90 年代初发展起来的企业管理的一大新理论，是一种创新的管理思想。它是美国主要工业企业在全面学习日本制造业全面质量管理（Total Quality Management）、精益生产（Lean Produce）、适时制生产（Just-In-Time）、零缺陷（Zero Defect）等优秀管理经验的基础上发展起来的一种全面变革企业经营管理，提高企业整体竞争力的管理理论和思想。由于是站在新的视角审视企业，并大量采用 IT 技术，业务流程再造成为企业管理界的热门话题。

可以说，不同的学者对业务流程再造给出的定义因理解不同而众说纷纭。迈克尔·哈默于 1990 年首先提出了"业务流程再造"，并将它引入西方企业管理领域。他认为：我们必须重组业务，用信息技术的力量彻底地重新设计业务流程，使组织在成本、质量、服务和速度等关键指标上取得显著的提高。1993年迈克尔·哈默与杰姆斯·钱皮联合撰写了《企业再造工程》，指出："再造"（Reengineering）就是对公司的流程、组织结构、文化进行彻底的、急剧的重塑，以达到绩效的飞跃。在此基础上他们又做了更精确的表述：再造就是对战略、增值营运流程以及支撑它们的系统、政策、组织、结构的快速、彻底、急剧的重塑，以达到工作流程和生产率的最优化。迈克尔·哈默在他的另一本著作中，更进一步把企业流程再造的概念扩大到了将以职能为核心的传统企业改造成以流程为核心的新型企业。这就是企业再造的第二层概念。围绕"为什么我们要做现在正在做的事情"这一问题，迈克尔·哈默和杰姆斯·钱皮更广泛地向美国其他公司进行了提问和调研。结果表明，公司职员所完成的生产任务与满足顾客的需求无关，他们所做的许多事情并不能创造高质量、低价格的产品和提供出色的服务。他们主张对企业的生产工艺流程、管理组织系统进行重组、再造。

也有学者认为，所谓企业再造，是指一个企业所着手进行的对其内部生产流程和管理的改革，使之从传统垂直型的职能等级制度变革为实现跨职能的扁平型企业结构，该结构以小组为中心，再造的重点集中于能够满足消费者需求的生产流程上。在企业内部组织中，通过再造，新建的工作流程小组可以跨越职能的界限，使得各自的职能分工逐渐淡化，具备专业技能的专业人员集中于各个特定的生产流程，实施改革项目或技术支持项目。由此，业务流程再造的内涵是：以作业为中心，摆脱传统组织分工理论的束缚，提倡顾客导向、组织变通、员工授权及正确地运用信息技术，达到适应快速变动的环境的目的。其核心是"过程"观点和"再造"观点。

由于企业再造恰当地揭示了企业在当今世界的发展规律，使得美国及西方工业发达国家纷纷掀起企业再造运动，进而形成一场工商管理革命。作为一种近乎全新的管理创新模式，企业再造旨在重新思考、彻底改造业务流程。它将使企业的总体资源实现有效配置，成为一种企业综合性的管理范式。但这种范式不限于管理，更突出企业创新，或者说更借助于企业全面创新。企业再造的成功实施将给企业核心竞争能力带来极大的改善。企业再造的实质是实现企业管理的升级换代。即由生产管理、生产经营到知识管理；由产品生产管理、现货贸易管理到现货、期货经营管理；由追求企业规模或产品数量最大化到追求企业价值最大化。企业再造，突出对企业业务流程进行全面彻底的再设计。通过企业再造，无论其组织结构选择扁平化、网络化，还是其业务流程实行虚拟化，较之以往都将产生质的变化和全新的感觉。

按照上述理论，20 世纪 90 年代初，流程再造在美国几乎形成一种风潮，被称之为"恢复美国竞争力的唯一途径"。同时，波及到日本、德国等其他工业化国家，以其思想的先进性和革命的彻底性吸引了许多企业的注意力，成为欧美乃至全世界关注的热点。但与此同时，企业再造对企业来说又是一个极具挑战性的问题，一些调查结果表明在已实施的企业再造中，高达 70% 的再造项目并未达到预定的目标。[①]

企业再造的过程分为六个阶段：构思设想、项目启动、分析诊断、过程设计、过程重建、监测评估。在这个过程中，企业实际上把顾客拉入了他们业务经营决策的圈子。一方面，经营决策权因再造而转移到实际运作的工作现场；另一方面，顾客因为买方市场等各种因素，实际对企业经营管理有很大的影响，起到了不是股东却胜似股东的作用。

2. 企业再造的组织机构

与企业再造相应的组织机构层次有：

（1）领导者——被授权统筹、领导、指挥、推动整个再造工程的进行。也就是说，在企业再造过程中，若没有一位资深的企业经理人员全力投入，要发

---

① MBA必修核心课程编译组编译. 管理创新［M］. 北京：中国国际广播出版社，1999：22－24.

起这种变革，并取得胜利，是极其困难的。所以，这里要求领导者不仅要有远见卓识，而且要有足够的魄力和威望以便推动变革的顺利进行。

（2）流程主管——具体负责企业生产经营某特定过程的再造。一般地，流程主管不仅要有管理能力，而且要通晓第一线的业务。说到底，流程主管是一位高级管理人员，其主要任务是为流程执行提供必要的支持，保证新流程发挥出预期的效果。

（3）再造团队——投身于某一特定生产经营过程再造的一组人。很多人同意团队精神的重要性。再造团队的成员可以来自于不同部门，由高、中层经理以及管理人员等组成，但必须有共同的目标，才能方向一致、步伐一致，创造出杰出的表现及进行不断的改进。

（4）指导委员会——高级管理者所组成的小组。负责制定再造工程的总体战略，认定企业再造的流程，协调安排一些基本问题，处理一些矛盾和冲突，监督再造工程的进程。其成员应该包括各主要部门的主管，主席由总经理出任。

（5）再造总监——这是一名高级管理者。负责企业再造工程技术和方法的开发，并对企业再造项目进行协调，还负责支持和促成各位流程主管及再造团队在再造方面的工作，但并不介入日常再造工作管理事务。

二、企业再造的理论基础

企业再造作为一种理论，其基础是多方面的。从企业学的角度观察，可以看出企业生命周期理论是其基础理论之一；从组织学的角度观察，可以看出组织转型理论是其基础理论之一；从管理学的角度观察，可以看出管理变革理论是其基础理论之一；从经济学的角度观察，可以看出经济整合理论是其基础理论之一；从系统学的角度观察，可以看出系统第二定律是其基础理论之一。

1. 企业生命周期理论

生命周期是针对动植物而言的，但现在人们将这一理论广泛应用于设备、组织、流程等问题的研究中。由于企业在历史进程中，其变化会经历若干个周期，每个周期也存在建立、运行、改造、退出等阶段，其实施再造工程不可能一次完成，因此，基于生命周期理论研究企业再造问题表明企业再造符合人们认识世界、尊重客观规律的要求。

2. 组织转型理论

20世纪80年代，组织学的新变化就是逐渐形成转型理论。组织转型是一种范式转换，是一种自我认知方式的转变，包括在管理观念、思维方式和价值方面的彻底变革，并伴随着组织战略、结构、行为方式、运行机制等方面的全方位变革。组织转型也是组织的一次再生，是面向未来的，它将组织员工的基本权利看成是神圣不可侵犯的，将尊重员工人格看做管理的目的，从而将等级制管理方式转化成参与式管理方式。由于组织转型涉及管理理念、思维方式和价值趋向的彻底变革，在转换过程中给组织赋予了新的理解和内涵，网络组织、柔性组织等应运而生。

3. 管理变革理论

纵观20世纪管理理论的发展，可谓管理变革的发展。自亚当·斯密的"劳动分工理论"及美国工程师泰勒提出的"科学管理理论"等之后五六十年中，人们对管理理论没有做出大的实质性的变革，直到20世纪90年代，彼得·德鲁克认为管理的范式需要变革，从而将管理变革理论突出地提了出来。这一理论为企业再造提供了一种思路：管理理论是开放性的，新的管理理论的产生使得原有的管理理论更加充实，企业再造是当代的管理变革。

4. 经济整合理论

该理论从恢复人类主体性角度出发，使每个员工都有自我决定、创造力发挥、责任感的主体特征，其组织构建要能改善信息交流、作业协作和知识学习。从而为企业再造提出了以下要求，即企业再造后的组织架构应体现新世纪和新时代的要求，突出扁平化、网络化、柔性化，由注重成本、质量竞争到突出速度、时效竞争，将员工由经济人、组织人或社会人转向"人本管理"，使企业由突出"提高生产率"转向"提高知识运用率"。把知识作为企业的重要因素和重要资源。

5. 系统第二定律

该定律又称"五率最高原则"。它认为，在保证实现环境允许达到功能（目的）的前提下，使系统对空间、时间、物质、能量和信息的利用率最高。也就是说，如果没有达到上述五率最高，则系统内部分工和协作的方式就不会稳定，一定要向先进方式发展，直到在许可条件下达到最高态稳定下来。因此，企业再造就是要考虑环境约束条件，找到"五率最高"那种分工协作模式。

三、企业再造的核心是流程

1. 流程的概念

所谓流程，简单地说就是做事情的顺序。即是指完成一件任务或一件事或一项活动的全过程，这一全过程由一系列的工作环节或步骤组成，相互之间有先后顺序，有一定指向。实质上，流程也就是指事物发展的逻辑状况，它包含了事情进行的始末，事情发展变化的经过，对企业而言，更是司空见惯。甚至可以说，企业就是依赖各式各样的流程而运作的。如任何企业的存在都是为了向顾客提供有价值的产品和服务，企业为此所做的一系列有序的活动，就构成了一个个流程。通过这些流程的有效运作，企业把投入转换为产出。再如企业日常运作的各项制度，也形成一个个流程。从公司管理的角度看，流程则是指为达到企业目标而进行的在逻辑上相关，且不断变化的一系列作业活动。流程思想旨在有条理地说明如何更好地进行工作，而更好地工作则意味着做适当的事情，采用适当的技术，正确地定位市场。早期的流程理论研究散见于组织理论、战略管理、作业管理、管理行为等的研究中，很少有理论将流程作为一个整体进行研究。

强调组织中的流程并不是一个新观念。哈佛商学院迈克尔·波特教授的"价值链"（Value Chain）模型可以说是这方面最著名的例子之一。在波特教授那里，经营流程被看做是一条链。他将企业的活动分为两类：基本活动和辅助活动。在向顾客提供产品的流程中，价值链上基本活动之间的紧密衔接有助于物流和信息流在这些活动之间的顺畅通过。企业进行流程再造的原因被认为是：很多公司在历史上形成了按照业务职能构造的纵向式组织结构，这种结构导致了管理者和雇员以特定业务职能为中心，而不是以为整体用户服务、品质和公司业绩为中心。最后，所有的公司机构都会在一定的时间里官僚化。当习惯成为自然，常规得以巩固和保护后，政治就会取代经营绩效而占上风。流程再造就是针对这些问题，极力突破企业多年来形成的旧规则和旧规程。

不同的人对流程有不同的定义，如表 5 - 1 所示。

表 5 - 1　不同的人对流程的不同定义

作　者	定　义
M.哈默	企业流程是把一个或多个输入转化为对顾客有用的输出的活动
T.H.达文波特	企业流程是跨越时间和地点的有序的工作活动，它有始点和终点，并有明确的输入和输出
A.L.斯彻尔	企业流程在特定时间产生特定输出的一系列客户—供应商关系
H.J 约翰逊	企业流程是把输入转化为输出的一系列相关活动的结合，它增加输入的价值并创造出对接受者更为有用、更为有效的输出
R.B.克普莱与 L.莫导克	企业流程是一系列相互关联的活动、决策、信息流和物流的集合

资料来源：转引自：芮明杰，钱平凡. 再造流程［M］. 杭州，浙江人民出版社，1997：84.

因此，可以将流程对于企业的重要性概括为以下几点：

（1）通过流程才能创造出顾客所需的价值，由此可以认为，流程就是组织的命脉。

（2）在传统组织或机构中，流程是分割的、无名的、不显眼的、缺乏管理的，因而不可避免地表现出良莠不齐。因此，管理一个组织或机构的首要任务是管理所有流程。

（3）一个机构的表现归根到底就是要看它的主要流程的表现。

任何企业的存在都是为了向顾客提供有价值的产品或服务，企业为此进行的各种有序活动，构成了不同的业务流程。迈克尔·哈默认为，业务流程是一个技术术语。它具有准确的定义：有组织活动，相互联系，为客户创造能够带来价值的效用。不得更改一个字，也不得添加一个字或减少一个字。通过这些流程的有效运作，企业把投入转换为产出。企业中某项工作要由不同的人来完成，无论这些不同的人是否属于企业内部的同一部门。从这个意义上说，经过这些不同的人的共同努力完成某项工作而进行的定向流动就是一个特定的流程。

企业流程创新的基本思路：一是强调以流程为核心，打破原有职能界限和任务划分，尽可能将跨越不同职能部门由不同专业人员完成的工作环节集成起来，合并成单一任务，由一个人来完成。二是提倡企业权力的下放，鼓励员工进行决策。企业可以通过利用资讯系统建立用户的资信评估体系，以便在满足顾客需求的同时降低企业风险。三是可以通过流程多样化适应新的市场环境。企业可以根据不同市场、不同输入、不同形式制定不同流程。对于某一输入，首先确定最合适的流程，然后再按流程运行，使对输入的处理能够通过最节约的流程完成，从而提高处理速度并降低成本。四是对顾客负责，及时满足顾客需求。可以通过建立流程专案员制度，由流程专案员和顾客接触，代表企业提供服务，听取用户的意见，提高服务品质和顾客的满意度。

2. 流程的分类

根据研究和分析的目的、方法不同，可以将流程做很多不同的分类。

（1）按企业的活动性质将流程可分为经营流程和管理流程。其中，经营流程包括订单处理流程、产品开发流程、服务流程、销售流程和策略发展流程五部分。从输入输出的角度看，订单处理流程输入是顾客的订单（或某种需求想法），输出是发送的商品、顾客满意和付款单；产品开发流程输入的是顾客的消费想法、观念和概念，输出的是产品的样品；服务流程输入的是顾客需要了解和处理的问题，输出的是问题的解答和解决方案；销售流程输入的是潜在的顾客，输出的是付款单；策略发展流程输入的是企业内外部环境中的各种变量，输出的是关于企业发展的各种策略。而就管理流程而言，输入的是企业内外环境中的各种关系要素和问题，输出的是企业运行的各种关系规则和方法。

由于企业最基本的也是最重要的职能是生产或提供服务，企业从事生产或提供服务的基本活动以及为这些基本活动提供支持的活动所组成的流程，构成了企业的经营流程，这些是企业活动的价值链中具有直接增值特性的流程。正是这些流程的不停运转，使得企业的经营目标得以完成。企业中的经营流程可视为企业经营的"硬件"，而管理流程则视为"软件"。由于资源共享和工作关系的缘故，企业的各种流程实际上是存在相互制约、相互影响的关系的。所以，企业应该特别重视流程之间的相互作用和匹配，不仅要对单项流程进行合理的整合，更应加强流程网络的总体规划，使流程之间彼此协调，减少摩擦和阻力，降低系统内耗。

一般而言，管理流程往往渗透在作业流程中，规范各种人流、物流、资金流和信息流的运转数量及速度，尤其是企业高层领导的决策方式、控制手段以及评价标准等，会对经营流程产生重大影响。由于管理活动本身要为经营流程创造良好的环境，提高运营效率，因此，企业的管理流程较之经营流程要复杂一些，包括为完成目标而进行的一系列管理活动，它们有机结合构成了企业的管理流程。而且，管理流程除单独存在外，还常常渗透和存在于经营流程中。一个比较复杂的经营流程中，常常既存在着许多营运活动，又存在许多管理活动。

（2）从组织层次的角度，可以把流程分为三种：工作流程、行为流程和变革流程。这种划分是把流程看做了一个由很多活动构成的集合，按照整体观把流程作为一种有力的整合工具提供给了经理人员，使得经理人员能根据需要将专业化的、分散的任务组合起来。

首先，工作流程。源于工业工程和工作衡量理论，关注的是任务的完成。因为组织是通过横贯于各个部门的、相互连接的一系列行为构成的链条，故完成工作的这些链条即为流程。工作流程强调的是部门间的效率而不仅是职能部门的内部问题，因而能大大增加组织内的横向联系，提高内部沟通效率。一个流程中会有一些具体的工作内容和要求，实际上是由这个流程所要完成的任务或事件的特性决定的。对于那些程序性的工作，按照已有的工作步骤进行即可，而对于那些非程序性的工作，则需要探索最佳工作路径。

其次，行为流程。是用来认知和完成工作的人际关系方面的一系列步骤，具有代表性的如决策流程、沟通流程、组织学习流程，它们都包括了信息和人际关系的收集、传递和解释。通常，行为流程是通过社交活动或工作经验获得的，很多行为流程有可能是在日常工作的观察中抽象概括出来的，并不独立于工作流程而存在。

最后，变革流程。源于战略理论、组织理论和社会心理学。关注的是事件发生的时间序列，这些序列描述了个体、小组和组织是如何适应、发展和成长的。它是动态的，试图在运动中把握事物。所有的变革流程包含三个构成要素：一个起始状态、一个能实现特定功能的结果状态、一个由变革构成的流程。变革流程可以回答怎样实现从变革起点演进到终点的问题。

3. 流程的功能

流程的功能主要有：

（1）实现一定的目标。任何一个流程是由一些工作步骤或具体工作所组成的，流程是否需要视其对企业的某项任务或工作的完成是否有作用而定。即流程的取舍决定于它对企业某项任务或工作的完成是否有贡献，而且是直接的贡献作用。

（2）进行分工整合。一个流程的工作原来可以由一个人完成，但随着技术进步，导致了专业分工的可能性。现实中，可以将分工形成的工作环节、工作步骤按照工作的先后顺序，形成一个有效的流程，来帮助企业最终目标的实现。

（3）界定责任。按一个流程完成一项任务时，可确定一个流程负责人，一方面他对完成这项任务负全责，另一方面负责指挥协调流程内各工作岗位、工作环节上责任人的行为，进而有效地完成工作任务，提高流程的整体运行效果。

4. 流程是企业再造的核心

企业是实施一系列活动、完成一系列任务的组织。企业再造就是为了改进企业绩效，采取创造性的设计态度，运用服务于任务和顾客需求的知识，结合企业在人员、技术诸方面的潜力，形成新的流程体系。企业技术再造，就是要对信息技术适当组合，使其与流程、人员协调一致，充分应用信息技术的最新发展成果，以最大限度适应最终顾客需要，实现企业目标。再造的主要内容，包括学习应用与企业生产经营相匹配的信息技术，学习中既注重其原理的学习，又不断以创新应用的方式，使企业流程更加科学合理，使人的行为更加规范有效。

企业再造的核心思想有两个：

（1）通过对企业原有业务流程的重新塑造，使企业在赢利水平、生产效率、产品开发能力和速度以及顾客满意程度等关键指标上有一个巨大进步，改进企业绩效，形成新的流程体系，最终提高企业整体竞争力。

影响企业运行效率的主要因素往往是产品质量不合格、制造或管理成本太高、流程周期太长，以及基本的流程结构不适应企业经营战略的要求等。企业再造关注的是企业的业务流程，一切再造工作全部是围绕业务流程展开的，业务流程是一组共同为顾客创造价值而又相互关联的活动，是一个价值链。所以，只有对价值链的各个环节实行有效管理的企业，才有可能真正获得市场竞争优势。通过再造，企业可以真正了解其业务运行现状，理清业务活动本身与辅助信息之间的关系。而且，还可以设定一些期望值，使与企业再造相关的各层级人员既有兴趣参与，又不急于求成。

（2）通过对企业业务流程的重新塑造，使企业不仅取得经营业绩上的巨大提高，更重要的是使企业形态发生革命性的转变。其内容是：将企业由以职能为中心的传统形态转变为以流程为中心的新型流程导向型企业，实现企业经营方式和企业管理方式的根本转变。流程是直接面对客户需求的，随着市场的变化，流程也必须随时变化，一个企业必须持续集中关注它的流程，这样他们才能与不断变化中的企业环境要求相协调。由于企业再造突出对企业业务流程进行全面彻底的再设计，从此意义上讲，企业再造就是一种企业创新，以流程为中心的企业意味着企业形态的弹性特征。

一个以流程为中心的企业必须积极管理它的流程，以便使流程不断得到改进。管理一个企业的核心是管理它的流程，确保它们在发挥其潜力。企业要不断寻找使流程得到改进的机会，并把这些机会变成现实。专注于流程是企业管理层首要和持续的责任。

四、企业流程再造的意义

从总的方面来说，企业的生产流程、财务流程、人力资源开发流程、新产品开发流程、企业发展战略流程等都是企业业务流程的组成部分。因此，概括起来，这里所谓的流程就是企业以输入各种原料和顾客需求为起点到企业创造出对顾客有价值的产品或服务为终点的一系列活动。可以有几个标准来识别：一个流程有特定的输入和输出；每个流程的执行都要跨越组织内多个部门；一个流程专注于目标和结果，而不是行动和手段；流程的输入和输出都能被组织中任何一个人轻易地理解；所有的流程都是与顾客及其需要相关的，流程之间也是相互关联的。简言之，企业的绝大多数工作都是通过部门与各单位之间的合作来完成的，这种利用多部门或单位之间的合作来共同完成的工作过程就是一种业务流程。

企业流程再造是一项系统工程。企业流程再造的探索和应用，目的是为了谋求企业发展，企业再造工程会使一个企业更具灵活性和对市场的快速反应能力。随着全球经济一体化进程的不断加快，市场竞争日趋激烈，企业之间的竞争正转变为服务竞争，竞争的焦点已经不仅仅是产品和服务，重点转移到了企业组织结构、运作机制等流程性因素上，新的竞争优势来自于企业所独有的以提高客户满意度为目标的流程变革上。

目前，中国正处在建立社会主义市场经济体制和国际经济接轨的过程中。这一经济和社会发展环境的变化，为企业管理素质和经营水平的全面提高提供了新的机遇与挑战。以改革、创新为主旋律，对不适应时代变革要求的企业管理体制、组织结构、经营体系和业务流程等进行重新审视和系统地改造是必然趋势。近年来，中国企业再造活动已初见端倪。这对企业合理配置现有资源，增强应变能力和灵活性起了重要作用，也成为企业全面提高管理素质和经营水平的有效途径。

　　具体来说，企业流程再造的意义表现在：

　　1. 有利于提高企业战略管理能力

　　战略管理能力是企业独特的战略资源和能力的结合体。企业再造战略管理能力时必须明确：不同企业具有不同的资源和能力，企业利用资源的独特方式是形成竞争优势的基础。组织资源分为三类：物力、人力和组织。单项资源难以维持持续优势，只有和企业运行的其他资源有效地组成一个整体时，它才能成为持续的战略资源。由于战略管理能力主要来自于企业内部，所以资源与能力的积累效应，可以为企业战略管理提供基础。

　　2. 有利于增强企业竞争优势

　　业务流程的重要性不仅体现在工作任务的完成全部是通过流程实现的，更重要的是，企业与企业之间存在差别的真正原因在于各自的业务流程。因此，业务流程就成为建立竞争优势的最重要的因素。业务流程再造引起的工作变化较为突出，最常见的变化是几项工作由原先几个人做变成一个人做，从而减少了不少重复劳动。企业流程再造如果要取得成效，就要对企业进行整体性变革，每个流程都由专门的流程主持人负责控制，由各类专业人员组成团队负责实施。企业流程再造工程不仅仅是对生产流程的再造，同时也是对人们的思想和头脑的再造。也就是说，流程再造为系统改进企业全面素质提供了值得学习和借鉴的管理思想和方法。在这种方法里，有工作标准化、运用信息技术改造科层组织结构、提高信息共享度；有以员工自我管理、团队为主、自主决策、并行工作、追求不断改进的学习型组织，充分体现以人为本的精神和管理思想；更有通过数字化、信息化，有效改善企业的业务流程，降低营运成本，减少生产和服务所需的时间，简化工作流程，从而增强企业竞争优势。

　　3. 有利于实现经营决策的合理化

　　由于企业再造是一种跨部门跨职能的变革，不可能自发产生或自下而上地进行，必须得到企业高级管理人员的认可和支持，需要他们自身以及企业最优秀的员工的投入。因此，业务流程再造过程中必然要求组建流程小组，使企业的基本工作单位有相应的变化，从原先按职能部门为组织形式变为以流程小组为基本单位。同时，再造会波及整个组织，导致整个组织管理的变革。结果使得组织结构层次减少，办事效率提高，组织结构向扁平化方向发展；也使得企业的决策层次下移，经理人员的传统职能削弱，数量减少，使企业整体管理更合理、更有效率。在此过程中，企业实际上也把顾客拉入了他们的业务经营决策圈子，一方面，经营决策权因再造而移向第一线，移向实际运作工作现场；另一方面；顾客实际上对企业经营管理有很大影响，起到了很大的作用，使经营决策更具合理性。

4. 有利于现代企业制度的建立

现代企业制度是指适应社会化大生产需要，反映社会主义市场经济体制的要求，以完善的企业法人制度为基础，以有限责任制度为保证，以公司制为主要形态，以"产权明晰、责任明确、政企分开、管理科学"为条件，使企业真正成为面向市场的法人实体和市场竞争主体的一种制度。企业流程再造会引起企业职能部门和经理职权的变化，引起管理权的下移或外移，为现代企业制度的实现创造条件。

5. 有利于体现知识管理的要求

受知识经济的影响，人类的生产方式和生活方式都会发生相应的变化。知识经济条件下，企业的核心能力集中体现为对知识的应用和创新能力，不管是将管理看做一个过程，还是看做一系列活动，注重突出知识的地位成为必然。企业管理将由工业经济时代的工业管理转变为知识经济时代的知识管理，企业再造因此成为实现企业知识管理的有效途径。

第二节　企业流程管理

流程管理的概念是伴随着企业再造运动的兴起而提出来的，主要工作是处理各流程之间的关系，合理地在各流程之间分配资源。从管理渊源上看起来，流程管理是欧美企业在 20 世纪末对已运行近两个世纪的专业分工理论和科层制组织结构进行的一次彻底反思和革命。

众所周知，专业分工导致了"金字塔"式的"科层制"管理模式，企业管理层次重叠，冗员多，成本高，浪费大，一项业务往往要经过若干个部门、多个环节的处理，整个过程的运作时间长，其结果必然导致企业对市场反应迟缓，在快速多变的市场环境中处于被动地位。具体来说，企业等级结构形成的根本原因在于有效管理幅度的限制。当组织规模扩大到一定程度时，必须通过增加管理层次来保证有效控制。但"科层制"的组织层次势必会引起沟通成本的剧增，并且随着企业规模的扩大，信息沟通的渠道不断延长，信息传递的时间也不断增加。在科层制管理体制下，各子公司或业务部门往往将自己的目标凌驾于整个组织的目标之上，造成企业战略目标发生偏差。显而易见，管理过度细化不仅使得管理成本加大，而且使企业信息量日益膨胀和信息传递渠道不断延长，所有这些日益成为企业持续发展的无形障碍。针对这种情况，越来越多的公司主管认识到，对于任何一项最终产品或服务来说，其流程的优化与产品或服务本身同样重要。因而，他们开始转向采用以流程优化为基础的竞争策略。他们坚信追求卓越流程或在现有流程中做到最好，有助于打破金字塔式的管理模式，简化繁琐的工作流程和臃肿的组织结构，能够使企业在适应信息社会的高效率和快节奏的同时，实现企业内部的有效沟通，增强企业的灵活性和应变能力，赢得持久竞争优势。

一、流程管理的界定

所谓流程管理（Management Through Process，MTP），是指以各种流程为基本控制单元，根据经营战略的要求，对流程的规划、设计、构造和调控等所有环节实行系统管理，全面协调各种经营流程之间的相互匹配关系，以及与管理流程的适应问题，强调的是各经营流程之间的相互匹配和对所有流程的总体规划。应该说，流程管理是以全面质量管理（TQM）和企业再造即业务流程重组（BPR）为基础的。全面质量管理代表着渐进的流程改革，业务流程重组代表着激进的流程优化，流程管理则结合了它们二者的变化，包括在整个企业范围内寻找最好的价值创造机会，以及一个持续性流程改进的整体方案。流程管理能够为企业的持续性创新提供一种新的思路。

流程管理是一项策略，通过不断发展、完善业务流程能够保持企业的竞争优势。通常，致力于卓越流程的企业比其他企业会更明确怎样组织和管理其业务流程。简言之，这些企业的管理哲学不仅基于优质的产品，而且基于卓越的流程。流程管理的对象是各种流程的运作及其相互作用的方式。它要求各种流程的设计必须围绕远景规划和经营战略来进行，而经营战略又需通过各种经营流程来实现。如果企业只注重业务流程的改造，而忽视了流程管理问题，就无法使各种流程管理的综合效果达到最佳状态。因此，企业在进行业务流程再造的同时，必须建立有效的流程管理模式。通过对流程的整合和优化，实现对顾客服务、成本和效率的全局优化。

依据泰勒的科学管理理论，工作越独立，完成任务的效率就越高。在基于这种理论建立起来的现代企业中，完成工作的基本单位是个人，每个人只负责一项具体的任务。而在面向流程的企业中，大量具体任务被联结起来，成为一个完整的体系，以实现对顾客需求的快速响应和服务的高品质。在这样的环境里，流程的工作已不可能由个人来完成，更主要的是依赖于工作团队的分工协作来完成。因此，在面向流程的组织中，企业的运营是围绕着核心流程来进行的。人们关心和解决问题的焦点在于企业整体的运营流程，这些运营流程与顾客需求密切相关，直接体现企业的价值链及其关键性指标要求。员工清楚地知道流程的结构及其与绩效指标的关系，他们对顾客的需求具有高度的敏感性，在自我管理、分工协作的工作团队中，具备某些专业知识的员工十分注重其在团队中的作用。不仅如此，企业的内部组织与外部顾客之间也存在着密切的联系。企业流程成为工作团队的工作范围，流程管理很大程度上成为团队工作的一部分，而外部只需很少的管理人员来指导和协调，从而极大地简化了企业流程，使组织结构趋于扁平化。

二、企业流程管理的特点

1. 强调团队合作精神

流程管理是公司整体发展战略和经营策略的一个重要组成部分，它重视充分发挥每个人在整个业务流程中的作用，提倡团队合作精神，不仅将个人的成功与其所处流程的成功当做一个整体来考虑，而且将人作为各个层次流程改进之间最重要的纽带。

2. 强调全过程的流程管理

流程管理影响企业从组织结构到管理，再到文化等各个方面的核心价值观。通过广泛的沟通，以及将流程目标融入资源配置、策略规划等决策过程，以追求更好的工作方法，成为企业价值观的重要组成部分。包括制定与企业发展战略相适应的流程优化策略，设计和实施业务流程以及流程绩效衡量等基本步骤。

3. 强调整体最优化

流程管理承认流程间的相互依赖，强调整体绩效的最大化，而且它还强调达到企业目标过程中策略、人、流程、技术之间的依赖性，这四者之间的结合是取得流程优化所必须的。流程管理注重流程最优化的整体思想，按照整体流程最优化的目标重新设计业务流程的各项活动，强调流程中每一个环节的活动尽可能实现增值最大化，尽可能减少无效的或非增值的活动。正如能力学派管理专家指出的：业务流程再造的关键就是把公司的内部组织和产品—市场战略有效联结起来，变业务流程为战略性资产。所谓战略性资产也可认定为具有核心能力的资产。因而，以核心能力为主线进行资本运作的主旨在于：通过各个层面把资本运作直接和市场结构联系起来。

面向流程管理和面向职能管理的特征比较见表 5 – 2。

表 5-2 面向流程管理和面向职能管理的特征比较

特 征	面向职能	面向流程
组织结构	层次状 关注的焦点是职能	扁平化 关注的焦点是流程
运营机制	以职能为主 存在职能界限 不连续的流程 运营局部最优	以流程为主 针对顾客的点对点管理 简单的流程 达到顾客服务、成本和效率全局最优
员工	按职能安排 专业技能分工 工作以个人为中心 对顾客有限的关注	按流程安排 技能综合、多面手 工作以小组为中心 关注的是顾客
技术	由于职能界限而被分离 评价以职能目标为主 计划和控制之间松散的连接	在流程中被集成 评价以流程目标为主 针对流程的计划和控制
沟通	垂直方向	水平方向
企业文化	职能贵族 前线（市场）/后线（内部） 隔开专业术语	流程拥有主权 整个流程以顾客为焦点 传递服务的语言

资料来源：彭东辉. 流程再造教程［M］. 北京：航空工业出版社，2004：21.

为保证企业流程管理的效果，需要做好以下工作：

（1）建立企业流程管理信息系统，以快速而灵敏的信息网络处理大量的信息。

（2）建立流程管理机构，配备强有力的领导来负责企业内部的流程管理工作。通过制订各流程之间的动态关系规则，来保证流程管理工作的连续性和长期性。

（3）重塑企业文化。企业必须建立与企业流程管理相适应的企业文化，以增强企业内部各工作小组之间的信任感、默契感，形成积极向上的团队精神。

三、企业流程管理的内容

1. 工作流程重构

企业在新的环境下，其业务开展以流程为中心，而不是以职能部门为中心。

因此，要对企业所有业务流程进行认真分析，通过对核心业务流程的识别，排除对业务流程运行不利的障碍，简化或合并非增值部分的流程，最大限度地减少浪费、降低成本，提高客户满意度。

2. 信息渠道重构

BRP作为一种先进的信息技术，采用的是一种可视化的方法来描述一个企业的业务流程，以及在业务流程重组中可能产生的变化，而不是基于组织机构、工作岗位形成的功能模块。因此，BRP系统的实施是一种信息传递渠道的重构。

3. 人员素质重构

企业实施 BPR 的最大阻力来自于人们的惰性。实施 BPR 成败的关键也取决于企业管理层和员工的整体素质与水平。

4. 组织结构重构

组织结构重构就是要建立扁平化的组织结构，实现从职能管理到面向业务流程管理的转变。BPR 要求先设计流程，而后依据流程建立企业组织，尽量消除纯粹的中层"领导"。这不仅有利于降低管理成本，更重要的是有利于提高组织的运转效率及对市场的反应速度。

第三节 企业财务流程再造

企业财务流程再造是指对企业的财务流程进行根本性的再思考和彻底性的再设计，从而获得以成本、质量、服务和速度等指标来衡量的经营业绩的显著提升。实质就是通过优化财务流程，达到快速反应、快速决策、有效控制，达到全面增强企业竞争优势的目的。

财务流程再造的提出是顺应时代发展的结果。一方面，人类社会经历了从农业经济时代到工业经济时代的发展，正在进入一个以知识为经济发展主导因素的经济时代。工业时代的商业规则很难适应新形势下企业发展的要求，企业所处的商业环境发生了根本性的变革。顺应这种变化，20 世纪 90 年代开始了以"流程再造"为核心思想的一场新的管理革命，很快席卷了整个美国和其他工业国家，在世界范围内产生了深远的影响。另一方面，在企业经营过程中，财务绩效导向的思想日益深入人心，企业在经营管理过程中的财务中心地位也日益得到巩固，传统的财务管理工作不仅日益分解到企业的业务部门中，而且业务部门在日常工作中也自觉不自觉地参与到财务计划、预算控制、分析和考核工作中。在企业的业务流程管理中，以财务为中心的观念越来越突出，财务流程在企业流程中的地位越来越显著。企业往往以财务流程再造为突破口全面变革企业业务流程，财务流程再造越来越受到企业家的重视。

一、财务流程的概念

财务流程的范围比企业业务流程的范围窄，它有狭义和广义之分。从狭义的角度看，财务流程是指局限于财务部门内部的工作流程，是业务流程内部财务职能的体现。也就是说，会计通过对各单位的经济业务、主要运用货币形式的信息计量，借助于专门的方法和程序进行核算、控制，产生了一系列财务信息和其他经济信息，为企业内外部的信息使用者提供服务来创造价值，是连接业务流程和管理流程的桥梁。广义地讲，财务流程和企业业务流程紧密相关，凡涉及企业资金运动、资源消耗和会计处理的业务流程均属于财务流程的范畴。

财务流程是企业流程中重要的组成部分，它将企业业务流程中采集的数据，经过加工后生成企业管理活动所需的信息。仅从业务流程的内部财务职能看，可以将财务流程抽象为三类子流程：数据采集、数据加工与存储、报告信息。

1. 数据采集

指主要从经济业务流程中采集数据，为加工流程服务。包括：

（1）获取/支付流程的数据，如采购数量、单价、金额、税金，现存存货的数量、单价、金额，向供应商实际支付的款项或应支付的款项。

（2）转换流程的数据，如企业将材料转换为产品生产过程的材料费用、员工薪酬、制造费用、为生产服务的期间费用等。

（3）销售/收款流程的数据，如销售数量、单价、金额，广告等销售费用，销售成本，销售现金流入或应收款项等。

2. 数据加工与存储

数据加工与存储流程是将反映经济活动的原始凭证进行加工，首先编制记账凭证，审核记账凭证，然后对其进行分类、计算、传递，并将加工、分类、求和、传递结果保存在各类账簿中。

3. 报告信息

报告信息是以账簿、记账凭证为依据，编制内部报表和外部报表提交给投资人、债权人、管理者、政府部门等。

财务流程的设计思想、数据采集方法、效率，加工的正确性和有效性，将直接影响到企业管理活动的质量。财务流程再造是整个企业流程再造的重要环节和关键内容。由于是在对企业财务流程进行分析的基础上，对其进行改进或重新设计以获得绩效重大改善的活动，其基本思路是通过重新设计组织经营及财务运作的流程，旨在使得这些流程的增值最大化，相关的成本费用以及风险最小化，从而获得绩效的改进。其中，从整个组织角度进行的财务流程重组能够给企业带来革命性变革。

二、企业财务流程的类别

企业的财务流程是由分工导致的，其中包含的工作内容可以抽象为服务于价值创造的各项作业，而企业价值创造的各项作业可以交由不同的人共同完成。在一定条件下，这些独立的作业分解到不同的部门按照一定的工作顺序，通过他们的共同协作，完成整个流程的任务，这种逻辑关系构成了完整地服务于价值创造的财务流程。因此，企业在财务流程管理中要在超越传统的财务衡量方法的基础之上，寻求能够反映诸如客户满意度、长期发展前景等特性的促进企业价值创造和价值增长的因素。

按照在企业财务价值创造过程中的不同地位，可以将财务流程分为三类：

1. 财务战略流程

通过这些流程组织、规划设计它的未来，如财务战略规划、产品和服务开发以及新财务流程的设计等。

2. 财务运营流程

通过这些流程组织实现其日常功能，如满足顾客、现金收支管理、财务报告等。

3. 财务保障流程

这些流程为财务战略流程和财务运营流程的顺利实施提供保障，如人力资源价值管理、管理会计、财务信息系统等。

三、企业财务流程再造的核心原则

由于财务流程是企业流程中重要的组成部分，企业流程再造的核心原则同时就是财务流程再造的核心原则。这里所谓的财务流程再造的核心原则也就是那些指导财务活动变革方向的根本性原则。包括：

1. 以流程为导向的原则

一般而言，成功的流程再造都是循序渐进的，其好处是避免再造带来的猛烈冲击。坚持以流程为导向的原则，就是使财务流程再造的目的由过去的以职能部门和分工为中心改造成以流程为中心。

流程是直接面对客户需求的，随着市场的变化，流程必须随时变化。一个企业必须持续集中关注它的流程，才能与不断变化的企业环境相协调。那些在再造中取得巨大成功的企业，无一例外地贯彻了这一原则。例如 1995 年 1 月 1 日，美国标准公司这家资产达 50 亿美元的管件制品、取暖和烹调系统以及卡车制动器等的制造商，完全使自己转向一种以流程为中心的管理哲学，它取消了旧的称号，重新组织调整了管理部门的任务，设立了新的评定和奖励制度，实施了与公司的流程观点一致的大量变革。

为了贯彻流程导向的原则，使企业真正走上以流程为中心的道路，企业必须做几件事：首先，企业必须识别和命名它的各种流程。一些典型的流程是获得订单、完成订单、产品开发、选择市场、提供售后服务和研发等，它们是企业的基本流程。通常将基本流程划分为若干子流程，这些子流程可以用基本任务或活动来描述。其次，保证企业中的每一个人，无论是高级管理人员还是基层车间工作人员，每个人都必须认识企业流程，清楚它们的投入、产出和相互关系。再次，打破已有的职能框架，重新设计企业的流程体系。以便以新的观点看待企业运营，并以一种全新的完整的方式运转。最后，认真实施流程管理，以便流程不断得到改进。流程是直接面对客户需求的，随着市场的变化，流程必须随时变化，管理层要专注于流程，使之与不断变化的企业环境相协调，确保它们能够发挥潜力，寻找使流程得到改进的机会。

2. 以人为本的团队式管理原则

传统企业中除了管理层以外，其他工作人员思考问题的出发点是如何完成本职工作。衡量一个职员称职与否的标准也是他工作是否努力、是否能完成本职工作。在这样的企业里，每个人都不关心自己工作所属流程的进展。而现代企业必须以流程为中心，每个人都应关心整个流程的运转情况，作为流程小组的成员，他们共同关心的是流程的绩效。当然，作为个人，他们有不同的背景，不同的兴趣，因而，他们还要学习一些其他的技术，为未来一旦需要离开流程时做准备。同时，企业领导者要将主要流程编制在一起，既要分配资源，还要制定战略；既要确保产品开发与订货方面的投资保持在合理的水平上，还要调动大家的积极性。这些领导者是现代的领导者和管理者，需要按团队式管理要求开展工作。为了进一步营造企业中的再造氛围，再造领导人要把他们制订的流程再造的远景规划传达到企业的各个角落，使企业中的每一个人都清楚地意识到一场事关企业命运和他们自身前途的流程再造运动即将展开，让他们从不知道到知道，从被动接受到主动思考和欢迎。与此同时，管理层应该密切关注再造小组的工作进展情况，主动配合。

3. 顾客导向原则

现代市场竞争，在很大程度上可以归结为对顾客的争取，一家能充分满足顾客需要的企业必然是一家以顾客为导向的企业。以顾客为导向，意味着企业在判断流程绩效时，要站在顾客的角度考虑问题。必须使企业的各级人员都明确，企业存在的理由是为顾客提供价值，而价值是在流程进行中创造的。只有改进为顾客创造价值的流程，企业的改革才有意义，任何流程的设计和实施都必须以顾客标准为标准。以顾客为中心，是流程再造成功的保证。

　　4．以企业战略为指导原则

　　企业流程再造是一项战略性的进行企业重构的系统工程，企业实施流程再造的根本动力和出发点就是企业长期可持续发展的战略需要。

四、企业财务流程再造的操作性原则

　　企业财务流程再造的操作性原则就是那些保障财务活动得以顺利进行的原则。包括：

　　1．围绕企业活动结果进行组织原则

　　在传统的以职能为核心的企业里，财务流程被分割成独立的任务，按照工作顺序分配给不同的职能部门完成。因而，呈现在企业管理层面前的是明显的工作顺序。其结果很容易使企业进行财务流程再造时，陷入围绕财务工作顺序进行再造组织的陷阱里。如果把重点放在各职能部门上，再造的领导者就会失去进行彻底变革所需要的宽广视野，使财务流程再造方案设计的思路受到限制。

　　所谓围绕企业活动结果进行财务流程再造，就是指围绕企业最终要为顾客提供的产品和服务进行财务流程的设计和组织。从结果出发，才能拥有进行真正彻底再造所需要的财务活动的灵活性。

　　2．让资金使用者参与财务流程管理原则

　　传统企业中流程延误、资金使用效率低的现象普遍存在，究其原因在很大程度上是由于使用资金的人没有参与财务流程。从而，既不利于调动企业财务流程实施者的积极性，又使流程无人负责，很容易形成相互扯皮、相互推诿的局面。因此，让那些利用生产结果的人能够参与财务流程设计和管理，有利于做到责任和利益相统一。

　　3．使财务信息的处理和传递更有效原则

　　传统的以职能为核心的企业里，工作程序间的信息传递是标准化的。而在流程为核心的企业里，面对的是顾客不断变化的需要，因此，要利用计算机网络，不仅使财务信息处理和传递在速度上及质量上都得到最好的保证，而且要通过对财务流程的重新设计，使财务信息的产生和传递之间的连接方式更为合理。

　　4．必须顾及利益相关者各方切身利益原则

　　任何变革都不是变革者个人的事，它涉及很多人的切身利益。如果不关注人们的所思所想，就不能指望人们的理解和支持。应该明确，财务流程再造是一个有机的系统，它不仅要求各环节的相互联系，而且财务流程的再造方案必须顾及企业各利益相关者的切身利益。

5. 随财务流程再造工作过程而决策原则

财务流程再造是创造一个新的财务活动流程，没有已有的经验可以照搬。所以，无法规定和衡量再造的每一个任务的完成情况，甚至事先根本不知道每一步该如何去做，决策只能在再造工作中逐渐总结经验，不断完善而形成。

第四节　企业财务流程再造的实现

一、传统企业财务流程的缺陷

1. 企业财务部门任务分解过细，影响流程效率

传统财务流程是建立在传统分工理论基础上的，数据间联系和控制相对松散。由于劳动分工的影响，许多企业财务部门中，每个工作或任务分解过细，各个子部门之间的信息不能共享，重复劳动多。每一个成员或小组都集中在一个非常具体和有限的范围内，尽管局部效率可能比较高，但往往对整个流程的效率以及它对整个组织的增值性考虑不到。

2. 会计信息系统与企业其他业务流程相对独立

传统财务流程导致会计信息系统与企业其他业务流程的相对独立，使会计信息不能满足管理的需要。有些企业应收账款和应付账款与其上游流程脱离，应付账款和采购流程、应收账款和销售订单完成过程衔接不畅，重复录入数据、审核和检查。

3. 传统财务流程无法实现企业实时监控的需要

传统财务流程下，一些企业的财务预算、财务分析和控制能力很弱，除了缺乏必要的人力以外，还缺乏必要的工具支持。

因此，财务流程再造就是要克服传统财务流程存在的缺陷，目的就是要减少重复劳动，提高工作效率，改善财务预算和分析能力，提高财务控制的有效性。

二、企业财务流程再造的阻力

1. 来自基层的障碍

随着计算机的广泛应用，基层担心系统代替人的传统记账工作会导致相关业务程序消失，可能会引起自己的失业或工作负担过重，也有的人是不愿意学习新的知识和不愿意放弃旧的工作方式。

2. 来自中层的障碍

来自中层的阻力是最大的，因为中层财务人员最担心的是组织和权力结构

的变化。他们会较多地考虑财务流程管理方式的改变，以及自己在这种变革中所受到的影响，他们随时在想是否能跟上和适应这种变革，或者是退下来会付出怎样的代价，他们开始不赞成变革，继而表现为观望、等待。

3. 来自高层的障碍

高层财务管理人员不必担心财务流程再造会给他们带来失业。所以，推行财务流程管理信息系统，高层主要是熟悉问题，熟悉这种变革的重要性，是如何处理眼前利益与长远利益的矛盾，还有如何克服阻力的问题。但是，信息系统支持下的财务业务流程再造对高层的决策方式也有影响，进而可能影响其利益要求，这一切使得他们也可能采取消极的态度对待财务流程再造。

三、企业财务流程再造的意义

企业实施财务流程再造的根本动力和出发点是企业长期可持续发展的战略需要。因此，要求企业的高层管理人员充分认识它在企业财务绩效改进中的地位，创造组织环境为之服务。具体地，企业财务流程再造的意义在于：

1. 合理的财务流程再造可以使企业的活动建立在顾客需要导向上

顾客需求是企业一切活动的目标和中心，顾客价值的获得是企业价值获得的基础，企业只有在内部发展出具有为顾客创造价值的核心财务流程，其价值才能不断得到提升。企业组织的使命就是要了解市场上顾客的需求，为客户提供价值的增值，面向顾客的价值增值是财务流程再造的出发点和归宿。在企业财务流程再造中，应打破原有科层组织中的职能与部门界限，使企业的活动建立在顾客需要导向上，通过识别企业的核心业务流程和对顾客价值不具有价值增值的作业活动，并将具有价值增值的作业活动重新组合，以优化企业的整体业务流程，缩短交货时间，提高运营效率。

2. 合理的财务流程再造能够使企业价值链得以优化

在传统劳动分工理论指导下，财务流程分割为各种简单的任务，并根据任务建立各种职能部门。这种方式不利于企业价值链的整体优化，无法更好地满足顾客不断变化的需求。以流程为重点，就是要以顾客为中心，在财务流程中通过建立控制程序，消除各职能部门之间的摩擦，降低管理费用，提高对顾客的反应速度。

3. 财务流程再造能够改变管理理念培养团队合作精神

职能制是工业经济时代的产物。采用职能制的企业，员工被局限在某个部门的职能范围内，这种导向实际上不鼓励创新，从而极大地限制了个人的能动性与创造性。财务流程再造就是要使每个流程在业务处理过程中最大限度地发挥个人的工作潜能，改变财务管理理念，激励以人为主体的流程化有机组织，在以团队为单元的组织中，充分发挥每个人的主观能动性，调动其工作积极性。

4. 合理的财务流程再造是公司价值创造的源泉

从价值创造要求出发，财务流程再造必须平衡不同利益主体的关系。企业应当使利益相关者利益最大化，而不能仅仅使个别股东利益最大化。除股东外，各利益主体包括客户、供应商、员工等。通过财务流程再造可以增强企业价值的创造能力，提高公司的价值优势，增加收入和盈利，降低成本，增加股东财富，增强企业组织的灵活性和绩效，承担社会责任。

5. 合理的财务流程可以通过建立信息系统实现信息共享与集成

根据财务流程再造原理，信息共享应该在流程中自然体现出来，即应确保流程中相关信息的唯一性。在新流程设计时，要确定每个流程应该采集的信息以及对信息的处理方式。

四、企业财务流程再造的实现

现在已有一些比较成熟的财务信息系统，集成了企业采购系统、制造系统、销售系统等主要系统，在实现了物流和资金流的基础上，结合企业的实际情况，通过进行综合分析，加强预算管理以及各项财务指标的分析，辅助进行财务分析和决策。这种系统还可以进一步扩展到股权管理系统、全面核算系统、资金计划系统、财务分析系统等，从核算、分析、预算和管理等角度来支持财务流程。

1. 加强财务供应链管理

所谓财务供应链管理就是运用信息技术手段，通过供应链上下游及金融机构间的业务流程整合，优化收付流程和减少支付成本，有效降低企业的营运资本占用。财务供应链管理使供应链理论更为完善，在战略、营运、成本之外，关注到现金资本的效率。

财务供应链管理是建立在上、下游企业间的信任和互利基础之上的，它拥有一个高效的流动性管理系统，能快速地利用电子化进行支付处理，以动态实时地支持整个企业的财务运作。这个流动性管理系统除了可以进行短期的头寸调度外，还能通过一个现金预测的辅助管理视图，结合企业收支项目作较长周期的现金分析决策，使企业能够对现金流有一个提前和相对准确的规划。同时，及时准确的现金管理和规划系统也是财务供应链管理的一个组成部分。快速有效地实施财务供应链管理，可以使企业在资金层面的操作变得更为快捷，不但可以极大地降低资金成本和交易成本，还可以使企业的整个营运流程的运作更为顺畅，提高企业乃至整个企业网络的动态财务能力。

2. 建立面向流程的组织结构

随着企业流程的不断创新，许多组织可以通过建立面向流程的组织结构，使得应收、应付以及成本会计都将作为一个子过程参与到相应的上游过程中。换言之，应付账款应作为采购制造流程的一部分，应收账款应作为订单获取和完成流程的一部分，成本会计作为制造流程的一部分。同时，通过建立一个集成的财务数据库，将所有应收或应付等记录输入一次，后续的财务和分析活动可以获取这些数据，而不管其业务属于组织结构中哪个领域。因此，很明显在未来的组织中，财务职能将可能分散在组织的各个层面中，集成到组织企业运营流程中。

3. 找出对顾客价值创造起重大影响作用的关键流程

不是所有的财务流程都需要通过流程再造。企业应对那些对价值创造最为关键的流程、效率低下的流程进行再造。通常情况下，财务流程是通过多个活动的有序集合，从而产生出对顾客有价值的结果。若一个企业的财务流程运作效率低下，对顾客价值的创造贡献很小，则这种流程肯定有问题，或者至少是在整个流程中，某些关键性的环节设计存在不足。为使流程再造获得期望的效果，企业先应通过分析，找出关键问题所在。

4. 落实财务流程再造所需的各项其他条件

优化财务流程不仅受流程设计是否合理的制约，而且还受诸如企业的技术水平、员工素质、财务实力以及风险的承受能力等其他条件的约束。一般地，企业财务流程再造需要花费一定的成本，成本越高，再造的风险相对增大。一个企业不能不顾自身的资金条件，进行无力承担的再造。

第六章　企业财务战略管理业绩评价

　　任何企业，从创办时起，就在自觉或不自觉地对业绩进行管理。随着知识经济时代的到来，信息技术的发展、市场全球化以及竞争的激烈化，企业业绩管理的重要性更突出地表现出来。当今管理者面临着艰巨的挑战——要使他们所管理的组织或单位的业绩具有持续性。业绩管理由此成为现代企业管理的重要环节。企业各项决策是否有效在很大程度上也取决于业绩评价的可靠性，几乎所有企业管理惯例、技巧、观念，都以业绩管理为评价标准。企业进行业绩管理的根本目的既是实现其根本目标或者提高经营业绩的要求，也是使员工行为与企业组织行为保持一致的必然选择。

　　业绩计量和评价是财务战略管理的一个重要环节，是连接财务战略目标和日常经营活动的桥梁。通过对财务战略管理业绩的计量，才能将财务战略的执行情况与战略目标进行比较，才能进行差异分析，及时采取有效措施，实施财务战略控制，保证财务战略目标的实现。尽管业绩管理不是一种新思想，需对业绩进行管理早已达成共识——无论我们关心的是组织层次、个人层次，还是其他层次的业绩，进行管理都是必要的。近年来，业绩管理作为一种管理理念，引入了许多新的管理思想，因此，在财务战略管理的作用更为凸显出来。

第一节　业绩管理及业绩管理模式

一、业绩与业绩管理

1. 业绩

　　业绩也称绩效、效绩等，既可以看做是一个过程，也可以看做是该过程产生的结果。财政部统计评价司认为，企业效绩是指一定经营期间的企业经营效益和经营者业绩。企业经营效益水平主要表现在盈利能力、资产营运水平、偿债能力和后续发展能力等方面。经营者业绩主要通过经营者在经营管理企业的过程中对企业经营、成长、发展所取得的成果和所做出的贡献来体现。

企业业绩可以从两方面来理解：一是以结果为导向的业绩，是指在特定的时间内由特定的工作职能或活动产生的产出记录；二是以行为为导向的业绩，是指与企业目标有关的、可以按照个体的能力（即贡献程度）进行测量的行动或行为。通常涉及以下概念：

（1）经营业绩与管理业绩。经营业绩是直观反映由企业经营活动而带来的整体财务状况与经营成果，它以真实公允的会计报表为主要依据，是针对公司状态的静态评价。具体是指企业在生产经营中，通过投入劳动、资源、设备、材料等各种经营要素，经过经营者和员工的有效利用，产出更高的经济价值和社会贡献。在财务方面主要表现为企业在一定期间内资产营运、偿债能力、财务效益等各方面的经营成果。

管理业绩主要是针对企业管理活动带来的业绩进行考核，反映高层管理者努力程度所带来的结果与状态，是对管理者的主观能动性进行的评价。

（2）财务业绩与非财务业绩。财务业绩是从财务数据角度，利用财务指标定量评价企业经营状况及其努力程度；非财务业绩是从经营属性方面定量与定性相结合来评价经营状况及努力程度。相比而言，财务业绩是一种结果体现，而非财务业绩大多是一种过程或先导指标。

（3）所有者业绩与利益相关者群体业绩。所有者业绩关注的焦点是具有报表属性的净资本报酬率（ROE）、税后净利等财务指标，或者具有市场属性的每股市价、经济增加值（EVA）指标，它反映最终给股东带来的价值增值；而利益相关者群体（包括股东、债权人、供应商、员工、政府及社会等）的业绩则关注企业为利益相关者群体所创造的价值或回报，如总资产报酬率、利息保障倍数、纳税及捐赠情况等。

2. 业绩管理

业绩管理作为一种解决或缓解委托—代理问题的制度模式，其主要内容包括：业绩管理的主体、业绩管理的客体、业绩评价目标、业绩评价指标、业绩评价标准、业绩报告和激励报酬七方面属性。

汤谷良等认为，业绩管理是事前计划、事中管理、事后考核三位一体的管理体系。是依据组织体系，通过总部与责任中心、责任中心与员工之间达成的业绩合同或协议的履行、双向互动沟通及评价而进行的管理。其中，业绩合同主要指预算业绩合同或预算计划，协议主要指责任中心职责描述与员工工作职责、工作业绩衡量办法等。在业绩管理体系中，业绩评价是其核心内容之一。

由于理论界在对业绩管理的客体认识上存在的差异，形成了业绩管理的三种组织模式，这三种组织模式分别涉及业绩管理的各个层次，即组织、个人和介于两者之间的层次。因此，关于业绩管理，总结起来有三种主要观点：

（1）业绩管理是管理组织业绩的系统。如英国学者罗杰斯（1990）认为：业绩管理系统的特征在于它是团体的系统，具有一个一体化年度管理周期。其中包括如下内容：制定团体政策、资源目标和方针；制订一套详细的业绩计划、预算、目标、指标和标准；定期地有组织地对所有服务业绩进行考察。布瑞德鲁普（1995）对业绩管理含义有更详尽的看法，他认为业绩管理主要包括三方面的内容：计划、改进和考查。其中，业绩计划包括系统地阐述组织的预期和战略，以及定义业绩等活动；业绩改进是一个过程，包括商业过程重组、持续过程改进、标准化和全面质量管理等活动；业绩考查包括确定业绩衡量标准和评估。其核心在于决定组织战略以及通过组织结构、技术、事业系统和程序等来加以实施，雇员虽然将受到技术、结构、作业系统等变革的影响，但并不是主要的考虑对象。布瑞德鲁普认为组织业绩有三个方面：有效性、效率和变革性。有效性指满足顾客需要的程度；效率是公司使用资源的节约程度；变革性是公司应付将来变革的准备程度。上述三者的统一将最终决定一个公司的竞争力。

（2）业绩管理是管理雇员业绩的系统。持有这一观点的学者通常将业绩管理视为一个周期。如艾恩斯沃斯（1993）和史密斯认为，业绩管理分为计划、估计和反馈三步。奎因（1987）认为，业绩管理包括计划、管理和评估。类似地，托瑞顿（1995）和霍尔也将业绩管理分为计划、支持和考查业绩三个步骤。

（3）业绩管理是综合管理组织和雇员业绩的系统。这种观点不是前两者的简单加合，而是将业绩管理视为管理组织和雇员业绩的综合体系。它比仅将雇员视为业绩管理客体的观点来说，组织框架更加明晰。但即使是综合的业绩管理系统，模型也有区别。

考斯泰勒（1994）认为，业绩管理通过将各个雇员或管理者的工作与整个工作单位的宗旨连接在一起，来支持公司或组织的整体事业目标。

Income Date Services（1992）认为，业绩管理的中心目标是挖掘员工的潜力，提高他们的业绩，并通过将雇员的个人目标与企业战略结合在一起来提高公司的业绩。

在英国学者中有影响的观点似乎是视业绩管理为一套实质上以雇员为中心的干预措施。其目的在于根据组织业绩管理个体雇员的业绩贡献。因此，业绩管理的中心实际上是一个活动周期，包括个人业绩在以下方面的某些或所有政策和程序：指导/计划、管理/支持、考查/评估、发展/奖励。

二、业绩管理的历史演进

从 19 世纪下半期的工业化生产到 20 世纪 70 年代的历史看，企业业绩管理内容的重心经历了一个增加产量—降低成本—提高质量的过程。19 世纪 80 年代开始的科学管理运动，强调应用科学方法来创造集体的协调与合作，以达到最大的产出量。在此期间，企业管理人员逐渐认识到产品固定成本的增加对企业赢利的影响日益扩大。因此，19世纪和20世纪之交，业绩管理的重心集中于增加产量方面。

20世纪初期，随着工业化大生产基本格局的形成，不少公司的组织规模一直处于变化之中，产品制造程序日趋复杂，产品成本中间接费用日益增大，解决此类问题成为当时管理关注的焦点。特别是"二战"后，各个企业面对的基本上是卖方市场，业绩管理成为提高企业生产效率，增加产量的模式。

进入20世纪70年代后，由于企业生产效率提高，生产量的增长超过了需求增长，市场的主导权开始由生产者向消费者转移。社会需求的变化反映到生产组织上来，就是传统的、以追求规模经济为主要目标的大量生产被"顾客多样化"生产所取代，而企业生产组织的变化反映到企业管理上，要求包括业绩管理在内的管理控制系统做相应的配套性改革。因此，企业面对消费者需求层次的不断提高和竞争日益加剧的环境，开始着手改变他们的生产经营方式，力图提高产品质量、提供优质产品以吸引需求，获得竞争优势成为当时企业业绩管理的重点。这一时期，业绩管理主要依赖于财务数据和财务信息，业绩评价和管理的重心在可计量的经济效益方面，对生产和经营活动的评价主要是看一些具体的技术指标，而没有与企业的整体战略相联系。

20世纪80年代，人类社会开始从工业时代迈向信息时代，企业的经营环境发生了巨大变化，并进而影响到企业的微观经营环境也发生了很大的变化。由于技术革命的加快和技术革新周期的缩短，推动了企业大力开展研究与开发，从而增加了企业的技术密度，进一步加快了产品和制造工艺的发展，生产了许多属于创造需要性的新产品。同时，也加剧了企业间的竞争。但这一时期，由于企业一味重视获利，给社会带来了许多消极影响，如经济发展波动大、通货膨胀、垄断行为、售后低质服务、环境污染等。这一切引起了社会对企业的不满，从而提高了对企业的要求。许多人认为市场竞争的日益激烈应成为人们日益关心业绩改进的一个重要因素，企业要想获得成功必须在产品和服务质量、生产成本创新、将新产品和服务投入市场的速度三个领域取得更高层次的业绩。企业更进一步认识到，企业的使命是为顾客创造价值，企业的成功来自于整体流程的绩效。

由此可见，环境决定企业的生存法则。随着环境的演变，企业管理层不可能仅依据反映性和总结性的事后业绩指标对企业的发展做出合理的判断。他们所需要的是动态的、实时的对企业运作过程的监控，甚至需要大量的事前的、具备征兆性的业绩指标。管理层需要在掌握事后总结性的财务信息之前掌握企业的整体运作情况，业绩评价体系必须对企业的整体作业流程进行反映，只掌握结果信息是不够的。而且，反映出的业绩信息应当有助于指明管理努力和管理行为的方向，有助于提出具体的可操作的管理措施。

三、欧美及日本的业绩管理模式

人文精神对业绩管理存在着深刻的影响和制约，巨大的人文环境差异影响到世界上不同国家和地区的业绩管理模式。虽然近年来这种差异随着管理经验的交流已逐渐减少，但其形成仍然倾向于适合各自文化主体的特征。

1. 欧美的业绩管理模式

美国人文精神在对待个人与集体、个人与社会的关系上，以个人为本。主要表现为个人权利、个人利益、个人功名的追求和崇尚，国民有强烈的个人主义倾向，崇尚个人奋斗。受这种主流文化的影响，欧美地区企业业绩管理侧重于员工行为，并把个体看做是企业业绩管理的关键。因此，业绩管理主要以个体为中心进行。具有代表性的是 Compell 的观点。他把业绩归结为：具体工作任务熟练程度、非具体工作任务熟练程度、书面和口头交流任务的能力、所表现出的努力、维护个人纪律、促进他人和团队业绩、监督管理或领导、管理或行政管理八个主要个体因素或组成部分的框架。

美国人侧重于以物质尤其是金钱（提薪、发奖金等）的形式对员工进行刺激，促使其提高业绩。

2. 日本的业绩管理模式

日本的人文精神体现在处理个人与集体、个人与社会的关系上，以集体、社会为重，崇尚对相互依存的共同体利益的追求和维护，强调个人利益在集体价值中的实现。日本人为达到目的，采用以管理组织团体为主的业绩管理思想，日本企业的成功管理离不开他们对目标管理实施灵活有效的运用。由于日本人注重团队精神，所以，日本企业进行业绩管理时，对基层目标的制定以团体为主，团体的员工则采用不区分能力决定因素、差别很小的标准。

日本的业绩管理是一种由上至下的模式，通过禀议制建立的任务目标代表着团体业绩的方向，但由于任务由组织实施，因此，很难客观评价个人业绩，也很难区分个人的能力和工作。

第二节　业绩评价系统

一般地，评价就是人类的一种认知活动，是为了达到一定目的，而采用一定的方法，对事物做出价值判断的活动。简单地说，评价是指通过比较分析做出全面判断的过程。

企业经营业绩评价就是为了实现企业的生产经营目的，运用特定的指标和标准，采用科学的方法，对企业的生产经营活动过程及其结果做出的一种价值判断。其核心是比较所费与所得，力求以尽可能小的所费去获得尽可能大的所得。从企业外部看，业绩评价是业绩信息的外部使用者做出决策的重要依据；从企业内部看，度量组织内部各分部的业绩则是组织内分配资源的先决条件，业绩评价是确定报酬的前提条件，是激励员工的关键因素；业绩评价是通过收集企业经营成果的相关信息，将其和特定的标准进行比较的过程，在本质上是一种管理控制手段，通过将已经发生的结果与预先确定的标准进行对比，供管理者在采取下一步管理活动时做参考。

一、业绩评价的种类

业绩评价按不同的标准可以分为不同的种类：

1. 按评价内容，可分为综合评价与单项评价

（1）综合评价是指对某些复杂现象或综合现象的评价。即是指将各子系统的状况加以合成，用以描述整个系统的特征，使人们获得整体的认识。

（2）单项评价是指对某一具体经济现象所作的评价。

2. 按评价层次，可分为整体评价、部门评价和个人评价

（1）整体评价是对企业整体的评价。

（2）部门评价是对企业中的某个部门进行评价。

（3）个人评价就是对企业中的员工个体的评价。

3. 按评价指标，分为财务评价和非财务评价

（1）财务评价主要是以财务指标为主进行的评价。

（2）非财务评价主要是以非财务指标为主进行的评价。

4. 按评价主体，分为外部评价和内部评价

（1）外部评价的主体主要是政府有关部门、投资者、债权人、社会公众等。

（2）内部评价的主体主要包括经营者、部门经理、员工等。

5. 按评价时点，分为定期评价和不定期评价

（1）定期评价就是按年、季度、月份进行的评价。

（2）不定期评价是就专门的事项不定期进行的评价。

二、业绩评价系统的构成要素

研究业绩评价，要搞清楚谁需要评价信息，是经营者，还是投资者，或者

是其他利益相关者。简单地说，企业业绩评价主体是指谁有权和动力评价企业的经营业绩。在现代企业经营环境中，企业经营业绩评价主体呈多元化的格局。有狭义和广义之分。狭义上，企业业绩评价主体包括经营者进行的内部管理业绩评价和企业的资源提供者对企业业绩的评价；广义上，企业经营业绩受投资者、债权人、财务分析师、银行家、企业管理人员以及政府等利害关系人的关注，他们共同构成企业经营业绩评价系统的主体。弄清楚评价主体后，就可以明白评价主体需要什么样的信息，他们对评价信息有什么样的质量要求。

企业经营活动是通过签订一系列企业契约实现的。企业契约就是企业财务契约完成情况的综合体现，是企业经营者从事经营管理活动所取得的成果，也称为绩效。企业利益相关者将自己拥有的资源投入企业，同时拥有企业的所有权。为了评价一个时期企业与各利益相关者契约完成的质量，企业利益相关者就会选取特定的指标体系，对照特定标准，采用特定方法，评价企业业绩，解决不同利益相关者在财务契约履行过程中的资源界定和利益分配问题。建立一个有效的企业业绩评价体系，确定企业经营者业绩的评判标准及报酬支付方式，是形成合理的企业整体契约机制的重要内容。企业经营业绩评价系统的目标是整个系统运行的指南和目的，没有明确的目标，整个业绩评价系统将处于无序状态。

评价信息传递给评价主体后，评价目标就达到了，评价过程也就完成了，可以说评价主体是评价体系的决定因素，它决定了评价体系的构建以及发展方向。由于要考虑为更广泛的评价主体服务，业绩评价主体与企业之间不考虑严格的契约关系和委托—代理关系，或者说要考虑他们存在的隐形契约关系和委托—代理关系。从更深刻的意义上讲，评价主体与企业之间的契约关系和委托—代理关系是"虚位"。因此，业绩评价的目标是为评价主体提供与决策相关的信息，财务会计提供的信息只是一部分信息，面临着其他信息提供者的竞争。这个竞争者之一就是业绩评价提供的信息，它能为投资者进行决策提供更广泛的信息。

具体来说，作为企业管理控制系统中一个相对独立的子系统，企业业绩评价系统由以下几个要素构成：

1. 评价目标

业绩评价系统的目标是根据主体的需求确定的，是从一定量的主体需求中归纳出来的，是整个系统运行的指南和目的，它服从和服务于企业的整体目标。企业在不同的发展阶段上，要实现的目标不同，因而业绩评价目标也不同。如在企业生命周期的最初阶段，企业开发的产品和服务有着巨大的成长潜力，要利用这一潜力，企业必须动用大量的人、财、物，增强经营能力。这一阶段企业的财务目标重点是销售的增加和获取源源不断的资金提供。因此，评价系统在选择指标上要适应这一目的，如用销售增长率来评价企业经营业绩。在企业发展的成熟阶段，企业已没有理由进行大规模投资或增强新的能力，任何投资项目都必须具有十分明确和短暂的报偿期限，企业的财务目标则转而注重现金流动，该阶段企业的目标是使企业以往所有的投资所能创造的现金流量最大化。这一阶段，企业的经营业绩评价指标用现金流量较为合适。

一般情况下，业绩评价主体往往是与企业有利益关系的不同群体，即利益相关者。包括政府部门、投资者、新闻媒体和资本市场的信息中介、管理当局等。即业绩评价的主体和会计信息的使用者基本上是相同的，他们有时对信息的需要是相同的，因此，进行业绩评价时经常借鉴会计指标。同时，在业绩评价时应综合考虑各方要求，这种要求须具体体现于评价指标的设计上。事实上，在历史上某些阶段财务会计信息起着业绩评价作用，只是后来企业组织形式的变化以及企业周围的环境发生变化，财务会计信息不能满足评价的要求，才单独地发展了业绩评价，业绩评价的目标是为评价主体提供与决策相关的信息。在一定程度上，评价主体能收集真实信息的多少反映了资本市场的完善程度。不同评价主体在企业筹资、投资和收益分配等方面的活动都以实现自身利益最大化为前提，由于各自目标的不同和利益的不一致，往往会形成一种经济利益冲突，为化解各种财务冲突，有必要构建一个在财务契约理论上的业绩评价体系，通过财务契约的指导和业绩评价的反馈，形成一个有机的循环体系，保持业绩评价的持续性，保证企业各利益相关者所做的决策服从利益相关者利益最大化的目的。

基于财务契约主体的多元性来看，业绩评价的目标各不相同：

（1）政府部门。作为社会公众利益的代表对企业进行业绩评价，其评价目的是了解企业提供税金、就业机会以及环境保护等责任义务履行的情况。

（2）投资者。由于两权分离，它们评价的目的是反映管理当局对受托责任的完成情况，或者是为其投资决策提供各种信息。由于专业能力和其在资本市场上博弈的特殊性，机构投资者是重要的评价主体，业绩评价能提供经理人的努力程度的信息等，让投资者更好地决定是否聘请该经理人，决定资本的投向。

（3）债权人。在进行信贷或赊销决策时，债权人要对企业的资信状况进行评价。业绩评价能够很好地评价企业的偿债能力，降低债权人的风险。

（4）所有者。其评价目的一方面是从委托人的角度了解企业投入资本的保值增值情况，另一方面是了解作为代理人的企业经营者在企业价值创造中的贡献。

（5）资本市场上的信息中介。包括资本市场的证券分析师、股票证券公司等。实证研究表明，证券分析师对被评价企业的业绩能做出很合理的评价，其评价的目的在于判断企业的股价走势，为市场上分析投资的可行性提供帮助。

（6）关联企业。随着企业间战略合作关系的发展，企业间影响和控制的加强，企业的利益不仅和自身经营相关，而且和其他企业的剩余收益紧密地结合在一起，如果其他关联企业的发展与本企业的发展休戚相关，那么关联企业也会成为本企业业绩评价的主体。关联企业进行业绩评价的目的主要是了解企业之间的关联程度及其相互影响的高低。

（7）管理当局。管理当局进行业绩评价有两个目的：其一是找出工作中的优点及不足，为加强企业经营管理服务；其二是通过业绩评价为管理当局带来一份优厚的报酬。在后一种情形下管理当局有将其经营业绩主动传递给其他评价主体的动机。

2. 评价对象

业绩评价系统的对象是由评价主体根据需要确定的，不同的对象具有不同的特性。具体可以划分为两个层次，一是企业，二是企业管理者。对企业的评价主要是看企业整体目标是否得以实现。对企业的评价关系到企业的扩张、维持、重组、收缩、转向或退出；对管理者的评价关系到其奖惩、升降等问题。业绩评价系统的对象也可以划分为企业、部门和个人三个层次，对部门业绩进行评价是企业内部分权管理的需要。从责任会计的角度看，业绩评价的对象是责任中心，确定责任中心是业绩评价的前提。

3. 评价指标

业绩的衡量依赖于指标。业绩评价指标是指对评价对象的哪些方面进行评价。合理设计业绩评价指标，是保证系统功能的关键。一套先进的业绩评价指标应该具有较广的适用范围、严密的逻辑结构以及可操作性。评价指标既要能满足各评价主体的信息要求，又要能体现各指标的关联性和协调性。为此，可以将企业经营业绩的评价指标分为基本指标和辅助指标两个层次，其中，基本指标是评价企业经营业绩的主要指标，是整个评价指标体系的核心；辅助指标是对基本指标的进一步说明，是对基本指标的必要补充。

作为战略管理的工具，业绩评价系统所关心的是评价对象与企业战略目标的相关方面，即所谓的关键成功因素。这些关键成功因素具体表现在评价指标上，有财务方面的，如投资报酬率、销售利润率等；也有非财务方面的，如售后服务水平、产品质量、创新速度和能力等。因此，作为用来衡量业绩的指标也分为财务指标和非财务指标。其中，财务评价指标由于有较好的可定量性和可操作性，所以得到了广泛的应用。与此同时，由于财务指标反映的是过去的绩效，并不能提供创造未来价值的动因，因此，非财务指标也成为体现管理层绩效和公司发展前景的指示器。由此，在企业绩效评价方法上出现了以美国纽约 Stern Stewart 咨询公司创立的经济增加值为代表的财务指标和以卡普兰和诺顿创建的平衡记分卡为代表的非财务指标创新。

不过，如何将关键成功因素准确地体现在各具体指标上，是业绩评价系统设计的重要问题。

4. 评价标准

业绩评价标准是指对评价客体进行客观、公正、科学的分析评判的标尺，是判断评价对象业绩优劣的基准。评价标准是在一定前提下产生的，具有相对性，选择什么标准作为评价的基准，取决于评价的目的。目前常见的业绩评价标准有经验标准、年度预算标准、历史标准和竞争对手标准等。经验标准是依据人们长期的、大量的实践经验的检验而形成的，主要适用于一般情况，并非可以适用于所有领域；预算标准是指企业根据自身条件或经营状况制定的，用来分析考核企业内部各级、各部门的经营业绩；历史标准是指以企业过去某一时期的实际业绩为标准。竞争对手标准主要可用于评价企业在同行业中的地位和水平。在具体选用标准时，应与评价对象密切联系，如评价对象为管理者时，采用年度预算标准较恰当；而评价对象为企业时，最好采用资本预算标准和竞争对手标准。

5. 分析报告

业绩评价分析报告是业绩评价系统的输出信息，也是业绩评价系统的结论性文件。业绩评价人员以业绩评价对象为单位，通过会计信息系统及其他信息系统，获取与评价对象有关的信息，经过加工整理后得出业绩评价对象的评价指标数值或状况，将该评价对象的评价指数的数值状况与预先确定的评价标准进行对比，找出产生差异的原因、责任及影响，得出结论，形成业绩评价报告。评价分析报告应客观、公正、准确地反映评价客体的情况，准确描述企业经营业绩的各方面情况，应集中体现评价的原则和目标，形式力求规范。

三、业绩评价体系的演变

1. 国外企业业绩评价体系的演变

国外的企业绩效评价已经有了很长的历史，对企业绩效评价的研究，源于所有权和经营权的进一步分离。

从 20 世纪初至 20 世纪 80 年代，财务评价几乎是企业绩效评价的全部内容，评价结果也与经理人的报酬挂钩。这期间的研究成果主要有：美国学者亚历山大·沃尔提出的信用能力指数概念；美国学者米切尔关于美国经理人的报酬与绩效的关系；威廉·比弗提出的财务失败预警模型；布朗创立的杜邦财务分析法；等等。自 20 世纪 90 年代起，针对传统业绩评价系统的缺陷，国外许多学者对业绩评价理论进行了深入的研究，出现了经济增加值、平衡记分卡等新的理论成果。

其评价指标随着企业规模和组织形式的变化发展大体分为三个时期，即成本绩效评价时期、财务绩效评价时期和经营绩效评价创新时期。

（1）成本绩效评价时期。成本绩效评价时期主要是指 19 世纪初到 20 世纪初这段时间。从 19 世纪初开始，企业生产规模不断扩大，经营地域不断拓展，到 19 世纪末，铁路业、钢铁业和商业的管理者根据各自行业的经营特点先后建立了相应的业绩计量指标，用于激励和评价企业内部的经营效率。由于早期的成本思想是一种很简单的将本求利的思想，成本计算也是一种简单地以盈利为目的的计算。这一时期，规模经济的优势使得企业仅关注同类产品的生产效率，因此用于评价企业经营绩效的指标一般是每码成本、每吨公里成本等，这种绩效评价带有统计的性质。

随着商品经济的发展，简单地以计算盈利为目的的成本思想逐渐被如何提高生产效率、以便尽可能多地获取利润的思想所取代。20 世纪初，科学管理之父泰勒对工作效率进行了系统的研究，并按照理想状态为每种产品制定了原材料和人工的数量标准，进而建立了产品的标准成本。标准成本制度的建立，标志着人们观念的转变，达到了成本管理的目的。成本控制的状况即标准成本的执行情况和差异分析成为该时期评价企业经营绩效的主要指标。

（2）财务绩效评价时期。财务绩效评价时期主要指 20 世纪初到 20 世纪 90 年代这段时间。这一时期又分为三个阶段，即以销售利润率为中心的财务绩效评价阶段、以投资报酬率为中心的财务绩效评价阶段和以财务指标为主的财务绩效评价阶段。

20 世纪初，多元化经营和分权化管理为业绩评价的进一步创新提供了机会。20 世纪 20 年代，运用比较广泛的绩效评价指标是销售利润率。这是因为，在当时的情况下，许多控股公司的重点目标是税负最小化。随着杜邦公司、通用公司这类多部门企业组织形式的发展，投资报酬率指标的应用范围得到拓展，影响最大的就是杜邦公司提出的杜邦财务分析体系。杜邦公司的财务主管唐纳森·布朗建立了杜邦公式，并发明了至今仍广泛应用的"杜邦系统图"。1923 年，通用公司的董事长小阿尔弗雷德·斯隆提出的分权管理就是利用了布朗的理论。到了 60 年代，许多控股公司出于成本效益及管理方便的考虑，通常借助于"投资中心"或"利润中心"实施对子公司的管理与控制，运用最为广泛的业绩评价指标主要是预算、税前利润和剩余收益等，并把它们作为对企业管理者补偿的依据。这一时期的绩效评价始终与产量相联系。

20世纪70年代，霍尔·麦尔尼斯发表了《跨国企业财务控制系统——实证调查》一文，强调最常用的绩效评价指标为投资报酬率，其中包括净资产回报率。利润和现金流量也成为该时期绩效评价的重要因素。20世纪80年代后，产生了非财务指标，从而出现了以财务指标为主、非财务指标为辅的绩效评价指标体系。许多跨国公司认识到过分强调短期财务业绩使企业在竞争中处于不利地位，开始把着眼点转向企业长期竞争优势的形成和保持上，并开始重视过程能力、生产周期、客户满意度等非财务指标。但经营者的业绩仍然依据的是财务业绩而不是工作质量业绩。

（3）经营绩效评价创新时期。进入20世纪90年代以后，企业经营环境发生了巨大的变化，经济全球化和世界经济一体化的特征越来越明显，企业之间的竞争空前激烈。企业为了生存发展，就必须制定出适合企业发展的战略目标，形成和保持企业的核心竞争优势。而且，那些影响企业战略经营成功的重要因素应在绩效评价体系中得到充分体现。许多公司认识到新的公司战略和竞争环境需要新的业绩评估体系。

2. 国内企业业绩评价体系的演变

我国企业绩效评价起步较晚，是从20世纪50年代开始的。其发展过程大体如下：

（1）实物量考核阶段。改革开放以前，我国对企业经营效益的评价称为考核。当时国家开始推行企业经济核算制，相应地，在企业内部开展了班组经济核算，这可以说是我国业绩评价的萌芽，其考核对象主要是工业经济的运行效果。由于企业的经济运行完全服从于国家计划，其主要任务是完成国家下达的总产值指标，因此，政府制定了一系列考核指标，但主要目的是约束企业的经济行为。这一时期的主要考核指标有"生产产值"、"企业规模"和"产品产量"等。这种以实物量为主的考核方式，结果是导致了国有企业的工作效率低下，许多企业为了提高本企业的地位，扩大经营者的业绩，千方百计争资金、争项目、争资源。

（2）产值和利润考核阶段。20世纪70年代末至20世纪90年代初，随着市场经济体制的逐步建立，企业成为市场的主体，企业的竞争环境和管理方式都发生了重大变化。此后，以统计和财政部门为主，全国性的经济效益考核指标体系得以建立并不断完善。为促进企业全面完成国家计划，提高经济效益，1977年国家计委发布了《工业企业8项技术经济指标统计考核办法》，以产品产量、品种、质量、原材料燃料动力消耗、流动资金、成本、利润和劳动生产率8项指标对企业进行考核。1982年，国家经委、国家计委等六部制定了"企业16项主要经济效益指标"作为考核企业的主要依据，具体考核方法为综合计分法，即通过报告期指标与基期指标逐一对比，判断企业经营改善、持平和退步情况，然后进行打分，计算企业经济效益的动态发展指数。这种方法淡化了总产值，避免了单纯追求某一项指标的片面性。

（3）投资报酬率考核阶段。20 世纪 90 年代以来，我国开始探索建立以投资报酬率为核心的企业业绩评价体系。1992 年，国务院、国家计委和国家统计局制定了工业经济评价考核的 6 项考核指标，重点考核评价我国工业经济的运行效益。同时，根据指标的重要程度，对每项指标进行了权数分配，采用了标准值的概念。这套指标体系是国有企业业绩评价方法的历史进步。

1993 年财政部出台《企业财务通则》，其设计的财务业绩评价指标体系由 8 项指标组成，分别从偿债能力、营运能力和获利能力几方面对企业绩效进行评价。1995 年，财政部制定和颁发了《企业经济效益评价指标体系（试行）》的通知，所建立的指标体系包括总资产报酬率、资产负债率、社会贡献率等 10 项指标，从投资者、债权人和社会贡献三方面对企业的经营绩效进行评价。而且以行业平均值为标准，其计分公式与国家计委、国务院生产办和国家统计局 1992 年发布的方法相同。

1997 年，国家统计局等对 1992 年颁布的工业经济效益评价体系进行调整，重点从企业盈利能力、发展能力、营运能力及偿债能力 4 个方面、7 项评价指标对工业经济的整体状况进行评价。1999 年 6 月，财政部、国家经贸委、国家计委等联合颁布了《国有资本金效绩评价规则》和《国有资本金效绩评价操作细则》，并于 2002 年对其进行了修订，提出了新的企业绩效评价指标体系。新修订后的操作细则包括 8 项基本指标、12 项修正指标和 8 项评议指标，从而使我国企业业绩评价理论体系更加科学。

2009 年，为加强对金融类国有及国有控股企业的财务监管，财政部印发了《金融类国有及国有控股企业绩效评价实施细则》，《细则》规定：金融类企业绩效评价指标主要有以下几类：盈利能力指标、经营增长指标、资本质量指标和偿付能力指标，对金融企业经营成果、资本质量、偿付能力和成长性进行综合反映，为财务监督、经济责任审计以及金融业管理提供了重要的参考依据。同时，规定金融企业绩效评价各单项指标的权数，依据指标重要性和引导功能确定，各单项指标计分加权形成金融企业绩效评价综合指标得分，金融企业可以按照重要性和可比性原则对评价期间的基础数据申请进行适当调整。

对企业绩效的评价是一个复杂的系统工程，必须综合各方面的因素才能真正客观、正确地反映企业的绩效。由于企业生产经营的不同特点以及企业所处社会经济环境和管理要求的变化，不同时期绩效评价方法及其指标存在一定的差异。

四、传统以财务业绩为主的业绩评价体系

1. 传统财务指标体系

传统的业绩评价体系以财务指标为主。财务指标种类很多，最常见的有传统收益类指标、现金流量类指标、市场类指标、剩余收益类指标等，它们对经营业绩的反映也各有侧重，各自具有明显的优点和局限。具体地，财务评价指标主要是从会计报表中直接获取数据或根据其中的数据计算有关财务比率。通常，净收益、每股收益（EPS）等财务指标，是衡量企业业绩最常用的、传统的收益指标，它们综合反映了一定时期内企业的最终经营成果。这些指标根据前期发生的会计事项计量企业所创造的价值，在一定程度上反映了企业的经营管理水平，具有很强的易获取性，在粗略评价企业业绩时具有简单方便的优点。由于这些指标的优势在于从财务报告中取得，所以，比较容易计算，应用较为广泛。公司内各级员工都非常了解这些绩效评估指标，也容易理解沟通。而且这些会计指标定期计算，无需任何调整。因不同部门的特点不同，所使用的财务评价指标有明显的不同。因此，对于各类财务评价指标，选择具有代表性的指标进行介绍和优劣比较，能够为内外部经济环境不同的企业，选择或搭配使用各类财务评价指标提供借鉴。

概括起来，财务指标体系主要包括三个方面：盈利性指标、营运性指标与偿债能力指标。

（1）盈利性指标。由于盈利能力的判断有不同的角度，从而有不同的分析结果。一般认为，盈利能力的判断有不同的评价基础，它们分别是利润基础、现金基础和市价基础。而以利润为基础的评价指标又可具体分为会计利润基础（如税后利润、EPS、EBIT 等）和经济利润基础（如经济增加值、调整后的经济增加值等）两个方面。评价经营业绩采用会计利润基础的指标，优点是简单易行，数据的获得比较方便，而且由于与会计报表的一致性，计算结果也容易被有关各方理解和使用，所以在现阶段仍具有较强的适用性。但由于会计利润的计算没有考虑企业的投资规模、融资成本和机会成本，从财务的角度看，应该是不完整的、不全面的。

以现金为基础的指标主要有经营现金净流量、自由现金流量等一系列指标。使用这类指标有利于统一事前预算与事后评价的口径，在一定程度上缓解投资决策的评估方法和投资决策结果的评价方法之间存在的矛盾，从而为企业业绩评价系统提供较真实的部门经济运行情况的信息。

以市价为基础的盈利性指标主要有股票市价指标等。

（2）营运性指标。它以现在资产的营运能力来评价其经营业绩，主要涉及

资产周转率、存货周转率和应收账款周转率等指标体系，这些指标的目的在于分析管理者在既定的资产规模下，如何利用管理技巧来发挥其营运效能，从而使得在不减少赢利的情况下以较少的资产占用，发挥单位资产创造更大价值的潜能。

（3）偿债能力指标。它是立足于企业经营的安全性与风险性来考量资产的营运能力与盈利能力。这是因为，企业的经营只有在安全的基础上才能求发展、求盈利性，没有安全性的盈利是不可能实现可持续发展目标的，从而是不具战略性的短期行为。

2. 传统的业绩评价体系的优缺点

（1）传统业绩评价体系的优点。财务指标在企业竞争战略及经营业绩评价中仍然居于支配地位，仍是企业经营业绩评价的主要工具。

第一，财务指标的可计量性为企业的各利益相关者评价企业的经营活动提供了客观依据。

第二，财务指标本身也不断发展，使得其所蕴含的信息能更真实地反映出企业的业绩。

第三，财务指标主要是从依据会计报表的数据中得到的，这些数据与未来预测数据相比更具有客观性。

第四，利用财务指标有助于认识企业的控制能力、获利能力、偿债能力等。

（2）传统业绩评价体系的缺点。由于传统的业绩评价是一种基于财务报表的业绩评价制度，偏重于静态的财务业绩评价，大多数离不开对财务指标的分析，如杜邦分析系统、沃尔财务状况综合评价法等。但它们只能发现问题而不能提供解决问题的思路，只能做出评价而难以改善企业的状况。并且在企业环境发生上述变化，各种因素对企业前景有着重要影响的情况下，仅仅对一些财务指标进行分析，已经难以满足企业经营管理的需要。传统的财务管理通过对企业内部各单位特点的研究，按管理人员的职责将企业业绩评价对象分为三类：成本中心、利润中心和投资中心。虽然这种划分对管理者重视生产和经营的观念起到了较好的促进作用，但已不适应当今企业由经营管理向战略管理转变的需要。具体地：

第一，传统业绩评价是建立在传统的会计数据基础之上的，是一种基于对过去经营数据的评价，只能获取滞后的指标，不能及时提供企业最近乃至更远时期企业管理层的行为给企业创造价值，或者对企业价值增值有什么影响的信息；不能对企业现在或未来为创造财务业绩而采取的行动提供充分的指导。企业或部门业绩提高的原因是多方面的，既可能是可控因素改变的结果，也可能是不可控因素导致的结果，而根据财务指标主要通过计算投资报酬率来评价企业的经营业绩，不能全面反映出企业的资源和实力。

第二，传统业绩评价以财务业绩评价为主，对无形资产和智力资本无法进行比较充分的确认、计量和报告，许多对企业经营管理有着重要影响的非财务要素难以进入财务报表，并进行评估。这些财务指标往往是单一期间的评估指标，而公司价值取决于长期的经济现金流。也就是说，当采用净利润、每股收益等传统收益衡量指标来制订薪酬计划时，管理人员就会只追求短期利益，热衷于短期提升公司价值的投资项目，而忽略能带来长期价值的投资项目。因此，只有当传统会计绩效评价指标与股东价值最大化相关时，传统会计指标才是合适的绩效评价标准。

第三，传统业绩评价造成企业管理层过分重视短期财务成果，在长期价值创造方面的必要投资过少。财务指标注重得到和维护短期的经营成果，容易导致企业经营管理者急功近利思想的产生和企业的短期行为，使企业不愿意投资于一些表面上看会减少企业的短期盈利而从长期来看却可以提高企业持续经营能力的行为，使企业业绩评价只看重短期经营业绩而忽视长期价值的创造。

第四，传统业绩评价侧重于企业内部，忽视了对企业外部因素的评价。企业绩效评价主要在于满足股东、债权人或管理者的需要，只偏重于对企业内部经营管理的衡量。财务指标没有直接考虑权益资本成本，这样，权益资本成本的隐含部分——占用权益资本的机会成本就未被揭示，使得资本的使用者——企业经营者易产生"免费资本"的幻觉，造成企业经营者根本不重视资本的有效使用，以至于不断出现投资失误、重复投资、投资低效益等不符合企业长期利益的决策行为。

第五，传统业绩评价未能站在战略的高度充分揭示业绩改善的关键动因，无法与企业的长期战略目标相联系。由于按历史原则进行计量，财务指标无法从战略角度反映企业决策的要求，在预算执行过程中，若某部门的财务指标被修改了，企业的整体目标的逻辑性、系统性也将丧失。

第六，传统的企业绩效评价建立在人为确定的一套主观性很强的财务会计规则基础上，无法提供产品质量、顾客满意度和柔性等方面的信息，忽略了对企业在市场中的竞争地位及其变化的评价，不能如实地反映经营者的业绩，容易造成对经营者评价的不公平。且单一使用财务指标也容易受会计政策选择、会计信息失真等问题的干扰，不仅容易导致企业的短期行为，而且可能造成企业发展的后劲不足。

正因为如此，从财务指标成为主要的业绩评价指标以来，对其批评从未间断过。这大致可分为两方面：一方面来自外部，即资本市场和股东认为财务指标无法真实反映企业的现实状况和未来价值创造；另一方面来自内部，管理者认为财务指标无法全面评价企业业绩。

五、业绩评价体系中非财务指标的引入

针对传统财务业绩评价体系存在的缺陷，在 20 世纪 90 年代，理论界和实务界开始对企业业绩评价体系进行创新。鉴于财务绩效评价指标存在的缺陷，越来越多的非财务指标被引入企业绩效评价系统。从大公司的理财实践上看，自 20 世纪 80 年代起，一些跨国公司就已将非财务指标作为业绩评价系统的补充部分。进入 90 年代以来，非财务指标融入了企业的财务管理工作后，更是起着日益重要的作用。

1. 常见的非财务指标

概括起来，常见的非财务指标主要有以下几类：

（1）市场亲和力指标。市场亲和力指企业在市场和社会中的地位。企业利润最终来源于消费终端，因此企业在市场中必须对消费者、政府和社会具有亲和力。这种亲和力一般可用以下具体指标衡量：顾客满意度、政府支持程度和社会责任履行度。从顾客的角度考核管理者的业绩是非财务业绩考核中最重要的，因为市场是顾客造就的，离开了顾客就等于离开了市场。

（2）企业经营过程控制能力指标。企业经营过程控制能力即企业对自身生产经营过程的控制程度。这种能力大小决定了内部经营管理是否是按计划运行及是否具有相应的调整能力，包括对产品质量的控制能力、售后服务能力、及时交货能力、应变能力等。

（3）市场占有率指标。指公司在市场中所拥有的份额。通常被用于评价子公司或经理人员的经营业绩。

（4）创新能力指标。创新能力包含两部分内容：一是有形产品的创新能力，一是经营方式的创新能力。这可以用研究开发创新能力和市场销售网络创新能力来衡量。

（5）人力资源指标。在信息技术日新月异的今天，人力资源的重要性甚至已超过了有形资产。很多企业将职工对所在部门的满意程度、劳动力流动状况以及人员素质等指标作为考核部门经理人员业绩的重要依据，如人员素质取决于两个方面——人员本身素质及配置，这往往可用人员的学历、知识结构、从业经验、企业文化、合作精神等指标来衡量。

非财务指标并不是固定不变的，而是随行业、企业规模、时间和空间的变化而变化的。这种变化不但表现为是否存在这种指标，也表现为指标本身的重要性会随情况的变化而变化。因此，在实际工作中，需要根据变化了的情况对指标的选取进行调整。

2. 非财务指标的优点

相对于财务指标而言，非财务指标的优点：

第一，非财务指标是过程评价，管理人员能够及时、连续地对所控制的项目进行跟踪监视。加之受到会计政策选择的干扰比较少，因而弥补了财务指标侧重于以会计尺度来衡量企业短期绩效的缺陷，考虑了创新能力、管理能力、雇员关系、生态环境等与企业长期战略优势密切相关的因素。

第二，非财务指标往往是面向未来的，更为注重企业绩效的未来发展趋势，有利于弥补财务指标的滞后性缺陷。同时，非财务指标也是对企业经营全过程的评价，它能够提供创造未来价值的动因，在评价知识、制度、价值观念等方面更具优势。

第三，非财务指标都是基于企业整体角度的，强调了企业的整体利益。虽然某些指标对企业各部门也有意义，但部门利益应服从整体利益。

第四，非财务评价是战略评价。主要反映那些影响企业长远发展的关键因素，因而和企业的战略规划密切相关。

3. 非财务指标的缺点

非财务指标存在以下弊端：

（1）非财务评价方法难以用货币来衡量，有些甚至根本不可能被量化，这也许是非财务评价最致命的缺点。

（2）非财务指标之间的关系错综复杂，不易确定其重要程度。一个指标往往需要其他指标做出牺牲方能得以改善，容易引起各部门之间的冲突。由于指标之间难以形成一个好的协调机制，在实际运用中，各指标之间的不协调甚至相互矛盾很难取得平衡。

（3）企业在不同发展阶段可能需要采用不同的非财务评价指标，容易导致关键的评价指标频繁变化，前后缺乏可比性。

（4）非财务指标和利润的相关性小。非财务评价系统的使用很难与利润和成本挂钩，非财务指标上的改进与利润增长的关系较为模糊，很难辨认出它们的变动到底引起了企业利润多大程度的变化。这样，企业管理人员在非财务因素方面的努力就很难立刻显现出来。

（5）在某种程度上，非财务指标体系对于业绩的评价缺乏整体的可靠性，从而削弱了业绩评价的正确性以及对未来预测的准确性。

因此，过分重视非财务业绩，很可能使企业因为财务上缺乏弹性而导致财务失败；但只关注财务业绩，则易于造成短期行为，影响长期发展。

第三节　经济增加值

随着相关理论的兴起，利益相关者的概念及内涵被大大扩展。信息时代的到来、经济全球化与一体化进程的加快，使顾客、政府、供应商等利益相关者与企业的关系越来越密切。不仅股东、债权人要了解企业的绩效状况，顾客、政府等也要了解企业的绩效，企业绩效评价主体向多元化发展成为必然趋势。从企业的成长性看，其可持续发展不仅仅体现在短期盈利上，更体现在经营获得收益的稳定与长期增长上。为此，必须加强对企业生产经营过程的考核与评价，建立起事中过程评价机制。

为使管理者和企业各方利益关系人能够了解企业制定的战略是否能够创造价值，就需要将战略转化为会计数据，以便对他们实际创造的价值进行评估，通过建立综合的战略业绩评价指标体系，为战略目标和战略实施的结合搭建一个适宜的平台。

一、经济增加值（EVA）的产生

1. 剩余收益

典型的现代企业——上市公司的所有权和经营权分离，且大多数企业的股权越来越分散，股东往往没有经营者掌握的信息多，无法全面了解企业的真实状况，造成了经营管理者经常侵犯股东的利益，形成内部人控制。造成这种内部人控制的另一个重要原因就是用于披露和反映上市公司的会计指标存在缺陷。我们一直以会计净收益或转换成的每股收益作为上市公司业绩评价的主要指标，证券市场和金融界更是如此。根据市盈率相对维持不变的假设，随着每股收益的增加，公司的股价会相应上涨，但这种快速的价值评估方法有其相当的简便性，但不合理性也比比皆是。正因为如此，人们转而用剩余收益对企业业绩进行评价和衡量，从而形成了EVA的理论基础。

剩余收益的公式为：

剩余收益=部门利润 − 部门资产应计报酬

　　　　=部门利润 − 部门资产 × 资金成本率

该指标的直观含义是：在某一会计期间，企业是否赚到了足够的利润来满足债权人和权益所有者所要求的最低收益。但剩余收益是绝对数指标，不便于进行不同部门之间的比较。这是因为，规模大的部门更容易获得较大的剩余收益，而它们的投资效率未必就高。

应该说，剩余收益是一种评价企业投资责任中心的有用的财务指标，它克服了由于使用比率来衡量部门业绩带来的次优化问题，可以利用它来反映利润和投资之间的关系。

采用该方法的优点在于：

（1）可以使业绩评价与企业目标协调一致，引导部门经理采纳高于企业整体资金成本的决策。

（2）允许使用不同风险调整资金成本。从而使得不同部门或不同资产可以采用不同的资本成本率，使企业的业绩评价与企业目标协调一致，克服了投资报酬率指标的不足。

但剩余收益指标作为单一期间的业绩指标，存在以下缺陷：

（1）有关利息费用和资本配置方面的缺陷。有人认为，在对部门经理进行评价时不应把利息包括在内。理由是：重大的投资决策是企业最高管理层做出的，这些决策的作用只能在将整个企业作为一个整体时才能看出来。对于部门经理而言，机会成本只有在决策时才是相关的，因此，在事后进行评价时将利息计算在内只会导致次优决策。而且，由于剩余收益指标的采用是与投资决策权的下放相联系的，由于企业的资本是有限的，将重大决策权在企业层级中进行授权，忽视了部门与目标之间的相互作用，会导致资金配置上的浪费，造成价值损失。

（2）导致管理行为短期化的缺陷。尽管项目剩余收益的现值之和等于净现值，但每个期间的剩余收益却无法与 NPV 模型保持一致。所有者在各期间的超额货币收益与剩余收益并不相等，剩余收益是以公认会计原则为基础计算的，无法体现真正的经济现实，从而为经理人员通过减少资产基础来操纵收益，或调节利润在各个期间的分布等提供了可能。因此，要使每个期间的超额货币收益等于剩余收益，一种方法是对会计账面价值进行调整，使其等于经济价值；另一种方法是不对会计账面价值调整而使剩余收益等于经济收益，这要求商誉价值必须和资本成本增长的速度相同，这种情况很少存在。

基于此，作为一种企业业绩评价指标，EVA 就在经济学所定义的"剩余收益"概念基础上发展起来。

2. 经济增加值

确切地说，经济增加值EVA的理论渊源出自于经济学家莫顿·米勒和弗兰科·莫迪利亚尼 1958～1961 年关于公司价值的经济模型的一系列论文，由美国Stern Stewart财务咨询公司于 20 世纪 80 年代提出。此后，在西方学术界和实务界受到了广泛的重视和采纳。斯特恩·斯图尔特认为企业经营的成功与否，取决于其创造的经济价值是否超过投入资本的价值。

简言之，经济增加值是企业扣除了产生利润而投资的资本成本后所剩下的利润。它是一种集业绩评价、激励补偿、管理理念于一体的管理评价体系，也是基于会计系统的企业业绩评估体系。该指标不仅是一种有效的企业业绩度量指标，还是一个全面财务管理的架构，是经理人员和员工薪酬的激励机制，是决策与战略评估、资金运用、兼并或出售定价的基础理念，首先在美国得到迅速推广。以可口可乐、美国电话电报、西门子和美国邮政局等公司为代表的一批美国公司从 20 世纪 80 年代中期开始，就尝试将经济增加值作为衡量业绩的指标引入公司的内部管理之中，并将其最大化作为公司目标。

EVA 的基本理念是投入资本获得的收益至少要能补偿投资者承担的风险，也就是说，股东必须赚取至少等于资本市场上类似风险投资的平均收益率。EVA 作为一种新型的企业绩效评价指标，能够比较准确地反映企业在一定时期为投资者创造的价值，因此，EVA 又被称为"经济利润"。EVA 的增长和市场增加值（MVA）的增长之间有显著的关联，增长的 EVA 通常预示着 MVA 的增加，虽然并没有一对一的相关性，因为股票市场的价格反映的不是当前的业绩，而是投资者对未来的预期，如果预期是不现实的，则说明当前的价格过高或过低。由于 MVA 的大小取决于未来 EVA 的折现值，因此，EVA 被认为是在所有的企业业绩评价指标中与股东财富联系最为紧密的业绩评价指标，也是促进企业创造股东财富的战略管理工具。

其基本公式为：

EVA＝税后利润 – 投入资本 × 加权资本成本

可见，EVA 的计算结果取决于三个变量：

（1）税后利润。它实际上是在不涉及资本结构的情况下由企业经营所获得的，反映企业资产的盈利能力。计算时需对某些会计报表科目的处理方法进行调整，以消除根据会计准则编制的财务报表对企业真实情况的扭曲。

（2）资本总额。指所有投资者投入公司经营的全部资金的账面价值。包括债务资本和股本资本，但不包括商业信用负债。因此，可以将其理解为公司全部资产减去商业信用负债后的净值。

（3）加权资本成本。资本成本既包括债务资本成本，也包括股权资本成本。资本成本的确定需要参考资本市场的历史数据。

若 EVA 为正，则表示公司获得的收益大于其投入资本的加权资本，即经营者为股东创造了新价值；若 EVA 为负，则损害了股东的利益。

用 EVA 指标评价企业业绩和投资者价值是否增加的基本思路是：企业的投资者可以自由地将他们投资于企业的资本变现，因此，投资者从企业至少应获得其投资机会成本。这意味着，从经营利润中扣除按权益的经济价值计算的资本机会成本后，才是股东从经营活动中得到的增值收益。这一评价指标与股东财富最大化联系较紧密，较好地体现了企业的财务目标，并且较好地评价了企业的业绩。

二、经济增加值（EVA）的激励系统

EVA 的成功应用，主要在于一个精心设计的 EVA 激励方案，这也是一种新的业绩评价指标的核心管理职能。

1. EVA 的"准所有者"观念

"准所有者"观念是 EVA 理论的核心观念，将经理人转变为"准所有者"是通过 EVA 独特的奖金计划完成的。

传统奖励计划在计算经理人员的奖金时，一般会规定一个基准的业绩水平和奖金上限。如果经理人员达不到最低基准业绩，则不能获得奖金；而如果超过基准业绩，则奖金会随着业绩水平的增加而增加，但有一定的上限。之所以这样做，无非是因为：如果经理人员知道一个期间的奖金支付额不受高点业绩的限制，则他们会有强烈的动机进行盈余操纵或牺牲未来业绩以提高目前的业绩。但这种奖金计划可能导致的问题是，当业绩明显超过最高奖金点的业绩，或当经理发觉即使付出努力再大也无法达到最低要求时，就不能激发管理者努力工作的潜力。这种奖励制度的后果必然导致与制度进行博弈的不良激励，管理者会与上司争取容易实现的计划目标，从而不利于业绩的改进。因此，EVA 采取了将经理转变为"准所有者"的方式，不仅可以避免经理采取像债权人的思维方式和行为，而且在经理实际上不是所有者的情况下可以促使经理的利益和股东的利益取得一致。同时，EVA 采取的是企业实体的业绩观念，这也迫使"准所有者"承受企业整个范围内的实体业绩变动的风险，在一定程度上可以缓解股东将企业的剩余风险转移给债权人的可能性。

2. EVA 的奖金计划

从理论上讲，EVA 可以解决传统奖金计划产生的盈余操纵行为和投资管理行为的短期化问题。因为尽管会计期间的不同利润分布改变了利润及与其相关的奖金现值，但由于提前确认收益所带来的考虑货币时间价值的利益会被未来期间 EVA 计算的资本成本所抵消，因此，EVA 的现值不会随着利润在会计期间的不同分布而发生变化。如果奖金与 EVA 直接挂钩，奖金的价值也不会因在会计期间进行的利润操纵而改变。但实际上单凭 EVA 指标本身无法解决盈余操纵所导致的一系列问题。如假设经理进行收益操纵的结果导致了当前 EVA 为正，未来 EVA 为负，则从整个项目期间来说，EVA 和奖金现值都不会由此发生改变。但若企业经理在负的 EVA 效应发生之前更换了工作，EVA 作为一个最佳财务业绩评价指标的合理性也就不复存在了。由此可见，在 EVA 业绩评价

系统中，经理仍可能存在加速确认会计收益的强烈动机。

因而，在EVA系统中，通过设置奖金银行账户可以来解决诸如此类的问题。具体做法是：将奖金计酬与奖金的支付分隔开来，经理当期根据EVA计算的奖金计入经理的奖金优化账户。该期间奖金银行账户的期初余额为以前期间尚未支付的奖金数额。本期的奖金按奖金银行账户最新的余额的一定比例支付，支付的比例一般为奖金银行账户余额的三分之一，奖金银行账户的期末余额逐年结转下期。如果期末奖金银行账户的余额为负，则本年对经理不进行奖金支付。EVA激励计划的实质在于它能够促进EVA衡量方案和整个EVA管理系统致力达到的目标——增加股东价值目标的实现。

相对于传统的奖金计划来说，其特点体现在：

（1）由于考虑了资本成本，只对超过资本成本部分的增加值提供奖励，从而将奖金数量与管理者为股东创造的财富紧密联系起来，有利于引导经理人员的管理行为。

（2）可以使经理人员的奖金真正与业绩挂钩，有效减少了经理人员的盈余管理动机。

（3）按照计划目标设奖，可以比较有效地缓解经理人员由于资本成本的杠杆效应而导致提前确认收入的动机。

（4）可以减少经理采取短期行为以体现良好的短期业绩和在收益操纵的不良后果出现之前更换工作的动机，避免离职风险。同时，可以对那些通过某种手段使前期业绩优良而后期业绩不佳的经理进行惩罚。

（5）可以消除传统业绩评价系统中每年确定业绩目标时出现的讨价还价行为。

三、经济增加值（EVA）的优势与不足

1. 优势

经济增加值，不仅是一种理念，还是一种有效的员工激励制度，更是一种促进企业持续改进其经营和战略的管理体系。它不仅仅只是财务上计算出的一种结果，不仅仅说明企业的财务状况，而且还涉及到企业的各项管理工作，包括设计、生产、营销、财务业绩组织结构的改进等，从而增加股东乃至所有企业利益相关者的价值。实施 EVA 的目的在于消除管理中的主观性，将预期的业绩由内部的预算标准转变为外部以市场为基础的价值增值要求。通过 EVA 的实施，可以形成一个用于指导和控制企业的经营和战略的财务政策、财务程序、财务指标和计量方法相结合的财务管理系统，有助于追溯导致业绩变化的战略和经营的因素，为改进管理提供依据。

尽管 EVA 指标的应用有各种不同的争议,但与传统财务评价指标相比还是具有一定优势的:

(1)考虑了资本的机会成本。如果企业的资金完全来自于股东,那么资本成本就可以用必要的权益报酬率来衡量。但多数企业都采用了资本组合,所以必须用加权平均资本成本来衡量资金的机会成本。EVA弥补了传统会计指标的缺陷,计量考虑了所有的资本成本,所以能够更准确地衡量企业为股东所创造的财富,以一种较易理解的方式促进经营者对投资效益、资产利用给予充分的关注,有助于促进经营战略和经营决策的协调。同时,也间接解决了委托和受托责任界定问题。

(2)重视了股东的权益。EVA 方法克服了股东财富最大化目标无法真正付诸实践的缺憾,为维护股东权益迈出了第一步。EVA 能促使经营者更加关注企业资本的增值和股东财富的增加,从而有效地解决股东和经营者之间的代理冲突,为企业的可持续发展奠定坚实的基础。

(3)遏制了企业经营者的短期行为。企业经理人的薪酬是与利润密切相关的,因此,他们会高度关注企业的市场份额和会计利润,而忽略对企业营运资金的管理,原因在于营运资金的增长与他们的直接利益不挂钩。而企业的营运资金对于企业而言是个非常关键的问题,因为企业高速成长时,需要大量的资金投入,风险也随之增加。通常企业营运资本需求的增长率要快于销售和利润的增长率,当企业过度负债时,资本结构相对不稳定,企业随时会出现现金流量和现金支付能力的危机。一旦企业经营获利能力低于企业的加权平均资本成本,就意味着EVA小于零,企业便不创造价值了,如果无法不断筹集到资金,企业马上会面临破产的风险。所以,应用EVA既能够鼓励经营者在能为企业带来长远利益的方面进行投资决策,又能防止经营者短期行为的发生,注重企业的可持续发展。

(4)有利于提升企业价值。当以EVA作为评价企业经营业绩的主要指标时,会促使企业经理人必须考虑所有资本的回报,更为真实地反映企业的经营业绩,而经营业绩的好坏直接影响着企业的管理行为;以EVA作为企业的绩效评价指标,能使企业更为谨慎地使用资产,快速处理不良资产,减少消耗性资产的占用量,减少不必要的规模扩张,有利于企业提升其自身的价值和创造能力。

(5)将业绩评价由内部化推向市场化。当我们考虑所占用资本的机会成本时,必然要考虑投资的市场机会。采用 EVA 指标时,由于资产占用按市场价值计算,从而综合考虑了现有经营效益和未来发展能力,有助于提高市场化程度,使业绩评价更为全面和公正。

(6)能够较好地解决上市公司分散经营中的问题。利用 EVA 不仅可以使企业的下属各部门根据各自的资本成本来确定部门的 EVA，而且公司总部也可根据公司的总体规划和总资产以及部门的 EVA 指标综合制定公司的 EVA 目标，使得上市公司分散经营中存在的问题得以解决。

2. 不足

（1）容易刺激管理层的短期行为。根据 EVA 理论，如果某个部门目前的收益比较高，该部门将获得较高的奖励。未来即使亏损也可能与其经理的奖励无关，从而刺激经理采取一些短期行为。同时，由于 EVA 是一个计算数字，它依赖于收入实现和费用确认的财务会计处理方法。为了提高部门的 EVA，部门经理可能通过设计决策的顺序，操纵指标，其结果会造成激励失灵。

（2）不易准确地进行企业间的比较。EVA 是绝对数，对于不同规模的企业来说该指标不具有可比性。与净现值法相比，EVA 很少能用于资本预算。

（3）无法解释企业内在的成长性机会。由于 EVA 在计算过程中对会计信息进行了调整，这些调整可能影响到企业，使其不能正确地向市场传递有关企业未来发展机会的信息。一方面，使得 EVA 指标比其他指标更接近企业真正创造的财富；另一方面，也降低了该指标与股票市场的相关性。

（4）EVA 对会计利润的调整存在不完全性。无法解决以剩余收益为基础的估价关系中存在的问题。

第四节　业绩评价体系的发展

知识经济时代，人类高度发展的知识成为最关键的且处于主导地位的生产要素。这一时期，单靠把新技术引入实物资产之中和出色地管理资产和负债比例，各企业已经无法获得持久的竞争优势。同时，以管理有形资产来创造价值的战略正在向以创造和配置无形资产为主要内容的战略转变。基于此，西方国家一些企业开始关注业绩评价方法的创新，试图将业绩衡量与企业战略目标联系在一起，由此产生了平衡记分卡、业绩战略记分卡以及绩效棱柱等业绩评价方法。

一、平衡记分卡（BSC）

1. 平衡记分卡的特点

20 世纪 90 年代，美国的罗伯特·卡普兰和戴维·诺顿两位学者创造的平衡记分卡是一种超越财务与会计的业绩评价制度，是一种以"因果关系"为纽带，战略、过程、行为与结果一体化，财务指标与非财务指标相融合的绩效评价制度，也是一种以信息为基础的管理工具。这种评价体系由于既强调对财务指标的考核，又注重对非财务业绩的评价，因而适应了现代市场发展的需要，也适应了股东或高层管理者对中层管理者业绩评价的需要，成为现代企业业绩评价的主流。它的产生基于两大背景：一是人们对传统财务评价指标的不满和批评增多，要求增加能够反映企业未来盈利潜力的战略性指标；二是人们对战略的关注点已从战略规划逐步转向战略实施。因此，如何通过与战略密切相关的指标将组织的战略意图导入组织的不同层级，成为当时众多企业的迫切需求。

平衡记分卡克服了单纯利用财务手段进行绩效管理的局限。其最显著的特点是将企业的愿景、使命和发展战略与企业的业绩评价系统地联系起来，以战略为核心，将整体观念运用于企业业绩评价，表达了多样化、相互联系的目标之间如何构成一个有机整体，以评价企业的战略业绩。通过分析哪些是完成企业使命的关键成功因素，以及评价这些关键成功因素的项目，并不断检查审核这一过程，可以促使企业完成目标。一般而言，组织整体的战略目标往往比较概括和抽象，因此，平衡记分卡的首要任务是将组织整体的战略目标分解为更为具体的、可执行的具体行动目标，其核心理念应该是因果关系的平衡，因果关系链的起点是财务角度，也就是出资者的角度。

平衡记分卡也被称为综合业绩评价体系。这是因为它清楚地表明了长期的公司价值和业绩驱动因素的关系，所包含的业绩衡量指标兼顾了影响业绩的长期与短期的因素、财务与非财务的因素、外部与内部的因素等多个方面，能够多角度地为企业提供信息，不但可以综合地反映企业的业绩，又从战略的角度体现了公司价值最大化的思想，还强调企业从整体上来考虑营销、生产、研发、财务、人力资源等部门的协调统一，以实现企业的整体目标为导向，关注利益相关者的利益。因此，平衡记分卡通过满足利益相关者的相关利益来实现企业价值的最大化，在实现企业价值的同时不仅关注了股东财富，也考虑了部分利益相关者（客户、供应商、员工）的作用及财富，是公司治理"共同治理"模式的催生物。

具体地讲，该系统有以下特点：

（1）在评价系统中通过因果关系链整合了财务指标和非财务指标。因而既包括结果指标也包括驱动指标，使其自身成为一个前向反馈的管理控制系统。

（2）突出强调评价指标的战略相关性。平衡记分卡将企业目标与基本战略具体化，加强了内部沟通。不仅如此，它还要求部门和个人业绩指标与组织的整体战略密切关联，从而超越了一般业绩评价系统而成为一个综合治理的战略实施系统。

（3）追求财务指标与非财务指标的平衡，弥补了传统财务指标的不足。平衡记分卡通过引导企业投资于客户、供应商、员工、生产程序、技术和创新等方面来创造未来的价值，能够成为企业长期战略的基础。

（4）统一了股东和管理层的目标，有助于完善公司的治理机制，层层传达企业的战略思想。

（5）将财务和非财务、短期和长期的综合业绩评价与激励报酬结合起来，做到短期激励和长期激励协同使用，有利于克服企业的短期化倾向。一方面，该体系通过财务指标，保持对组织短期业绩的关注，反映企业的战略及其实施是否为最终经营成果的改善做出贡献；另一方面，通过员工学习、信息技术运用与产品服务的创新提高客户的满意度，共同驱动组织未来的财务绩效，展示组织的战略轨迹。

（6）通过非财务指标反映企业技术和竞争优势变化的实质，揭示了如何保持长期的财务和竞争业绩，在动态的调整中促进企业的不断发展和竞争力的不断提高。

2. 平衡记分卡的基本内容

早期的平衡记分卡主要从以下四个角度即财务、客户、内部经营过程、学习与成长来评价企业的业绩，并提供了一种考察价值创造的战略方法。上述四个方面分别用一系列的指标来描述，各个指标与企业的信息系统相集成，且四个方面的指标通过因果关系的联系，构成了一个完整的评价考核整体。其中，"学习与成长"是核心，"内部经营过程"是基础，"客户"是关键因素，"财务"是最终目标。它将组织的整体战略进行了分解，如从股东角度分解出企业增长与收益战略、利润率以及风险战略；从顾客角度分解出企业价值创造和产品差异性战略；从内部经营流程角度提供了考察满足顾客和股东需求的优先战略方法等等。其宗旨在于关注长期发展战略的同时，兼顾短期目标的完成，使企业的战略规划和年度计划很好地结合起来。后来，卡普兰和诺顿倡导的以企业战略执行图为基础的分析框架试图将战略转化为行动，目的是将组织整体战略目标分解为更具体的、可执行的、易于衡量的具体行动目标。

（1）业绩的财务评价。财务衡量不仅是平衡记分卡中一个单独的衡量方面，而且也是其他几个方面的出发点和落脚点。财务性业绩指标用来反映企业组织如何满足股东的需要，即实现企业价值最大化，它直接和企业的长期目标相衔接，并且能综合地反映企业业绩。这类指标具有进行总量控制的功能，因而被广泛地应用于业绩评价实践中。一般地，企业财务性业绩指标主要涉及四个方面，即反映盈利能力、营运效率、偿债能力状况和发展能力状况的指标。此外，为适应直观控制的需要，还形成了包含财务因素的生产率指标。如果综合业绩评价体系中所衡量的财务业绩未能得到改善，则说明某个环节出了差错，企业应考虑重新确定关键性成功因素，甚至是修正战略计划。

经营单位财务方面的评价虽然有局限性但已很成熟，平衡记分卡保留了财务方面的指标，用以显示已经采取行动的容易计量的结果，显示企业的战略及其实施和执行是否正在为最终经营结果的改善做出贡献。一套平衡记分卡应该反映企业战略的全貌，从长远的财务目标开始然后与一系列行动相联系，最终实现长期经营目标。

（2）有关客户的业绩评价。从客户角度考核管理者业绩是非财务业绩考核中十分重要的一个方面。因为市场竞争是无情的，而市场由客户组成。对于客户而言，主要关心的是高质量、低成本和及时供给等。客户角度的一般评价指标主要是从市场份额、客户满意率、客户忠诚度、获取新客户和客户盈利分析等方面进行统计；此外，为进一步分析以前客户的业绩和便于被评价单位的操作，也可从有关客户业绩的驱动因素（产品和服务属性、客户关系、形象和声誉）方面进行评价。

（3）内部经营过程评价。综合业绩评价体系对内部经营过程的衡量是对企业生产经营的全方位衡量。与传统衡量的最大区别是从战略目标出发，本着满足客户需要的原则来制定内部经营方面的目标和评价指标。内部经营指企业从输入各种原材料和顾客需求，到企业创造出对顾客有价值的产品（或）服务过程中的一系列活动。内部经营过程评价主要涉及创新、经营和售后服务，关注的是对客户满意程度和实现组织财务目标影响最大的那些内部过程，对内部经营过程进行评价的传统方法是监督和改进现有的生产过程。然而，社会的发展和市场竞争的加剧要求企业还要关注客户要求，因此，平衡记分卡把革新过程引入到内部经营过程中，为了获得长期的财务成功，要求企业创造出全新的产品和服务。

哈默博士认为，在现代市场竞争的环境中，企业应遵循以下原则：企业的使命是为顾客创造价值；给顾客创造价值的是企业过程；企业的成功来自于优异的过程业绩；优异的过程业绩需要有优异的过程管理。企业价值链研究亦表明，企业创造价值的领域在创新、经营和售后服务三个过程中。综合业绩评价体系要求构造一个完整的内部价值链，以便促使管理者从企业的总体目标出发，全面改善经营的全过程。

（4）学习和成长能力评价。企业经营战略研究揭示，仅凭今天的技术和生产能力，企业是不能达到它们的客户和内部作业过程的长期目标的，实现长期财务目标也成为一句空话。学习和成长是指企业投资于雇员培训、改进技术和提高学习能力。学习和成长为企业的长期成长和进步提供了动力源泉，为业绩评价的前三个方面（财务、客户和内部作业过程）取得业绩突破提供了推动力量。

企业学习和成长的主体和基础是人。从企业层次看，其学习和成长的过程实际上是一个如何促进员工学习，如何发掘和利用个人知识储备中的有关部分，使之转化为企业组成部分的问题，可以从雇员能力、信息系统能力和雇员的积极性等方面进行分析。

平衡记分卡对于企业业绩的分析总结，以及对这四个方面之间的逻辑关系的认识直接得益于价值链思想。平衡记分卡中评价指标的设置使管理者仅仅关注几个最关键的指标，减轻了管理者处理信息的负担，提高了管理效率。评价指标的内容与企业战略目标相联系，关注为企业创造未来价值的关键因素，也为实现企业战略管理提供了支持。而且，平衡记分卡提供了一个框架、一种语言，以传播使命和战略。它利用衡量结果来把驱动当前和未来成功的因素告诉员工；通过阐明组织想要获得的结果和这些结果的使然因素，企业管理者能够汇集全组织的员工的能力本领和具体知识来实现企业的长期目标。

基于上述特点，平衡记分卡的概念一经提出就受到了理论界、企业界的广泛认同和接受，因此逐渐在全球范围的许多企业组织和政府部门得到运用。盖洛普公司（Gartner Group）的调查表明，在《财富》杂志公布的世界前1000位公司中有 70%的公司采用了平衡记分卡系统；《哈佛商业评论》更是把平衡记分卡称为 75 年来最具影响的战略管理工具。

但平衡记分卡也存在一定的不足，西方学者对其批评主要集中在对因果关系链成立的逻辑假设方面。

第一，平衡记分卡没有考虑时间维度，各维度的指标都是在同一时间截面上选取的，它无法解决企业战略发展项目与现有营运项目之间的平衡问题。

第二，指标取舍与因果关系。平衡记分卡的创始者对于平衡记分卡各维度是否有所侧重，以及任何取舍的描述存在模糊之处。它要求管理者同时在多个指标上进行最大化，却没有明确指出如何在不同的指标之间进行权衡。

第三，循环逻辑与因果关系。有人认为，平衡记分卡四维度之间确实存在相辅相成的关系，但不是因果关系。在现实经营中，不能简单地认为组织学习是流程改善的驱动因素，进而驱动客户满意、驱动财务结果。事实上，任何一个维度指标的改善、任何一项行动方案的开展都受到财务因素的制约。在财务维度内，收入增长、财务杠杆应用甚至净利润增加也不一定最终创造价值，同样存在循环逻辑、相互制约等问题。

第四，平衡记分卡在解决公司是否应该进行并购、如何应对战略竞争对手等重大战略决策方面显得力不从心。

二、战略记分卡

英国特许管理会计师协会CIMA提出了"战略记分卡"（Strategic Scorecard）概念，通过引入"企业治理=公司治理+业务治理"的理念，考虑了不同治理层次的主体在进行战略管理时的不同职责。他们给出的企业治理概念是为董事会或经营者在促进其遵循战略方向、完成业绩目标、控制适度风险、监督组织资源与组织责任的一致性的责任与体系。企业治理展示着一个企业组织的整体责任框架，包含了制度的符合（即公司治理）和业绩的提升（即业务治理）两个维度。

战略记分卡提供了一种制定战略的流程，注重企业所面临的重大问题，使董事会也参与到战略实施框架中，对战略制定和实施的全过程进行全面的监督考察。按照英国管理会计研究会 CIMA 首席执行官 RolandKaya 的看法，平衡记分卡和战略记分卡的综合运用，可以提高企业成功的机率。

战略记分卡具有四大模块：战略定位、战略方案选择、战略实施和战略风险。战略定位要求企业了解其外部环境，如客户需求、竞争对手、市场障碍、政府监管、供应商动向等，通过分析，提示董事会应该如何做；战略方案选择主要是确定企业打算进入的市场、推出新产品的可能以及并购等重大问题；战略实施就是为已经做出的战略决策设定一些关键的时间节点并进行跟踪，公布战略完成程度的审计；战略风险的重点是通过权衡企业可能承担的风险，确保对其进行管理，以尽可能降低风险、控制风险。

总的来说，战略记分卡的基本功能是帮助董事会尤其是独立董事总揽公司战略制定的全过程，应对战略变化与选择，客观评估公司战略实施状态与总体结果。它关注的问题较为宏观，因为董事会成员在规划公司未来战略时主要关注大局，而并不是进行细节的可行性分析，也不是一份详细的战略计划。

三、绩效棱柱

2002 年，英国尼利、亚当斯和肯尼尔利等编著的《战略绩效管理：超越平衡计分卡》一书，创造性地提出了一套更加完整、直观、实用、可以替代平衡记分卡的方法——绩效棱柱。其框架基础是利益相关者价值概念，而非股东价值。它没有假定唯一要紧的利益相关者是股东和客户，也没有假定对于财务方法应该用一些非财务方法来补充，而是鼓励执行官把精力集中在关键问题上。

绩效棱柱包括五个相互关联的方面：

1. 利益相关者的愿望

谁是企业的主要利益相关者？他们的愿望和要求是什么？一个组织的关键利益相关者应该包括投资者（股东和债权人）、顾客和中间商、员工和劳工协会、供应商和合作联盟、定规者和社团。企业战略决策时应该清楚满足哪些利益相关者的愿望。

2. 利益相关者的贡献

企业从利益相关者那里获得什么？比如，顾客并不一定成为给企业带来盈利的顾客；同样，也存在希望员工或供应商的工作效率和贡献不断改善的问题。

3. 战略

企业需要什么战略来满足利益相关者的需求同时也满足公司盈利和价值增值的要求？为此，计量方法与数据的取得变得特别重要，这些方法与数据必须能够帮助管理者了解自己所采取的战略是否得以有效实施。

4. 流程

企业需要什么样的流程才能执行既定的战略？许多组织从开发产品与服务、产生需求、满足需求、设计和管理企业等四个方面来考虑它们的业务流程。

5. 能力

企业需要什么样的能力来运作这些流程？能力可以定义为一个组织的人力、实践、技术和基础结构的结合体，他们共同地代表了组织通过多种运作方式为其利益相关者创造价值的能力。

第五节　业绩评价、战略管理与财务激励

一、业绩评价与战略管理

业绩评价与战略管理之间存在密切的关系。

1. 业绩评价系统是企业战略管理控制的一部分

企业业绩评价系统与各种行为控制系统、人事控制系统共同构成一个整体控制体系，企业管理控制体系是其战略目标实现的重要保障。因此，业绩评价系统的设计与运行应该以企业战略目标为中心进行。

一般而言，企业外部环境因素、公司所在行业的产业特点以及公司自身资源的占用状况通常会限定管理层所采用的竞争战略。企业可以根据其内外部的影响因素来制定战略并加以实施。由于企业战略通常应针对企业的具体形势和行业的环境制定，各企业所采取的战略有许多差异，因此，不同企业具有不同个性的业绩评价系统。随着管理控制系统由反馈控制向同期控制和前馈控制的发展，业绩评价体系作为管理控制系统中信息反馈机制的一部分必然随之发生变化，即由主要提供事后的财务业绩信息向全面提供事后财务信息、事中、事前的其他业绩信息的方向进化，业绩评价体系从财务评价向综合评价的转变成为必然。

如前所述，平衡记分卡评价的内容包括：财务业绩、企业员工的学习和成长方面的业绩、顾客的满意度方面的业绩、履行社会职责方面的业绩等。这些

业绩内容又可以细分为更小的评价内容组成项目，如财务业绩就可以分为财务效益、资产运营、偿债能力、财务弹性、企业发展前景预测等方面。平衡记分卡的一个重要内容就是找出各项组织活动之间明确的因果关系，对其进行管理。而且，它所倡导的以客户为重，重视竞争优势的获取和保持的理念，不仅从观念上促进了企业内部各层次对于客户价值的重视，而且提供了贯彻企业竞争战略的具体方式。当然，作为公司实现战略目标的通用工具，各公司有效的业绩评价系统也具有同质性。

2. 企业业绩评价应与企业财务战略管理相匹配

一种业绩评价制度不仅应来源于企业战略，而且也应反映企业战略，要把企业战略管理成功地转化为具体的评估指标和行动计划，在企业战略目标与企业各个具体行动指标之间建立清楚的因果关系。

从业绩评价的发展考察，评价的内容随着企业组织形式的演进而有所不同，并且在企业的不同发展阶段，企业所面对不同的评价环境，评价内容也会有所差异。因此，业绩评价的重点和指标的选择应与企业的战略相匹配，随着激励理念的变化而变化。在企业的不同发展阶段，根据企业不同的战略重点，选择不同的业绩评价标准，就能引导经营者的行为，使之与战略目标相一致。比如，当企业处于创业阶段时，开发新产品、设立组织机构等非财务事项比任何财务性指标更为重要，如何以有限的经济资源占据市场上的有利地位通常是最重要的关键因素。因此，销售收入的增长以及营业活动的现金流量，通常比其他的财务性业绩评价指标更为重要。在企业进入成长阶段后，虽然应该注意销售收入的增长，但同时也应该考虑企业的盈利率与资金管理效率，以求得收入与报酬率之间的平衡。但当资金变得越来越容易取得时，营业活动现金流量则变得相对不重要了。当企业步入成熟阶段时，其主要考虑的是如何有效地运用资产及相关的现金流量，注重盈利率，以获得较高的报酬率。在这一阶段，必须监控所有的财务性评价指标，企业才可能保持活力，免于老化。当企业步入衰退阶段时，现金流量就变得再度重要了，这时，企业必须仔细地评价各项有利于增进其获利能力的投资，以获得最大的资产报酬，而长期性的财务性绩效指标则相对变得不那么重要了。

现代企业理论将企业视为一组合约的联结。股东与经营者之间的合约就产生了两者之间的委托—代理关系。由于股东与经营者之间的信息不对称，而经营者与股东的效用函数不一致等原因，造成经营者存在机会主义行为动机（逆向选择和道德风险）。因此，利用业绩评价，可以减少经营者机会主义的做法，并引导其不仅朝着股东财富最大化的方向努力，更为重要的是能够按照企业财务战略管理要求从事各项活动。

3. 业绩评价系统为企业重要的财务战略实施系统

业绩管理必须建立在一种业绩评价制度基础上，并将财务战略、财务过程和管理人员联系在一起，提供一种综合的计划与控制系统，它是动态评价与静态评价相互统一的结果。财务指标与非财务指标相结合的革命性的业绩评价制度，也是推动企业可持续发展的业绩评价制度和以因果关系为纽带的战略实施系统。它一方面强调对财务业绩指标的考核，另一方面也注重对非财务业绩的评价。并且它将结果（如利润或现金流量）与原因（如顾客或员工满意）联系在一起，为企业管理提供了一种有效的、以因果关系为纽带的战略实施系统。

随着管理的变革，管理控制系统的控制实施环节有逐步前移的趋势。其已由最初的主要依靠财务会计信息实施事后反馈控制向依靠更为广泛的信息（如竞争对手的信息、非财务业绩信息）对决策行为以及执行过程实施控制的方向转变；而且，管理控制系统已经开始涉足提供相关信息来支持战略目标制定、战略调整以及战略实施。此时的业绩评价系统不仅要对财务资本的利用效果进行评价，而且要对包括智力资本在内的所有非财务要素的存量与流量进行衡量。

二、业绩评价与财务激励

公司治理是现代企业制度中最重要的架构。现代企业最根本的特征是所有权与经营权的分离，两权分离产生了委托—代理关系，委托人（所有者）和代理人（经营者）之间既需要合作又存在冲突，因此，需要在所有者和经营者之间形成一种相互制衡的机制，协调彼此的责、权、利的关系。

激励机制是公司治理的核心内容。所谓激励机制是指组织系统中，激励主体通过激励因素或激励手段与激励客体之间相互作用的关系的总和，也就是指企业激励的内在关系结构、运行方式和发展演变规律的总和。激励机制是否合理有效对于公司治理的效率高低及目标是否实现具有重要意义。代理理论告诉我们，只要存在着委托—代理关系，就要求有激励机制，激励机制是解决代理问题的基本途径和方式。科学的激励机制还能解决因信息不对称而产生的逆向选择和道德风险问题，降低代理成本，保证公司治理目标的实现。

业绩评价是评价主体利用其所掌握的信息，对评价客体运用一定的方法、程序、指标等，进行分析进而对评价客体在一定时期内的行为表现做出某种判断的过程。而报酬契约是激励主体根据业绩评价的结果对激励客体的固定收入与风险收入、短期收入与长期收入按激励与约束相对称的原则形成的一整套报酬制度。业绩评价是激励机制的前提，是执行报酬契约的依据，公正的业绩评价是使报酬契约发挥其激励功能的基础，同时，有效的激励机制也会促使激励客体业绩的提高，形成良性循环。

第七章 企业战略成本管理

企业之间的竞争归根到底是成本之间的竞争，成本优势是企业持续竞争力的重要构成要素之一。战略成本管理既是企业战略管理的一个着力点，也是连接企业战略管理与提升企业竞争力之间的桥梁和纽带；战略成本管理方法不仅可以作为企业战略管理的日常分析与管理工具，而且还有助于提高企业战略管理的质量和效率。

尽管财务学中很少涉及产品成本问题，但事实上，成本管理和企业财务战略管理之间存在着内在的关系。将成本问题纳入到企业财务战略管理体系，从战略管理的高度来把握成本管理，将战略成本管理作为财务战略管理体系的有机组成部分，可以极大地丰富财务战略管理的内涵，为形成和构建充满活力的财务战略管理体系提供重要的动力源泉。

第一节 传统成本管理及其缺陷

一般地说，管理就是对资源进行的有效配置，在管理过程中，产生了计划、组织、控制等管理职能。从今天的会计角度而言，管理也就是对资产进行的有效配置，成本管理伴随着管理而生。如果从投入产出或收支的角度来认识，管理就是指成本发生和收益实现的过程。

一、传统成本管理发展的历程

通常人们将作业成本计算（Activity Based Costing，ABC）出现之前的成本管理视为传统的成本管理。这些传统的成本管理系统具有一个共同点，即重视对直接材料、直接人工等直接成本的计算与控制，对间接费用的计算和控制没有给予应有的重视。

具体地，传统成本管理系统的发展可分为三个阶段：

1. 重置成本会计管理时期

随着 19 世纪 80 年代工业化进程的发展，美国经济进入了工业化市场、规模经济和无政府主义为特点的自由竞争时期,一些著名的商业巨头为了打败竞争对手,纷纷挑起价格战。由于当时企业的销售和管理费用相对较低,使竞争者可以只按变动成本来定价,所有的修理、维护和更新费用全被计入生产费用,企业的生产报告只注重于直接人工和直接材料,只是将一些直接的、甚至能够在产品中看得见的成本进行核算,这时期的成本管理系统被称为"重置成本会计管理系统"。这一时期的成本会计特点是:侧重于成本计算和记录,提供事后的成本信息。相应地,这一时期的经济理论认为,企业的盈利增长点在于增加产量,只要价格高于成本,生产出来的产品能够销售出去,即可获得利润。因此,企业管理着重于考虑企业是否能够盈利,收入是否能够弥补支出。

2. 标准成本管理时期

从 19 世纪末到 20 世纪 30 年代,工业革命的成功,资本积累的完成,为产业的繁荣和发展提供了有利条件。但当时的企业仍然处于凭借传统经验管理的时期,缺乏标准化程序和对资源的有效组织、控制和管理。大股东和经营者为了避免企业破产倒闭,迫切要求会计不能只停留在事后反应上,而应把注重预测企业未来的经营效果作为经营决策的依据,以便取得最佳的经济效益。因此,一些实业家开始致力于研究提高生产效率和进行有效管理的方法,其中最具有代表性的是泰勒的"科学管理"。受这一思想的影响,成本管理人员纷纷运用现代管理科学的新成就进行预测,制定出产品的标准成本,为降低物质消耗提供参照标准。这一阶段的成本管理,是以标准成本制度为实施基础的成本管理,成本管理的重点在事后控制上,真正意义的成本管理开始出现。

3. 管理成本会计时期

"二战"后,经济环境发生了深刻变化。企业管理当局为了提高产量,降低产品成本,扩大企业利润,十分重视提高内部工作效率。在此期间,现代数学方法如线性规划、概率论、决策论、成本预测模型等得到了广泛的应用,专门为企业内部加强管理、提高经济效益服务的管理会计体系正式形成。会计体系由此形成了财务会计与管理会计两大分支,两大分支共同服务于市场经济条件下的企业:对外满足外部利益相关者的要求,对内为企业内部经营管理服务。在这种背景下,成本会计的理论和方法不断地被扩展充实,形成了新型的着重管理的成本会计。

二、传统成本管理的缺陷

传统成本管理只是生产的附属职能。泰勒的科学管理思想诞生后,标准成本管理思想将成本计划、控制、核算和分析有机结合,使得传统成本管理发展为事前计划、事中控制、事后核算的完整过程,但仍以事中控制和事后反馈为主,侧重于对企业生产经营活动的指导、规范和约束。而且,传统成本管理主要立足于企业内部的生产经营过程，没有包括企业外部价值链和隐性成本，对投资、研发、采购和售后服务环节的关注较少，成本信息系统也没有随企业经营环境变化及时进行调整。

随着信息技术的发展，企业进入了一个全球化的市场。无论是大公司还是小公司，都受到全球竞争的影响而更加关注产品质量和生产效率。为了控制成本，提高生产率和计量产品的盈利性，企业需要及时、相关和全面的成本信息。不仅如此，在新的环境下，企业已经成为整个社会经济网络的一个节点，其活动和规模在很大程度上已经超越了传统意义上的企业边界。为了获得持续的核心竞争力，企业的成本管理模式从长期的意义上就必须服务于经营战略，其成本信息和成本绩效考核标准也应与经营战略相一致，反映战略实施的实际情况。在此背景下，传统成本管理因其存在的缺陷，显然不能适应这种要求。表现在：

1. 缺乏系统性的成本管理思想

传统成本管理的对象是企业内部的生产过程，管理的重心是追求成本的降低，是一种"生产导向型"的成本管理。它主要是通过尽量扩大自身在产业价值链中的份额，以及提高各工序的效率来增加价值。在目标上是通过最大限度地控制成本以谋求利润的最大化；在对象上是企业内部资金运动的价值耗费；在手段上是对现实的生产执行过程加以规范进而监控，是约束性的实时实地管理控制，缺乏成本管理的系统性思想，即在生产过程中不徒耗无谓的成本和改进工作方式以尽量降低成本支出。但企业长期核心竞争力的培育需要企业成本管理从全局性、系统性、长期性等方面出发，采用符合企业特征、反映企业优势的成本管理模式，而不是短期、片面地追求成本降低。因此，传统的局部化的成本管理模式已不能满足企业的要求。

2. 对成本动因反映不全面

传统成本管理更多地强调有形的成本动因，如直接材料、直接人工、制造费用等，而忽视对企业影响深远的如企业规模、产品复杂性、地理位置、生产设备布局、存货内部传递及企业管理制度等无形成本。但不可否认，这些无形成本因素对企业而言会产生重大影响，这是因为它们需要很长时间才能形成，而且一旦形成就很难改变，或者要改变通常需花费很大的代价。据国外的研究表明，企业在生产开始之前，已有85%的产品成本成为约束成本，即一些结构性成本动因和执行性成本动因，实际上是影响企业成本的关键因素，而传统成本管理能产生影响的部分，只占总成本的15%。[①]

---

① 王简. 传统成本管理面临的挑战——现代企业的战略成本管理［J］. 北京工商大学学报：社会科学版，2002（2）：37－40.

3. 难以提供企业整体的绩效信息

近年来，绩效管理越来越引起企业的重视。合理的绩效管理在很大程度上依赖于正确、充分、有效的信息，尤其是产品成本和部门成本信息。但传统成本管理开始于材料采购，结束于产品销售，重点放在产品制造环节，只注重产品制造成本的管理，不重视企业的供应和销售环节，因此，使得除生产外的企业其他经营阶段的成本信息无法完全获得，进而影响企业绩效考核。另外，由于传统的成本管理注重强调财务方面的信息，而忽视了非财务方面的信息，如及时交货次数、顾客投诉次数等数据，使企业难以获得全面发展的竞争战略信息。

4. 无法提供企业所处产业及竞争对手的相关信息

按照战略管理的要求，企业必须全方位、内外结合地分析企业所处的环境，并进行动态实时分析。但传统成本管理模式不仅没有根据企业的内外环境变化以及所采取的竞争战略而随时调整，而且所采取的是一种基于经验主义的静态管理模式。由于它只注重企业内部生产阶段的成本管理，没有对其自身整个价值链、竞争对手价值链和所处产业价值链进行分析，因而无法获取自身所处产业和相关产业的信息以及竞争对手的成本信息。

5. 其着眼点主要在企业内部

企业财务战略管理要求在考虑企业竞争地位的同时进行成本管理，将成本分析与成本信息置身于企业财务战略管理的广泛空间，与影响财务战略的相关要素结合在一起，通过从战略高度对企业成本结构和成本行为进行全面了解、控制与改善，寻求长久的竞争优势。但传统的成本管理仅把节约作为重要手段，眼光停留在企业内部，且局限于企业的生产过程，对企业的供应与销售环节考虑不多。

（1）传统的成本管理是事后反馈机制，着眼于从企业内部寻求成本降低的对策。企业不能站在战略的高度，寻求成本管理与战略管理的结合，从企业内、外部两方面入手降低成本。

（2）传统的成本管理往往只强调从绝对数和相对数上进行降低成本，而未能将成本管理与竞争有机地联系起来，很少考虑成本降低对企业竞争地位的影响。其目的是力图从可控费用出发，减少在生产过程中的无谓消耗，以及通过改进工作的方式节约成本支出，表现为工厂的"成本维持"和"成本改善"两种形式。但过度成本控制可能导致产品和服务质量的降低，从长期来看往往会削弱企业的竞争力。

第二节　战略成本管理模式

随着企业发展及其增长方式的转变，企业面临着前所未有的竞争压力。由此出发，要求企业必须立足于全局和长远，着眼于未来，寻找新的、持续的效益增长点。企业成本管理也必须围绕企业价值链和产品生命周期进行全方位、多角度的分析，由此对成本管理提出了新的要求。竞争"培育"了企业战略管理，因为战略管理就是为了铸造和维持企业的竞争优势。成本竞争是企业竞争的一个主要方面，企业所有战略最终都会体现在成本上。因而，战略成本管理在本质上就成为企业竞争战略管理的重要方面，且应该起核心作用，战略成本管理思想的成功运用必然成为保证企业战略管理要求实现的法宝之一。因此，知识经济时代，随着成本管理在企业中的地位日益加强，从战略的高度把握成本管理至关重要。

财务战略管理的目的是提高企业的竞争力，而成本是影响企业竞争力的重要参数。财务战略决策的制定、选择、实施和控制都离不开成本信息的支持，最优财务决策的制定就是要将与该决策有关的成本与收益进行比较、权衡，从而确定出能够使企业利润最大的方案。从竞争的角度看，战略成本是连结企业财务战略与竞争优势的最根本的纽带，战略成本管理的效果直接影响着财务战略的成败和竞争优势的存在与否。因此，战略成本管理是财务战略管理研究中无法回避的问题。

一、战略成本管理产生的背景

20 世纪 60 年代后，科学技术突飞猛进，先进的制造模式如集成制造、精益生产等逐步运用到企业生产中，经济的全球化使得企业间的竞争愈演愈烈。为了争夺市场和生存发展空间，企业在经营管理中必须进行战略思考，从而要求企业成本管理也必须顺应这一发展趋势，推进到战略层面，以适应和支持企业战略管理的实施。

进入 20 世纪 80 年代以来，伴随着电子技术革命，产生了高度自动化的先进制造企业，它们能够及时满足客户多样化、小批量的商品需求，快速地生产出高质量、多品种、少批量的产品。在新的制造环境下，原来为传统采购与制造乃至企业决策服务的产品成本计量与控制、会计决策、业绩评价等会计理论与方法也发生了相应的变革，且使得企业成本计量和成本决策模型发生了根本性的转变。当企业管理伴随竞争环境的变化进入战略管理新阶段时，传统成本管理也转向战略成本管理。

20 世纪 80 年代，英国学者西蒙提出了战略成本管理概念。他当时主要是从企业在市场中的竞争地位这一视角对战略管理会计进行初步的理论性研究，所以仅仅对战略成本管理做了一些理论层面的探讨，认为战略成本管理就是"通过对企业自身以及竞争对手的有关成本资料进行分析，为管理者提供战略决策所需的信息"。他认为，战略成本管理侧重于本企业与竞争对手在市场份额、定价、成本、产量等有关方面的信息，强调成本管理与企业战略结合的重要性。美国哈佛大学的迈克尔·波特的《竞争战略》（1985）提出了成本领先战略等三种战略方式，并运用价值链进行战略性成本分析，认为企业的成本地位源于其价值活动的成本行为，成本行为取决于影响成本的一些结构性因素，即成本驱动因素。随着战略理论的不断创新发展，直接催生出了战略成本管理思想。

进入 20 世纪 90 年代后，企业出现了战略联盟的特征，在这种条件下，企业如果不能从战略角度全方位分析问题，建立基于企业战略、宏观经济环境的动态成本管理模式，就很难培育和提升其竞争力。基于战略管理的需要提出的战略成本管理理论及方法体系是和战略管理理论与方法体系相匹配的。这一时期，美国管理会计学者杰克·桑克等人接受了西蒙提出的观点并结合迈克尔·波特的战略管理理论，于 1993 年出版了《战略成本管理》一书，提出了战略成本管理的概念，使战略成本管理的理论方法更为具体化，价值链管理真正成为战略成本管理的重要分析工具。

战略成本管理思想自产生以来，得到了理论界和实务界的广泛关注，但至今没有一个广泛认同的关于战略成本管理的定义。一般认为，战略成本管理（Strategic Cost Management，SCM）就是在传统的成本管理系统的基础上，从企业战略的角度发展起来的新的成本管理系统，是一种全面性和前瞻性相结合的新型成本管理模式，是战略管理与成本管理结合的产物。它与传统成本管理最大的区别在于其对成本管理的重心不仅在生产阶段，而且在企业生产经营的整个过程中，以战略的眼光从成本的源头识别成本驱动因素，在成本管理和控制过程中使用了一些现代的成本管理方法和工具。具体是指管理人员运用专门的方法，通过协调内部资源和外部环境变化的关系，运用成本数据和信息为战略管理的每一个关键步骤提供战略性成本信息，帮助企业管理者构建和评价企业战略，促进企业竞争优势的形成和成本持续降低的环境的建立，使企业能够达到其所制定的战略目标。其精髓在于，借助会计功能编制成本管理计划，使企业有效地适应外部环境，实现成本领先和竞争优势的"双赢"。

战略成本管理将视角扩大到企业整体，具有结果控制和过程控制相结合的特征。战略成本管理强调战略目标成本的合理制定，并从企业管理的各个环节和各个方面来保证其最终实现，这种整体观念有助于增强企业内部的协调运作，减少内部职能失调。它要求会计控制不能仅仅停留在对结果的分析上，而且要通过过程控制将企业生产经营的各个环节和企业的整体目标相联系，以过程控制实现对结果的影响和保证预期结果的实现。

二、战略成本管理的基本思想

战略成本管理思想可以概括为以下几个方面：

1. 成本的源流管理思想

成本发生的源流包括时间源流、空间源流和业务源流。管理成本要从成本发生的源流着手，成本管理的重点内容应该是成本发生的源流，成本管理措施的着力点也应该是成本发生的源流。战略成本管理的核心思想是通过与企业战略的匹配取得成本优势和竞争优势，并设法持久维持这种优势，当企业的优势地位已经确立，成本管理的目标将转向内部经济资源的合理利用，通过各种措施降低成本。

降低成本可以有两种实现方式：第一种方式是在既定的经济规模、技术条件、质量标准条件下，通过降低消耗、提高劳动生产率等措施实现。这种方式的成本降低以现有条件为前提，是日常成本管理的重点内容。当成本降低到这些条件限定的最低限度时，成本降低的潜力就会枯竭。第二种方式是改变成本发生的基础条件。所谓成本发生的基础条件是指如规模、范围、经验、技术和多样性等，它们改变着成本状况，对成本的未来变化趋势起着长期的作用。在这种情况下，进一步的成本改进有赖于新的技术和新的观念，这是成本持续降低的潜力所在，代表了成本管理的源流管理思想，同时，也是战略成本管理中的重点以及现代管理"不断改进"的思想在成本领域的综合体现。

2. 与企业战略相匹配的思想

战略成本管理以企业战略为核心展开，其属性决定了在成本管理领域所采取的战略措施、所采用的管理方法要与企业的基本战略相匹配，要与企业的发展阶段相适应，所采取的各种战略措施之间要协调配合。企业可以采取的基本战略有多种，不同的战略对成本管理有不同的要求。采用成本领先战略的企业，企业战略的重心是成本，企业战略主要体现为战略成本管理，两者趋于一致；采用差异化战略和目标聚集战略的企业，如何实现差异化和目标聚集是核心，战略成本管理要有助于差异化的实施和目标聚集。

企业战略管理要求企业对成本管理进行重新定位：

（1）成本管理范围应由内部扩展到外部。由于战略管理是对企业进行的全方位的规划，为了实现企业战略管理的目标，企业的成本管理必然要重新进行定位。成本管理的范围不应仅仅局限于企业内部的生产经营活动，而应将其纳入行业价值链进行统筹规划，立足于整个市场环境予以考虑，并且注意对竞争对手、上下游供应商的成本分析，力求使企业的外部资源成本最低。

（2）成本管理要立足于企业的长期发展。战略管理关注的是企业的长期的竞争优势，因此，企业的成本管理也应超越单一的会计期间，注重企业不同发展阶段和产品寿命周期成本的规划，立足于长期的战略目标。

（3）成本管理应注重全方位的成本动因分析。企业的长期竞争优势是企业各个职能部门协调发展的结果，因此，成本管理不能仅局限于生产领域，而应该对企业生产经营的各个环节进行成本策划，进行全方位的成本动因分析，特别要注重无形成本要素的分析和控制。

企业的发展阶段不同，目标和战略重点也不同，所要求的管理战略也不同，成本管理措施的构造与选择要与企业的发展阶段相适应。因此，概括地说，战略成本管理关注成本管理的战略环境、战略规划、战略实施和战略业绩，关注在不同战略选择下如何组织成本管理，为了避免战略措施之间的冲突，所采取的各种战略管理措施之间要协调配合。成本是多种成本动因共同作用的结果，不同的战略措施对成本动因的影响各不相同，有可能引起不同方面的成本发生反向变动。

3. 成本管理方法措施的融入思想

成本自身的特征和成本管理的特点要求将成本管理的方法措施融入到管理过程与业务活动之中，实施成本管理必须要控制企业的整个生产经营过程，因为这个过程同时也是成本的发生过程。

引起成本变化的各项动因，分散在各部门、各生产经营环节。但是，按照企业的职能分工，生产经营过程由相应的职能部门进行管理，分属不同的经营管理系统，成本管理不能直接干预生产经营活动，这种矛盾构成了成本管理的两难困境。在这种困境下，如何实施成本管理是成本管理无法回避的困难选择，成本管理方法措施的融入思想实质上是针对这一矛盾提出的。即只有将成本管理的理念、方法、规章制度融入到各部门的业务管理和业务过程之中，融入到各成员的头脑之中，才有可能变成真正有效的成本管理措施，成本管理的方法才能发挥作用。

由于战略成本管理将成本动因与企业竞争战略有机联系，成为企业获得持久竞争优势的重要手段，革新了企业成本管理的思想观念。所以，战略成本管理的出现是成本管理理论的重大飞跃，其精髓在于跳出旧有的成本管理模式，用战略的眼光和新的成本动因来关注企业的成本管理和市场竞争力。

三、战略成本管理模式及流程

如前所述，随着经济全球化的发展，国际间分工合作日益密切，市场环境更具有竞争性和自由度，市场对产品的需求日益多样化，顾客对产品质量的要求日益提高，这些都要求企业更新其成本管理观念，确立新的成本管理范围。同时，在全球化竞争和合作的影响下，企业的内外管理环境也发生了深刻的变革，相应的管理观念、管理理论有了新的发展，如适时制、全面质量管理、战略管理、目标管理等新的管理方法已经运用于成本会计之中，这一切，使得成本管理模式从传统的产品成本核算和经营控制向更广义的战略成本管理模式改变。

就成本管理本身而言，每一项作业其实就是成本发生的过程。企业的不同作业和不同的作业方式会对应不同的成本计量和管理方式。在企业制造模式、环境变化的同时，企业的成本管理方式也在相应地变化。"二战"后，企业规模越来越大，跨国公司大量出现，市场需求多样化特点日益明显，追求技术进步，采用先进的管理方法，成了降低成本的主要手段。人们逐渐认识到，生产技术现代化必须同管理方法现代化紧密结合起来，才具有强大的竞争力；企业必须站在战略的高度，看到企业长远的发展，把企业的成本管理与企业发展战略结合起来，将战略成本管理的思想更好地应用于各项生产经营活动中。

1. 战略成本管理模式

概括起来，战略成本管理是将成本信息置于企业战略管理的大循环中，通过综合竞争力与成本变化之间的关系分析，运用特定的战略成本管理方法，寻求竞争优势的过程。它以实施企业战略为目标，融合多学科理论，对企业自身的全部经营活动进行根本性、长远性的成本规划和管理活动。在不同的战略下，组织实施不同的成本管理模式，从战略高度对成本结构和成本动因进行控制和改善，寻找成本持续降低的最佳途径，是企业获得持续竞争优势的关键。通过成本管理人员提供企业本身及其竞争对手的有关资料，分析企业外部环境的机会和威胁，帮助企业领导形成战略管理思想，创造竞争优势。

进入 20 世纪 90 年代以后，日本成本管理的理论界和企业界也开始加强了战略成本管理方面的研究，提出了具有代表意义的战略成本管理模式——成本企划。此后，对战略成本管理这一思想与相关方法的讨论也日趋深入，并产生了两种享誉世界的战略成本管理模式：以作业成本制度为核心的战略成本管理体系和日本成本管理理论界提出的成本企划战略成本管理模式。

（1）以作业成本制度为核心的战略成本管理模式。1998 年，推崇作业成本制度的英国教授罗宾·库珀通过对作业成本的研究，在传统成本管理体系中引入了作业成本法，将作业成本贯穿于企业价值链，关注企业竞争力的改进，提出了以作业成本制度为核心的战略成本管理体系。

他认为应当构筑以作业成本法（ABC）为主的战略管理模式，该模式的实质是在传统的成本管理体系中全面引入作业成本法，从而构成一种战略管理会计系统。在他看来，作业成本法（ABC）应当作为一种战略工具，协助企业选择最适当的战略，并为这一战略的实施提供全方位的服务。具体做法是在企业内部、企业各部门和竞争对手等各方面运用作业成本法，以准确的成本计算资料，向不同部门的员工展示企业成本竞争地位，使得企业管理者和其他员工能够把自身的工作与企业的战略地位联系起来，以达到在降低成本的同时，提高企业竞争力。

（2）成本企划战略成本管理模式。20世纪90年代以后，日本成本管理的理论界提出了具有代表意义的战略成本管理模式——成本企划（Target Costing，TC）。该模式是一种"源流"管理，简单地说就是从事物的最初点（产品的研发、设计阶段）开始，通过对企划对象起始点实施充分透彻的分析，力求回避后续过程的无效作业（减少或者消除非增值作业），使成本达到最低，其本质是一种对企业未来的利润进行战略性管理的战术，其思想源于60年代初期丰田汽车公司的新产品开发。成本企划与生产适时制紧密相连，价值工程是成本企划活动展开的有效手段，其原理是在产品策划设计阶段进行市场调研，确定具有特定功能的目标产品在未来市场上富有竞争力的目标价格，以及企业的目标利润，达成可容许的产品全生命周期的目标成本，从而将成本要素融入产品构想。

成本企划是一种先导性的成本管理方式，具有源流设计、市场导向、系统开放和价值链贯通参与等特点。

2. 战略成本管理实施流程

粗略地归纳为下面几个阶段：

（1）产品策划。

（2）目标成本设定。

（3）目标成本的功能分解。

（4）目标成本的部件分解。

（5）在设计图面上实施成本降低。

（6）转向实施生产的准备。

（7）初期流动管理。

上述两种战略成本管理模式在日本和欧美得到了广泛的应用，并被企业管理实践证明是获取长期竞争优势的有效方法。

四、战略成本管理的特征

战略成本管理是战略管理和成本管理在新的竞争环境下有机结合的产物，是将成本管理置身于战略管理的广泛空间，从战略的角度对企业成本行为及成本结构进行分析，并为企业管理决策服务，帮助企业形成竞争优势。与传统成本管理相比，企业战略成本管理的特征主要表现在以下几个方面：

1. 战略成本管理的目标在于企业核心竞争力的培育

企业管理中，战略的选择与实施高于一切，是企业的根本利益之所在。作为企业战略管理的决策支持系统，战略成本管理的目标应服从于企业整体战略管理目标，为企业战略管理提供正确、真实、全面、动态的成本信息，战略成本管理各项活动的开展应该有助于企业整体战略管理目标的实现。企业战略的选择必须考虑成本的支撑力度和企业在成本方面的承受能力，而降低成本必须以不损害企业基本战略的选择和实施为前提，并且有利于企业管理目标的实现。

战略成本管理不再仅强调成本的降低和短期利润的最大化，而是从构造和提高竞争优势的角度出发，重点关注成本行为对企业竞争地位的影响，帮助决策者预测、控制成本活动，制定最佳决策方案。即要通过战略的制定与实施，以及对企业及其竞争对手成本信息的收集、分析和运用，提高企业的长期绩效管理水平，以建立和保持企业未来持久的竞争优势。战略成本管理突破了传统成本管理那种为降低成本、提高效益而进行成本管理的单纯目标，所考虑的首要问题是企业如何在市场竞争中立于不败之地，以取得持续性的竞争优势。战略成本管理不仅仅体现于低成本，更在很大程度上体现了企业成本结构优化、价值链优化、作业链优化等，以利于企业核心竞争力的培育和提升。显然，为最大限度地降低企业各种经营活动的成本，以谋取成本最小化和利润最大化的传统成本管理模式已不能适应企业进行战略管理的需要，"用户满意"已经上升为企业成本的管理目标。

2. 战略成本管理的信息系统是综合性的信息系统

成本管理信息是企业进行管理时有关成本等信息的集合。战略成本管理信息系统不仅包括有关成本收益的财务信息，还包括关于生产率、质量和其他影响企业成功的关键性非财务信息。为了赢得竞争胜利，企业必须关注长期因素，如产品与生产领先、产品质量和顾客忠诚度等。这是因为，仅强调财务信息会导致削减成本以忽略甚至降低质量标准为代价。

而传统的成本管理过分强调企业的财务信息，误导管理者做出削减某项成本（某项财务指标）而忽视甚至降低质量标准（某项非财务指标）的错误决策，从而导致企业丧失长期的顾客和市场份额。信息收集的综合性，成本结构的变化，使战略成本管理深入到研发、采购、生产、营销和售后服务部门，其范围从企业内部价值链延伸到外部，战略管理的有效性更加依赖信息来源的准确性和科学性，战略性方法需要综合性思维，即有能力从跨越职能角度识别和解决问题，建立综合性的成本管理信息系统。战略成本管理的信息系统必须是财务信息和非财务信息的集合。

3. 战略成本管理的对象是全方位的动态业务过程

战略成本管理突破了只研究孤立的生产阶段成本管理，以及单纯价值管理的状况，将生产前与生产各阶段的管理要素联系起来做动态分析，以战略性的视野对企业生产经营全过程和产品整个生命周期的成本进行控制与管理。因此，战略成本管理的对象是由内及外的全方位的动态业务过程，通过了解行业价值链进行成本管理更有助于企业战略目标及财务战略目标的实现。

（1）战略成本管理从企业所处的竞争环境出发，其成本管理不仅包括企业内部价值链分析，而且包括竞争对手价值链分析。即通过对企业外部的竞争对手和产业链中其他企业的成本信息进行分析，把企业成本管理问题放在整个市场环境中予以全面考虑，以供战略决策所用。

（2）战略成本管理着眼于企业的内部和外部环境，因而使成本管理不仅向前延伸到采购环节乃至前期研究和设计环节，而且向后延伸到售后服务环节。既重视与上游供应商的联系，也重视与下游客户和经销商的联系。

（3）战略成本管理应能够根据企业自身的特质和外界环境进行成本管理、方法和工具的实时调整。

（4）战略成本管理将重点放在发展企业可持续竞争优势上，其目的是帮助企业主动适应、争取、占领市场，取得竞争优势，强调预算控制和目标管理。

（5）基于战略成本管理模式而集成的成本信息，应具有及时、全面、真实的特征，能够对自身的成本链、竞争对手的成本链、行业成本链等进行分析，帮助企业对发生的成本进行有效控制和评价。

4. 战略成本管理方法是价值管理和实体管理的融合

战略成本管理从本质上讲是一种前瞻性管理思想，管理的重点不在于企业成本管理战略的实施而在于成本管理战略的决策，相应地，其管理方法及手段具有价值管理与实体管理并重的特点。企业在进行战略成本管理策划时，对一系列具有源流特质的成本动因进行分析，就是要从宏观上控制成本源头，充分发挥其前瞻性。

5. 战略成本管理的成本动因多元化

成本动因是指导致企业总成本变化的任何因素，识别和确定企业的核心成本动因是获得竞争优势的关键。传统成本管理信息系统，只关注材料、人工、制造费用等构成产品成本的主要因素，而忽视了企业规模、整合程度、地理位置、产品的复杂性、企业的管理制度、管理哲学等因素对产品成本的影响。这些动因长期积累得以形成，且一经形成就难以改变，因此，进行战略管理时必须对这些因素予以综合考虑。同时，由于企业竞争的日益激烈，生产技术、信息技术和电子商务的发展，顾客需求导向的变化，以及社会、政治和文化环境的变化，改变了竞争的性质和管理者的管理方法，产生了对成本管理新的战略方法的需求，从而突出了成本动因的多元化要求，以及适应企业经营环境变化的要求。

五、战略成本管理的措施

从成本的角度看，一旦企业进行所有价值活动的累积成本低于其竞争者的成本，则可以认定该企业赢得了成本优势。为了满足获取成本优势、提高企业利润和降低成本的要求，企业必须采取有力措施，控制成本。成本管理的战略方法和措施主要有三个方面：

1. 控制成本的影响因素

当企业完成了以价值链来归集营业成本和分摊资产，并分析过其价值活动的影响因素后，企业就应考虑通过控制这些因素来建立成本优势。

（1）控制地理位置因素。地理位置因素特别是在企业生产的空间组织方面和原材料及产品的运输分配方面，对企业成本产生较大的影响。几乎在所有的公司，收益、成本甚至某种获利水平是从地理角度跟踪的，如不同的零售商在促销方面有差别，由此产生了因地区不同而不同的营销成本。控制地理位置因素应该根据公司所在区域的相关成本和不同地方市场的不同购买行为确定不同的策略。

（2）进行学习管理。企业应结合长期竞争战略来制定学习战略目标，对战略知识进行评估以确定知识更新周期，确定支持学习战略的组织结构，审定本企业的内部培训计划和学习效率，确定赶超竞争对手的基准点。

（3）调节和控制生产过程。生产过程控制的目的是预防和制止生产过程中可能发生或已经发生的脱离计划和目标的偏差，保证生产的均衡性和稳定性，减少生产能力闲置所带来的机会损失。

2. 再造价值链

拥有成本优势的企业，其价值链往往与竞争对手的价值链存在着显著差异。企业可以通过采用生产工艺、自动化方面的差异，以及采用新的营销策略、新的原材料、厂房设施的地点迁移等措施再造价值链，以便从根本上改变企业的成本结构，为进一步的成本降低奠定基础。

3. 通过价值链整合等措施强化成本管理

（1）通过价值链的横向整合与规模经济、分权管理等，改善成本动因之间的联系。

（2）借助于价值链纵向整合、适时制的应用，以及质量成本管理等强化业务活动过程中的成本管理工作。

（3）利用制定长期成本计划、产品生命周期的成本管理，以及选择技术改进时机等措施，实现加强成本管理的要求。

第三节 战略成本管理的基本框架

战略成本管理的基本框架是关注成本动因，运用价值链分析工具，明确成本管理在企业战略中的功能定位。价值链分析、战略定位分析、成本动因分析构成了战略成本管理的基本框架。价值链分析通过找出企业在价值链中的优势与薄弱环节，实现企业价值链的重构，提高企业的竞争力；成本动因分析帮助企业从战略的角度找出成本的驱动因素，挖掘获取成本优势的有效路径；作业成本分析通过改进增值作业，消除或减少未增值作业，提高企业的管理效率。将这些先进战略成本分析工具作为企业日常财务战略管理的重要工具，不仅丰富了财务战略管理的手段，也增强了财务战略管理的科学性。

一、价值链分析（Value Chain Analysis）

战略管理理论认为，实现股东乃至企业长期价值的前提是实现客户价值，应努力追求客户价值的最大化。价值链将一个企业分解为与战略相关的许多活动，企业正是通过比其竞争对手更出色地展开这些战略活动来赢得竞争优势的。

"价值链"（Value Chain）的概念是美国学者迈克尔·波特于1985年提出的，是指企业为生产有价值的产品或为顾客提供有价值的劳务而发生的一系列创造价值的活动。即企业为顾客提供的产品和服务是设计、生产、销售、发送和辅助其产品（服务）的一系列活动的结果，是企业用来进行设计、生产、营销、交货以及对产品起辅助作用的各种活动的集合。这些相互联系的活动共同创造了总价值。其目的在于将它作为一种分析工具，分析企业如何在竞争中寻找机会，改善经营，赢得优势。波特认为，企业通过完成一系列作业而产生价值，一个公司产生的最终价值是通过顾客愿意为企业的产品和劳务所支付的货币量来衡量的。如果这种价值超过了完成所有要求的作业的总成本，则该公司就是有利可图的。企业与其上下游各有其价值链，彼此相互关联，所以称为价值系统。企业需要了解在既定的价值链条中，各种活动彼此间的关系是怎样的。

1. 价值链的内涵

主要包括以下几点：

（1）价值活动是企业从事的经济上和技术上有明确界限的各项活动，能够给企业创造有形或无形的竞争力。

（2）企业各项价值活动之间有密切的联系，它们共同构成了企业的价值链。

（3）价值链不仅包括企业内部的价值活动，还包括企业与供应商、企业与客户之间的价值活动。

（4）企业价值链、供应商价值链、客户价值链之间是相互联系的，它们共同组成了"价值系统"。

后来，约翰·山科和维杰·高威达拉翰将价值链分析方法引入了战略成本管理领域，探讨企业如何在战略成本管理中找到确定战略的方向和依据，获取竞争优势。他们认为，每一个企业都应该将自身的价值链放入整个行业的价值链中去考虑、审视，应从最初的原材料到最终的使用者。同时，企业必须要对处于价值链相同或相近位置的竞争对手进行充分的分析，并且制定出能够保证企业保持和扩大竞争优势的合理战略。通过价值链分析可以衍生出企业的发展战略，并且该战略将会对企业的成本管理模式的建立产生重大影响。由此，他们将价值链分析转化为一种实用的决策分析工具。

2. 价值链分析

价值链分析就是要通过战略上对行业价值链进行分析以了解企业在行业价值链中的位置；从企业内部分析以了解自身的价值链；从竞争对手分析以了解对手的价值链，并由此形成企业成本管理的各种战略。价值链分析就是要分析从原材料供应商起直至最终产品消费者的相关活动的整合，是从战略角度分析如何控制成本。价值链分析可以用来勾勒出企业的战略选择，如：企业是追求"后向"的整合战略还是"前向"的整合战略？企业是否应该极力去拓展新的市场？企业是否应该极力去实现新产品的突破？在产业价值链中，哪一部分耗费甚巨？等等。具体包括：行业价值链分析、企业价值链分析和竞争对手价值链分析。

（1）行业价值链。企业总是处于一定的环境中，作为一个系统，它有着自己的输入和输出，也即企业并不是自己孤立地完成创造价值的任务。任何企业的价值链蕴藏于范围更广的一连串活动中，它和上游企业（如供货商）、下游企业（如销售商）组成一个创造价值的系统。任何产品从最初的原材料转化为满足消费者消费需求的最终消费品，都需要经过若干相互联系的环节，这既是一种产品生产过程，也是一种价值形成和增值过程，即价值链。这种价值链通常按行业形成，相关行业之间有交叉的价值链，企业是这些价值链上的作业单元。

行业价值链又称纵向价值链，是指某项产品从最初的原材料到最终消费者手中的整个过程。行业价值链分析的目的主要是确定企业的战略定位，即通过行业价值链分析，一方面，帮助企业了解行业中某个价值链环节的长期盈利能力，了解行业价值系统中上、下游企业以及竞争对手的相对地位，以及与自己同处一个行业的价值链上的其他企业的整合程度对企业形成的威胁，以便做出进入或退出的战略决策。另一方面，将企业置于整个价值系统中进行分析，能够帮助企业寻求向前向后一体化的可能性以及与上下游企业甚至竞争对手建立战略联盟的可能性，以便克服传统价值增值分析的弊端，通过建立战略联盟，实现多方共赢和行业价值链的增值。行业价值链代表了企业在行业价值链中与其他上下游之间的关系，一般包括供应商价值链分析和客户价值链分析两部分。

第一，供应商价值链分析。企业与供应商的联系集中于供应商的产品设计特征、服务、质量保证程序等方面，这些联系通常采用由供应商实施的方式，供应商在其价值链内开展活动能够提高或降低企业成本。对供应商价值链分析的目的旨在同供应商建立战略合作伙伴关系，确定竞争的战略优势地位。

第二，客户价值链分析。企业与客户之间的联系同企业与供应商之间的联系有很大的相似性，与客户关系的协调和综合优化能够削减相应的成本或增强产品或服务的差别性。通过对客户价值链的分析，目的是了解购买者的支付能力和消费偏好，评估客户价值链与企业价值链之间的联系的合理性，重构下游市场链。

（2）企业价值链分析。企业价值链既是企业价值创造的过程，也是其成本的同步发生过程，这种联系有助于更加全面地理解和分析各项价值活动的成本性态，从而对不经济的价值活动进行控制或削减，以降低企业价值链的总成本。企业内部可以划分为若干小的作业单元从而构成单元价值链，以完成企业这个作业单元的一部分工作。企业价值链既有各业务单位之间的价值链，也有各业务单位内部的价值链，每个价值链既会产生价值，同时也要消耗资源。产品的形成就是这些作业单元相互协作、共同配合的结果。进行企业价值链分析就是要先找出基本的价值链，然后将其分解为单独的价值作业，再比较各个作业的成本与效益。实现企业价值链内在联系的最优化和协调一致，是获得竞争优势的重要方法。

企业内部价值链分析的功能要素主要是对成本动因的分析，特别是结构性成本动因分析和执行性成本动因分析。

第一，结构性成本动因分析。结构性成本动因取决于组织基础的经济模式，包括投资规模、垂直一体化程度、生产经验、生产技术以及产品特性等。这些因素既决定了企业的产品成本，也会对企业的人力资源、生产经营等产生影响。结构性成本动因分析要求从成本战略管理的视野来选择企业的规模、业务范围、经验、技术等，它针对的是如何通过企业的基础经济结构的合理安排，从而形成企业的竞争优势。

第二，执行性成本动因分析。执行性成本动因是指与企业执行作业程序相关的成本驱动因素，它制约着企业的作业规程，包括产品结构、市场能力运用程度等。执行性成本动因分析要求从战略成本管理的视野来强化企业的劳动力参与、全面质量管理、生产能力利用等各方面的作业程序安排，为战略成本管理目标的实现提供效率保证。

企业内部价值链分析通过成本分析可以识别与企业战略密切相关的过程或活动，找出企业潜在的差异性资源及在价值生产过程中的利弊，并通过有目的地提高这些具有战略意义的过程或活动的绩效，实现企业的竞争优势。企业可以利用价值链分析的结果去重新制定它的战略计划和预算程序，在经营信息、经营动因和计划、预算程序间建立起必要的桥梁，将预算充分融入到动态的计划过程中去。

价值活动是企业物质和技术上相互分离的各项活动，每种价值活动与经济效果结合如何进行，将决定一个企业在成本方面相对竞争力的高低。作为一种分析工具，价值链通过将企业分解为一系列彼此独立又相互联系的价值活动，克服了传统价值增值方法忽视企业内部联系以及企业与供应商、企业与客户之间联系的缺陷，为分析企业的竞争优势提供了一种全新的视角。企业价值链分析使得对企业的管理不再只局限于某一方面，而是将企业各个价值活动以链的方式分开，再把它们连接起来，找出企业内部不增值的作业以及价值和成本不匹配的作业，并予以改进，以加强各价值活动联系的方式优化价值链，降低成本。

（3）竞争对手价值链分析。企业自身的供应链或者供应过程是与其所在产业或者相关产业中的其他企业相联系的。企业成本管理的本质是通过企业行为取得低于其竞争者的积累成本，赢得成本优势。竞争对手价值链和本企业价值链在行业价值链中处于平行位置。

竞争对手价值链分析的目的在于：①通过对竞争对手的价值链分析，可以测算对手的资源消耗及资源配置情况，识别竞争对手的价值链以及他们怎样开展价值活动，判断竞争对手在价值链的哪些环节上具备竞争优势，这些优势形成的根源在哪里？然后确定企业应当在价值链的哪个环节上建立竞争优势。②了解企业的相对成本地位和相对成本优势的来源，从而消除劣势，保持优势，制定适合企业的成本、价格策略。③分析企业与竞争对手产生差异的原因，寻找改进的途径；或者采取不同于竞争对手的价值链方式，在自己的优势环节上建立相对竞争优势；或者模拟竞争对手的成本及其开展价值链活动的方式，控制关键成本动因，重构企业价值链。

在进行竞争对手价值链分析时，必须从各种渠道获知大量相关信息，估计竞争对手的各项成本指标，以及竞争对手现在所实行的战略或即将实施的战略所导致的成本水平变化、企业环境变化等。在此基础上，企业需要将竞争对手的情况与自身的情况相对比，从中找出差距。

3. 价值链优化

在价值链分析的基础上，企业必须针对价值链优化的潜力，从内、外两方面对其优化，以提高企业的综合竞争力。

（1）内部价值链优化。包括优化业务流程、组织结构再造以及信息系统建设。即优化内部价值链的关键在于改变传统的管理模式、业务流程和组织结构，将企业的各项价值活动有机地整合起来，形成一个集成化的价值链管理体系。并结合整个行业以及竞争对手的情况对企业的价值活动进行改进和调整，为企业创造最大化的价值增值，从而降低企业内部的管理成本、采购成本、生产成本和销售成本，实现整个价值链的高速运转。

（2）外部价值链优化。包括价值链联盟（战略联盟）和价值链分解（外包战略）。优化外部价值链的关键在于提升整个行业价值链的业务流程能力。换言之，业务流程的改善不仅包括内部价值链的改良和创新，还要统筹协调与供应商、中间商、经销商的经营程序。企业必须综合考虑参与价值创造的各主体的利益，保证价值运动的最大，以及在各节点之间的合理分配，实现多方共赢。其中，实施战略联盟的主要原因是由于各企业之间存在着资源的相互依赖性和经济活动的多元化，这些资源和价值活动在联盟中能够得到新的组合和延伸，使企业突破企业内部价值链的范畴，通过与联盟企业的合作，共同创造价值，发挥多个企业的价值链协同效应，获得更多的利润。外包战略的实施主要在于随着科技进步，产品加工日益复杂化。通常情况下，一种产品从开发、生产到营销、服务所形成的价值链过程很难由一家企业单独完成，因此，许多企业从自己的比较优势出发，可以选择若干环节培育并增强这部分相对竞争优势，而放弃那些不具有优势或非核心的环节，利用市场共同完成整个价值链的全过程。

从成本管理的角度而言，企业的价值活动即是成本行为。将价值链分析应用于企业成本管理，能够克服企业管理者对目前所占比例较小，正处于增长状态且最终能够改变企业成本结构的价值活动的缺陷。

二、战略定位分析（Strategic Positioning Analysis）

所谓战略定位，就是指企业在赖以生存的市场上如何选择竞争手段并与对手抗衡。战略定位的过程就是要根据企业所处的外部环境包括企业竞争者的情况，以及企业的自身条件制定取得竞争优势的战略。在确定了企业竞争中所应采取的战略后，企业的工作重点就转移到了这一战略上来。不同的战略定位和不同的市场策略实际上就定位了企业的资源配置、成本行为及业绩考核标准的制定和执行。可分为：

1. 成本领先战略

这是一种先发制人的战略。这种战略的指导思想是：企业就是要成为行业中的低成本生产者，在维持其产品的质量、功能不低于同行业水平的前提下，努力降低成本以取得竞争优势。从一定意义上说，成本领先也体现了一种差异，即企业产品与竞争对手产品在成本上的差异。在产品特性相当的情况下，如果产品具有较低的成本，会提高顾客的价值；在与竞争对手产品相当或相对较低的价值上，低成本将转化为高收益。所以，企业必须开发和利用所有成本优势资源，以保证成本优势的实现。

成本领先战略的目标是通过一切可能的手段和方式，使企业成为产业中的低成本生产厂商，以成本优势获取竞争优势。与此相适应，采用这一战略的公司的目标是发现和挖掘所有的资源优势，力争成为行业内低成本生产者。其核心思想是以成本竞争为中心，利用低成本优势在竞争中取得超过竞争对手的超额利润，或者以低成本为依托，通过价格竞争扩大市场份额，确立企业的竞争优势。典型的低成本厂商一般销售标准的、实惠的产品并强调获取规模经济或绝对的成本优势。成本领先战略要求企业成为领先者，而非仅仅成为几个竞争企业中的一员，或仅仅获得短期成本优势，或仅仅是削减成本。

实施成本领先战略意味着企业不仅应着力降低生产成本，而且应降低所有职能部门的成本，如研发成本、销售成本等。此时，研发部门应更多侧重于对产品工艺的开发以降低生产成本为目的，而非着力于新品的开发与创新活动；销售部门则应侧重于以更低的销售成本将公司的标准化产品销售给大众市场，而非侧重于向不同细分市场提供差异化产品。为进一步降低成本，组织可考虑采用控制成本最低的产出控制方式并结合预算控制来严格控制生产部门的活动。

2. 差异化战略

成本领先战略最致命的缺陷是，当一种产品的生产逐步成熟、市场需求相对饱和时，成本的降低就没有了空间，所以，单纯的降低成本是没有出路的。而当一个企业能够为客户提供一些独特的、对客户来说不仅仅是价格低廉的产品时，这个企业就具有了与其他竞争对手不同的经营差异。因此，差别化战略建立在产品本身的性能、销售体系和特殊的服务等基础之上，力求产品性能的某一方面独树一帜，突出其特定功能，以吸引消费者，增加产品的竞争力。这种战略的实施可以增强企业产品的竞争力，给产品带来额外的加价。差异化战略的逻辑要求是，企业通过产品差异化特点将自己与竞争对手区分开，并追求超出一般价格水平的溢出价格必须超过因其独特性而增加的成本这一起码目标。

企业实施差异化战略一般意味着向不同细分市场提供具有差异化的产品，使得企业难以对各职能部门的活动进行标准化控制。因此，需要企业各职能部门必须具有某种独特的能力，对不同顾客的需求迅速做出反应；要求组织结构是以研发部门为中心的矩阵式组织结构。尽管实施差异化战略的组织结构与控制系统所带来的管理成本要比实施成本领先战略的组织成本高出许多，但合理的组织结构和有效的控制系统能够给企业带来一流的效率、质量、创新，以及快速的顾客反应等竞争优势，并最终能够给组织带来超额利润。

实施差别化战略在带来溢价报酬的同时，常会导致为维护产品的独特性能而追加一些额外成本，因此，判断该战略成败的标志之一是实施战略所增加的收入是否超过为此而追加的成本。

根据波特所倡导的竞争战略理论，成本领先战略和差异化战略的架构差异很大，成功地实施它们需要不同的资源和技能。如成本领先战略要求建立高效的生产设施，具备较高的市场份额或其他优势，全力以赴降低成本，最大限度控制研究开发、服务、推销、广告等成本费用，使成本低于竞争对手；而差异化战略的实施则可能与提高市场份额不可兼顾，且伴随很高的成本代价。所以，企业往往无法同时施行低成本战略与差异化战略。因此，战略成本管理应分别在低成本战略与差异化战略下进行成本因素的分析和控制，成本管理的总体目标依竞争战略而定。在成本领先战略指导下，战略成本管理的总体目标是追求成本水平的绝对降低，而差异化战略则是保证产品、服务等方面差异化的前提下，对成本进行管理。

3.　目标聚集战略

目标聚集战略有两种形式——成本聚集战略和差异化聚集战略。如果一个企业能够在其目标市场上获得持久的成本领先（成本聚集）或者处于差异聚集地位，它便有可能获得高于平均收益水平的利润，其实质不过是成本领先战略和差异化战略应用到一个特定的细分市场上，重点是主攻某个特定的顾客群、某个产品系列，其整体是围绕着很好地为某一特定目标服务这一中心建立的。

该战略由于集中向某个特定细分市场或用户群提供某种或某系列产品，所以会因产品产量有限，无法获得规模经济而造成产品成本较高。因此，在实施聚焦战略过程中进行必要的成本控制是十分重要的。而且，实施此战略的组织结构与控制系统须足够灵活并且组织与控制成本不高才能保证企业向特定顾客提供个性化的产品和服务。一般情况下，适合于实施这一战略的组织结构类型为职能型的组织结构,而这种组织结构类型适于个人控制并具有较大的灵活性,因此,可以培育企业产品或服务的独特性。由于实施聚焦战略的组织结构规模一般较小,所以企业更多地依靠文化控制而非规章制度控制来培育其个性化能力。此外,企业也可利用产出控制对生产和销售部门进行评价与控制。

三、成本动因分析（Cost Driver Analysis）

成本动因是指导致总成本变化的任何因素,包括作业基础、数量基础和执行性成本动因等几种类型。从价值链的角度看,每一项创造价值的活动都有一组独特的成本动因,它用来解释创造价值活动的成本,每一项价值活动都有独特的竞争优势来源。传统的成本系统通常假定数量是唯一的成本动因,这种对成本动因所做的简单假定,在过去人工高度密集型的企业里通常不会对产品成本产生较大的歪曲。因为生产中涉及的主要成本是材料和人工,二者均可直接追溯至生产的单位数,而制造费用作为生产成本中的"杂项集合体"则并不重要。然而,在今天高度自动化的生产环境条件下,折旧费、动力费和其他费用的比例越来越大,大多数制造成本均属于制造费用的范畴。这种情况下,如果仍假定数量是唯一的成本动因,必将导致不准确的产品成本计算。

与传统的以产量为主要成本动因不同的是,战略成本动因站在更高的角度来管理成本。企业要从战略的角度分析其成本产生于哪些地方,了解产品成本的链接,然后从行业、市场和产品等不同的层面定位分析,确定成本管理的方向,从战略上找出引起成本的因素,然后寻求降低成本的途径,以配合企业的竞争战略。

作业管理是通过对作业的管理,提高顾客价值来实现利润的增加。作业成本法则是基于产品或服务对作业的消耗而导致资源消耗进行成本分配的方法。通过作业成本计量分析,有助于明确企业的竞争优势及其劣势,实现对企业管理的持续改进。战略成本管理认为,影响成本大小的因素（即成本动因）很多,数量不能反映成本变动的真正原因,因此,其成本动因分析已经摒弃了传统成本分析狭隘地以会计科目、产量等少量的因素分析方法,而代之以更宽广、与战略相结合的方式来分析成本、了解成本、这就是所谓的成本驱动因素理论。有效的成本动因分析,将有助于企业找出贯穿于财务战略管理中的各种成本的驱动因素,确定成本管理的重点,确保企业财务战略管理目标的实现。

可以把成本动因从宏观和微观划分为两个层次:一是经营战略性成本动因;二是生产经营性成本动因。成本动因分析要求以更广的观点看待企业的各项作业,识别并区分出作业类型,将注意力集中在结构性和执行性作业上。而企业的结构性和执行性成本动因代表了全部成本的长期战略性动因。

1. 经营战略性成本动因

经营战略性成本动因不同于生产经营性成本动因，它突破了传统成本分析的狭隘范围，以更宽广的视野，从整体的、长远的宏观战略高度出发考虑企业的成本动因问题。分析的目的在于借助于分析各类成本动因的属性，并通过合理的实施，达到改善成本控制的效果。

从战略的角度看，影响企业成本态势的动因主要来自于企业的经济结构和企业的执行作业程序，这就构成了结构性成本动因和执行性成本动因。因此，经营战略性成本动因的分析也应该从这两个方面展开，通过从这两个不同的战略角度分析影响企业的成本态势，从而为企业的战略选择和决策提供支持。

（1）结构性成本动因。结构性成本动因是指决定企业基础经济结构的成本动因。这些成本动因的特点是在企业具体生产经营活动展开之前就已经被确定，而且，一经形成就难以改变。它们不仅决定了企业成本的高低，也会对企业的产品质量、人力资源、财务、生产经营等方面产生重要的影响，并最终决定企业的竞争态势。因此，结构性成本动因分析是从影响企业成本高低的关键因素入手，以企业的物质基础战略选择为出发点，进行经营性战略成本分析。其中，生产规模是一个重要的结构性成本动因，它主要通过规模经济效应对成本施加影响。会产生两种相反的结果：一是当企业规模扩大时，可因此提高作业的效率，提高经济效益；二是当企业规模扩大时，由于生产的复杂性及管理成本的提高，而使企业效益下降。一个企业的结构性成本动因的决定与企业的竞争战略相联系，不仅要从影响成本的角度看待它，而且要从企业竞争优势的高度去看待。

具体地，可分为以下种类：

第一，经营规模。包括企业研发、营销、制造等活动的投资规模。经营规模在不同的价值活动和不同的产业中其影响是不同的。

第二，经营范围。指企业垂直一体化的程度。

第三，技术与经验。技术指企业对作业链中的每一个环节应采取的技术处理方式，以及其重复程度如何。经验指熟练程度的积累，与企业作业的重复次数相关。企业在研发新产品和传统产品之间进行选择时则需要经验。

第四，服务的多样性。指对客户所提供的服务的种类和范围的可选择性。

（2）执行性成本动因。执行性成本动因是指与企业作业程序有关的成本动因，它直接影响着企业的成本态势，是企业执行作业程序中的重要驱动因素。一般地，企业有以下执行性成本动因：

第一，生产能力利用率。生产能力利用率是企业价值作业中一个重要的成本驱动因素，因为它本身附带了巨大的固定成本，对企业整体的成本水平有着直接的影响。当企业的生产能力利用率提高时，产量上升，单位产品分担的固定成本下降，形成规模经济的积极效应。在资本密集度较高或者固定成本占总成本比重较大的企业，企业的价值活动与大量的固定成本存在着密切的联系，生产能力利用率直接影响着企业的运营成本，同时也为企业通过提高生产能力利用率降低成本提供了机会和选择。一般来说，在既定的规模和条件下，生产能力的利用程度对于那些固定成本所占比重较大的企业而言，将产生重大影响。

第二，全面质量管理（TQM）。全面质量管理是源于日本企业成本企划的一种管理思想，指企业员工对产品质量的认知与重视程度。这是出自长期的、持续的、全面的降低成本的考虑而做的强化。一般而言，提高质量可能带来收入的显著增加，如果提高质量不受成本的制约，理性的生产商都会将提高质量作为唯一的选择。然而，维系特定的质量标准需要支付特定的成本，在质量成本较高的情况下，TQM更是一个重要的成本动因。企业所采取的策略应从质量和成本两个层面进行定位，既保证产品质量和用户利益，又要根据企业价值活动成本高低的实际情况，通过质量动因分析，寻找降低成本的有利契机。

第三，劳动力参与。指企业员工对企业的继续发展和改革完善所承担义务的认同。人是执行作业程序的决定因素，企业战略必须通过人的积极参与才能完成，战略成本管理也是如此。如果企业实行全面、全员、全过程的成本管理，人人参与成本管理的过程并对成本管理效果具有较强的责任感，企业就会取得较好的降低成本的效果，企业的成本竞争地位也会随之提高。由此可见，劳动力参与是现代管理思想中强调人的因素的集中体现。

第四，时机选择。时机选择反映的是企业掌握时机的能力，它对成本有着直接的影响。企业应采取有效的策略选择和利用时机，以形成降低成本的有效措施。时机选择对于成本的影响，主要取决于经济周期或市场条件，而不是选择绝对意义上的时点。恰当选择时机至少可以为企业带来短期成本优势，有时还可能为企业带来持久性的成本优势，从而改变企业的成本地位。

第五，价值作业间的联系。价值链联系是指各种价值活动之间彼此的相互联系。企业的价值活动按照一定的方式连接起来，构成企业的价值链。由于一种价值活动的成本常常受到其他活动完成情况的影响，只有当企业的价值活动能以一种协调合作的方式，作为一条价值链运行时，才能提高效率或降低成本。因此，管理者应在价值链构成分析的基础上，确定各种价值活动之间的关系，通过协调价值链中的联系活动，改善联系各方的利益关系，使链接双方共担所付出的成本，共享所获得的利益，形成联系各方共赢的良性循环。

综上，结构性成本动因是从企业组织的视角来体现成本定位的，其属性为企业在基础经济层面的战略性选择，解决的是企业资源配置的优化问题，是企业决策层的问题，是企业经营管理的目标与方向。而执行性成本动因分析的定位在于针对业绩目标对成本态势的战略性强化，解决的是企业经营绩效的提高问题，是企业管理层的问题。两者相辅相成，前者是后者的前提和基础，后者是前者的延伸。与作业性成本动因（材料、人工等）相比，结构性成本动因与执行性成本动因都是更高层次上的成本动因，而且很多是非量化的动因，但其对产品成本的影响更大、更持久，因而也更应予以重视。在企业基础经济结构既定的条件下，通过执行性成本动因分析，可以提高产生各种执行性成本动因的能动性，并优化它们之间的组合，从而使价值链活动达到最佳效果；而对于结构性成本动因，未必总是越多越好，如单纯扩大企业规模或运用高新技术对于管理水平有限的企业而言，未必是好事。

2. 生产经营性成本动因

（1）资源动因。指引起资源消耗量的动因，是资源成本分配到作业中的标准。即产品生产过程是由一个完整的作业链进行的，作业量的多少决定着资源的耗用量，而资源耗用量的多少与最终的产品量没有直接关系。

（2）作业动因。是指引起作业消耗的动因，是作业成本分配到产品中的标准，是资源消耗与最终产出之间联系的桥梁。

成本动因分析中各因素的重要性随企业与环境的改变而各异。在分析时必须结合市场环境、具体行业和企业战略，分清主要和次要动因。只有这样，才能有效控制和降低成本。

四、从价值链到价值群

我们知道，竞争是为了培植企业财务战略管理思想，财务战略管理是为了铸造和维持企业的持续竞争优势而存在和发展的。由于成本是企业进行财务战略管理的过程中一个无法回避的话题，特别是随着战略成本管理的兴起和发展，合理有效的成本管理必然成为企业形成持续竞争力的基本保证，战略成本管理的效果直接影响着财务战略的成败和竞争优势的存在与否。因此，挖掘成本与企业竞争力的关系，将为企业财务战略的决策与选择、实施与控制、计量与评价提供重要的技术支持。战略层面的成本管理有助于企业在动态环境下降低成本，使企业的财务战略管理得以通过价值管理支持技术增长，从而实现企业价值最大化的目标。

全球竞争、变化的市场和新的技术已经催生出创造价值的新形式。现在，成功的公司进行战略分析的着眼点不仅是本公司，甚至也不仅是本行业，而是价值增加系统本身，战略管理的关键任务是重新定位经济角色及其在战略群中的关系，从而以全新的姿态共同创造新的价值形式。因而，从价值链到价值群的演变成为企业构建战略性竞争优势的必然选择。在一个价值不是发生在有序的价值链上而是发生在一个复杂的价值群的世界里,只有两种资产是最重要的:知识和关系或者说是企业的能力与它的顾客。那些不仅能够生存而且繁荣兴旺的企业,往往是能够发现和抓住机会再投资而为顾客创造价值的企业。

第四节　战略成本管理的拓展

作业成本法的兴起和应用与新制造环境下成本构成内容的变化相关,使企业成本法得到迅速发展的主要原因在于适时制和作业管理。适时制要求整个企业生产经营的各个环节相互协调、准确运转,实施适时制要求企业进行全面质量管理,将质量管理效益进行成本量化。作业成本法的产生及应用拓展了战略成本管理理论,推动了成本控制理论的进一步发展。

一、以作业为基准的战略成本管理

作业成本法是以作业为基础的一种成本计算制度,是由美国学者鲁宾·库珀和罗伯特·卡普兰于1984年创立的,20世纪90年代后在现代制造企业中开始应用。

1. 作业成本法的基本原理

作业成本制度实际上是一种混合成本制度。与传统成本计算方法相比较,作业成本计算在直接材料的核算方面基本一样,不同主要体现在制造费用和直接人工的核算方面。作业成本法按作业汇集直接人工、制造费用,按该作业的单位作业成本,将这些加工成本分配至所有经过该作业的实体单位;至于直接材料则按批别及个别产品归于订单批次。这里所谓的作业是企业为提供一定量的产品和劳务所消耗的人力、技术、原材料、方法和环境的集合体。即就是企业为了提供一定量的产品和劳务,各有关部门所发生的活动量。企业的作业种类繁多,表现出不同的特性,有些作业使每一单位产品都受益,与产品量成比例变动,有些作业与产品批别有关,使一批产品受益,与产品的批数成比例变动,有些作业与某种产品相关而与产品产量及批数无关。

作业成本法在计算产品成本时,将着眼点放在作业上,即以作业为核算对象,通过对作业成本的核算,追踪成本的形成和积累的过程,由此得出产品成本。作业成本计算就是按照"产品消耗作业,作业消耗资源"的思路设计的,它首先依据作业消耗资源的情况,将资源的成本分配到作业上去,再根据作业对最终产品的贡献,把作业成本分配到产品上去。于是就有了下述关系:每完成一项作业就消耗一定量的资源,同时有一定价值量和产出转移到下一个作业,依此下去，直至最后一个步骤将产品提供给顾客。作业的转移同时伴随着价值的转移，最终产品是全部作业的集合，同时也表现为全部作业的价值集合，因此，可以说，作业链的形成过程，就是价值链的形成过程。当然，并非所有作业都增加价值。因此，企业管理就是要以作业管理为核心，尽可能消除不增加价值的作业，提高增加价值的作业的运作效率，减少资源消耗。

作业成本计算突破了过去管理会计对成本习性的划分观念，即以产品数量作为区分固定成本和变动成本的基础，认为这种划分标准不够科学。从多维的角度看，企业的产品成本全是变动的，其中随产量直接变动的属于短期变动成本，如直接人工、直接材料成本等，而原来视为固定成本的，则属于长期变动成本。短期变动成本可运用人工小时或机器工时按比例分配，长期变动成本不随产量变动，他们受作业驱动，按作业量分配到各种产品中去。

作业成本计算把直接费用和间接费用都看成是产品消耗作业所付出的代价。对直接费用的分配，要依据成本动因采用多种分配标准，从而使成本的确认和分配更为客观真实。作业成本法下，企业可以按照生产程序划分很多作业中心，作业中心的功能主要是把原材料、人工和技术转化为产品。

2. 作业成本法的优越性

作业成本法是在高新技术环境下，以作业为核心，以成本动因为依据，设立成本库归集和分配生产过程中所发生的费用，从而计算并控制产品成本的一种成本制度。由于这种制度把着重点放在作业上，使企业成本管理深入到作业中，帮助企业不断寻求降低成本的突破点，对最终产品形成过程中所发生的作业成本进行有效控制，因而是一种先进的成本制度，比传统的成本制度具有更多的优越性。

（1）提供更真实准确的成本信息。作业成本法指明了成本、费用的用途，成本的归集更真实地反映了成本去向，因此，所提供的成本信息更准确、更真实。

（2）有效引导企业优化资源配置和控制成本。作业成本法下，企业要以各种作业为对象进行管理，并进行进一步控制，从而达到降低资源耗费的目的。同时，为了加强成本控制，企业还可以汇集各类作业中心，通过建立责任成本中心，控制成本。

（3）是企业管理思维的创新。随着管理理论的深入，作业成本法已发展成为一种企业管理制度，这种制度以作业为核心，以产品设计、适时制和全面质量管理为重点，是一种全新的由作业成本分配过程和作业分析过程有机结合的全新的企业管理方法，可以视为企业管理思维的创新。

3. 作业成本法的战略运用

（1）在价值链分析中的运用。作业成本法的运用导致了其重要的副产品即作业基础管理（ABM）的产生。ABM的核心在于通过对企业价值链的作业分析与成本动因分析，区分价值链中哪些是增值作业，哪些是非增值作业，然后采取措施，通过重组价值链和控制成本动因来消除非增值的作业，从而达到降低成本的目的。作业成本法也能采用同样的方法进行竞争者成本结构分析。当企业的竞争战略偏重于成本领先战略时，企业就需要不断地评估自身产品成本相对于竞争者的竞争力。为了有效地进行比较，企业有必要了解行业内竞争对手的产品成本信息。

（2）在客户和市场赢利能力分析中的运用。客户赢利能力可以通过把所有服务于某一类客户的成本累加起来，同来源于该类客户的收入进行比较的差额得到。作业成本法按照费用发生的因果关系，将生产环节、销售环节和其他相关环节发生的成本都准确地分配给那些需要提供服务的客户，了解各客户和市场对企业赢利水平的影响，从而能够帮助企业管理者确定未来的市场，以及向市场提供的产品或服务类别。

（3）在制定企业竞争战略中的运用。竞争战略使企业确定以怎样的战略与对手在市场上竞争，并据以获得持续性的竞争优势。产品成本计算的失误会导致产品计价的偏差，进而危及企业的生存，因此，精确的成本信息是该战略取得成功的关键。作业成本法通过先把成本归集到每个作业，然后根据多种成本动因把作业成本分摊到成品，精确地计算出每批产品应分摊的成本，为产品的精确定价提供坚实的基础。

（4）在超越企业的成本管理中的运用。由于ABC法按照作业分析得出的成本库归集费用，按照成本动因分配费用，这样，发生在企业之外的成本就可以像分配给车间的产品一样分配到上游的供应商和下游的顾客，也就可以把公司成本管理的眼光扩展到车间之外，有利于公司的战略成本管理。如它按因果关系分配购货成本和顾客服务成本，把购货部门的业绩与企业的竞争地位相联系，改变了采购部门难以将业绩与产品成本以及企业的竞争地位联系起来，销售人员无法判断最具获利能力的顾客等缺陷。

二、质量成本管理的战略拓展

质量成本的概念是伴随着全面质量管理的兴起而提出的。许多欧美国家在推行质量管理的过程中运用了这一工具，并将质量成本纳入到质量战略规划中，由此拓展了战略管理会计的一部分。

质量成本管理的一项使命就是针对总质量的性能对公司利润和质量声誉的长期影响，对高层管理者进行培训教育，使其确信对质量进行战略规划，与对其他职能领域进行的规划一样，都属于高层管理人员的基本工作。质量成本管理战略规划的过程体现在成本上，这是将未来利润具体化的一种管理途径。因为它的定位是成本，所以质量成本允许质量功能轻而易举地应对公司重要策划活动所面临的挑战。质量成本允许将质量管理效益进行成本的量化，允许在战略规划和财务预算中，考虑各部门或领域发生的质量成本，因此，质量成本体系可以被视为企业质量管理的突破性进展。

　　企业不同的质量管理行为导致不同的质量水平，而不同的质量水平则对应着不同的质量成本。保持怎样的质量水平，并在质量水平与质量成本之间做出权衡，必须与企业的竞争战略和质量成本战略相联系。如在差异化战略下，其宗旨是以产品差异化取胜的，因此质量是其竞争的生命线。该战略下的质量成本战略就是在保证产品质量的前提下，使总质量成本最低。而在成本领先战略下，则强调以低于竞争对手的成本取得竞争优势。因此，需要在优质与成本之间做出权衡。为了使质量管理在企业中全面发挥作用，一定要制定出一项由质量成本具体化了的战略质量规划，并将其纳入企业总体的运营规划框架中。

　　降低总质量成本，需要营销、设计、采购、会计、生产等人员的共同参与，质量改进会导致成本的改进。事实上，不唯利润中心，一个企业所有的主营业务都会产生质量成本，所以存在潜在质量问题的领域无处不在。企业必须仔细分析并发现成本提高的问题，制定规划解决这些问题。因此，战略计划往往是必要的。当存在需要时，就应利用所有业务的投入制定战略质量规划，并将其构筑成利润中心的一部分。

第八章 企业财务竞争力

　　企业财务战略的决策与选择，决定着企业财务资源配置的取向和模式，影响着企业理财活动的行为与效率。企业需要根据其竞争能力、经营能力、产品生命周期、资金需求等对企业生存和发展有着全局影响的关键要素，制定并选择相应的财务战略，以动态地保持企业的持续竞争优势。财务战略的执行与控制是财务战略方案转化为企业战略性绩效的重要过程，在这一过程中，企业内外部环境都有可能发生变化，一旦企业的运行偏离了既定的目标，财务战略方案也就失去了意义。从营造企业竞争优势的角度看，战略管理区别于一般的企业战略计划在于它更强调企业内在的战略能力。根据核心竞争能力理论，在价值创造和顾客导向的核心价值观驱动下，企业将致力于实现其长期财务价值的核心能力塑造上，这些核心能力可能是卓越的多品种生产能力、及时的供货系统或出众的顾客服务能力之一或其组合。

　　财务竞争力是借鉴企业核心竞争力理论，基于管理经济学视角的财务创新。它作为现代财务学体系中一个新的领域，为人们认识和发展财务学提供了新的思路。财务竞争力在实践中是客观存在的，但其理论发展滞后于实践，仍有待于完善。在经济迅速发展的今天，如何提高企业财务竞争力，如何科学地识别、评价企业财务竞争力，将成为摆在人们面前的一项重要课题。

第一节　企业核心竞争力

　　企业核心竞争力是企业发展的新源泉，是竞争对手在长时期内难以超越的，且具有较长生命周期和较高的稳定性。核心竞争力应该构成公司层次的战略核心，赋予企业动态学习的可持续竞争优势，并最终赋予企业在竞争市场上制胜的位能和势能，保证企业价值的持续增值。

一、核心竞争力

美国战略管理学者普拉哈拉德和哈默尔 1990 年在世界著名的管理学杂志

《哈佛商业评论》上发表了题为《公司的核心竞争能力》一文，提出了一种新的企业战略管理思想。此文发表后，在西方战略管理界引起了巨大反响，被用于说明企业的可持续竞争优势，而且，与 20 世纪 80 年代初波特的竞争优势思想相映生辉。普拉哈拉德和哈默尔还提出了企业竞争力的长、短期之说。在他们看来，从短期来看，一个企业的竞争力来自当前产品市场的价格/绩效属性。从长期来看，企业竞争力来自比竞争对手更低的成本和更快的速度建立核心竞争力的能力。所以，真正的企业竞争优势要在企业管理层次整合公司范围的技术和生产技能的竞争能力中去寻找，只有这样，才能使企业内部单个业务部门迅速抓住变化的机会。竞争能力的"核心"体现为竞争能力对企业的价值贡献程度，可以用价值性、稀有性、不可替代性来概括"核心"的无形资产特性。培养核心竞争能力，是一种战略行为，其重要性等同于企业管理层经常看到的纵向一体化的战略扩张。他们指出，竞争能力是企业能力的一种特殊形态，主要在企业竞争市场中形成并超过竞争对手，获取超过行业市场平均回报的动态利润水平。由于能力的动态特性，尤其是核心竞争能力的有机积累过程，决定着企业本质上是一种不断储备知识的学习型组织。

在此之后，有关核心竞争力的研究不断出现在各类文献中。不同的学者对此问题做了不同的研究，由此形成了基于资源观、系统观、动态能力观等内容的核心竞争力理论。其中，动态能力观认为，核心能力是指使一个企业在战略上区别于其他企业的组织能力的集合。这种力量源泉不仅影响企业在为顾客创造价值方面的有效性，而且造成区别于竞争对手的差异，从而使得该企业所获得的竞争优势可以持续。资源观的中心论点是企业竞争优势的源泉也是企业所控制的战略性资源。从上述两种理论的主要观点可以看出，资源观在于从企业内部的资源而不是从企业外部的环境条件来寻找企业在产品市场上获得竞争优势的根源，要求管理者从资源的角度制定企业战略和进行决策；而动态能力观则强调管理层需要具备不断重构已经拥有的能力，这种能力以组织惯例、技能和互补资产为基础，它的形成和发展离不开企业历史演进的路径。

实际上，资源和能力都是企业长期战略管理的基础，综合了人员、组织结构、技术、过程和关系等因素，在较长的时间跨度内综合了企业的全部实力，形成了以竞争力为基础的优势。企业为获取独特的核心竞争力，前提是要实现具有自身特性的资源和能力的持续积累。由此可知，企业竞争力是一种公司层次的战略行为能力，竞争力是企业战略选择的结果。战略选择一旦确定，就必然与企业的竞争能力相连接，企业运用战略的目的是为了推动竞争能力系统或者核心竞争力的形成。由于各个企业的资源和能力是各不相同的，同一产业中的企业不一定拥有相同的战略资源和能力，资源差异性和企业利用这些资源的独特方式就成为企业竞争优势的来源。因此，战略管理的主要作用是培植企业对自身拥有的战略资源的独特的运用能力，即核心能力。核心能力事实上是企业在特定经营中的竞争力和企业的多方面技能、互补性资产和组织运作机制的有机融合。企业的核心能力不同，产生战略的基础就不同，企业选择战略的原则应当有利于最大限度地培养和发展核心能力。

企业核心竞争力是与企业价值链紧密联系的概念。企业价值链是指企业从信息获得到研究、开发、设计、生产、销售及售后服务活动的全过程。企业价值链活动包括两个层面，即企业内部价值链活动和企业与外界交流的价值链活动。企业核心竞争力存在于价值链活动两个层面的某一个或几个核心环节，是企业在这些环节中优于竞争对手的能力。核心竞争能力本质上是一种企业"集体学习"并积累经验和向外部学习的特殊能力，它的形成是企业竞争力能否存在的关键。

二、企业竞争优势是战略选择权的结果

企业能力理论认为，企业在本质上永远是一个能力体系，积累、保持和运用能力开拓产品市场是企业长期竞争优势的决定因素。企业能力作为企业拥有的主要资源或资产，能够给企业带来收益，它是企业成长的动力机制。企业能力包括很多方面，而其核心能力是企业持续竞争优势的源泉。那些能够为企业创造更多持续竞争优势的财务能力有可能为企业创造出更多的价值，促进其成为企业的核心能力。

竞争，简单地说就是两者或两者以上的不同主体，为了某种目的，有意识地进行相互较量的活动。市场竞争作为竞争的一种形式，其实质是经济利益的再分配和资源的再分配过程，企业无论以何种方式和策略参与竞争，其出发点和最终目的都是为了增进自身的利益，竞争的结果表现为一种经济利益的重新转换和资源的重新分配。

竞争的最初形式表现为产品竞争。在市场经济发展的初期，市场供应并不充足，因此，最初的产品竞争形式比较简单，主要表现为价格竞争。随着市场营销观念的引入和不断更新，产品竞争策略在理论和实践部门都得到了进一步的研究和丰富。"二战"后，随着经济、技术的发展和其他宏观经济环境的变化，企业之间的竞争方式发生了根本性的变化，单个中小企业由于规模小、实力弱，难以与大企业抗衡，而往往通过战略联盟的形式结成"中间性体制"，既能获得外部经济效果，又能获得集体竞争的优势，从而以整体力量与大企业竞争。许多大企业也认识到与中小企业合作的益处。在此前提下，企业之间的竞争方式由直接竞争转化为合作竞争。

关于企业竞争战略与企业价值增加之间的关系，实际上衍生于波特的研究。在他的竞争优势思想中，竞争优势的实现是竞争战略对价值链活动进行价值整合的产物，准确地说，竞争优势直接就是通用竞争战略选择权的应用结果，是为企业创造的价值。尽管竞争战略围绕价值链的活动开展，但从价值链到竞争优势只是单向的，这也就是价值链分析在逻辑上的相对静态特性。战略选择权通过培育和利用竞争能力为企业创造新的价值。

企业如何在竞争中出奇制胜？波特的回答是企业的竞争优势。在波特看来，边界分明的产业中企业的不同定位，构成了产业结构的形态，产业结构反过来通过企业的各种竞争关系的作用，形成企业进入这种产业市场结构的潜在的利润水平。为了使这种潜在的利润水平变现，企业需要对自我资源的基本布局进行分析，提炼并形成三种通用竞争战略。因而，竞争优势是指企业在产品市场上能够为消费者或顾客提供比同产业竞争对手更多的使用价值。竞争优势的获得，取决于企业竞争战略的选择，竞争战略的选择又取决于对企业所处的产业环境的分析，以及企业生产活动的价值链。在现实的市场竞争中，由于企业的竞争优势很容易因为竞争对手的模仿或替代而丧失，因此，企业要保持竞争优势就必须努力不断地改善组织、生产、营销及财务等各方面的工作，这就意味着企业必须时刻保持创新性并不断提高其技术能力、组织能力和资源获取能力。

第二节　企业财务竞争力

面对日益激烈的市场竞争，企业为了谋求生存和发展，必须构建自己的核心能力，获取竞争优势。而专注于财务竞争力培养的企业必须同时考虑顾客需要、跨部门的协作、员工创造性、知识的转化等诸多因素。在这种努力中，加强财务管理的战略研究，制定出符合自身特点的财务战略不仅是行之有效的，而且越来越成为企业创造竞争优势的主导力量。

尽管人们对企业核心能力存在着不同的看法，但可以肯定的是，企业能力和企业核心能力的提高最终将体现在企业财务竞争力的改善和提高上。这是因为，只有企业财务竞争力提高了，才能维持企业能力的提高，才能确保企业持续竞争优势的延续。财务竞争力的提出，使企业的财务理念提升到了一个更高的境界，企业一旦树立起财务竞争力的观念，便会促使其走出产品生产经营的天地，积极盘活企业的存量资产，调整产业结构和资本结构，进入资本经营的新领域，以求提高企业的竞争力。

财务竞争力的战略主要包括差异化战略和协同性战略。一方面，不同的成功企业在可控的财务资源方面存在差异性，正是这种基于财务资源的天赋、财务管理水平的差异，使不同企业财务竞争力表现出明显的差异性。另一方面，两项或多项财务能力与财务管理知识结合、创新，所产生的新的公司理财的核心能力，不是原来几项能力的简单相加，而是会产生"1+1＞2"的协同效应。

一、财务竞争力的特征

财务竞争力是一种以知识、创新为基本内核的，公司理财专有的、优异的、扎根于企业财务能力体系中的、有利于实现企业可持续竞争优势的整合性能力；是企业各项财务能力高效整合后作用于企业财务可控资源的一种竞争力。其特征主要在于：

1. 财务竞争力是竞争思维下财务管理的体现

经济学视角的"竞争"与管理学视角的"竞争"，在企业财务实践中往往是统一的。如依据核心竞争力来提高企业的竞争优势，实现财务资源的优化配置等就是竞争思维下财务管理的典型体现。对于财务竞争力而言，具有竞争意识就意味着企业在制定管理科学的财务战略，谋求竞争优势时，往往需要结合外部市场经济的竞争特性去认识和把握。换言之，市场经济作为竞争型经济，其竞争具有广泛性、长期性、公平性和合作性等基本特征。在竞争主体多元化、竞争对象不断变化的市场经济环境下，企业财务竞争力的形成必须建立在培育竞争意识和树立核心竞争力观念的基础上。

2. 财务竞争力的宗旨在于为企业盈利能力服务

众所周知，企业财务管理具有价值管理和综合管理的特点。财务管理目标源于企业目标并为企业目标服务，因而，企业财务管理目标的研究在很大程度上是企业目标的研究。财务竞争力在企业创造价值和降低成本方面具有举足轻重的地位，它能够显著地提高企业的资金运营效率。财务竞争力的宗旨是为企业的持续盈利能力服务的，而且具有根本性、全局性、长期性和相对稳定性的特点，企业的核心竞争力也具有同样的性质。因此，研究财务竞争力的最终目的就是为企业创造价值，提高其核心竞争力。

二、财务竞争力的内容

企业能力理论认为，企业本质上是一个能力的集合体，能力是对企业进行分析的基本单元，财务能力是企业能力的有机组成部分。企业财务竞争力是企业正常运转的根本前提。包括：

1. 财务生存能力

财务生存能力是指企业在生产经营过程中，产生的经济资源的消耗及由此所取得的经营成果的反映，它是企业赖以健康发展的基本前提。具体表现为盈利能力和偿债能力，并用其来评估企业当前财务成果的大小，以及资金使用的安全性。财务生存力是企业财务成果和财务安全的外在表现，是企业生存的根本保证。

（1）盈利能力。指企业在一定时期内赚取利润的能力，它反映了企业对收入流和各项成本费用支出的有效管理程度。企业的盈利能力位于企业财务能力体系的核心，是企业财务竞争力的直接体现，也是企业的财务评价体系的核心。它不仅说明了企业资产运营的效果，同时也为偿债能力的建设提供了保障。

（2）偿债能力。偿债能力反映企业偿还到期债务的能力。这种能力不仅取决于企业的负债结构，还与企业资产运营、企业盈利能力紧密相关。适当的负债可以提高企业的盈利能力，但是债务过高可能导致企业难以支付到期债务而面临破产的风险。因此，在企业经营管理过程中，必须要加强负债管理。

2. 财务营运能力

财务营运能力是培育企业财务竞争力的重要前提。具体是指对企业再生产过程中资金运动的作用力，包括筹资能力、投资能力和收益分配能力以及资本营运能力。这种能力是保证企业资金流动顺畅、提高资金使用效率、确保企业生产经营活动正常进行的重要条件，是企业财务竞争力形成、培育的前提。

（1）筹资能力。筹资是企业资金运动的起点，是投资的必要前提。企业拥有高超的筹资技能，通过对资金来源进行合理谋划和安排，可以保证企业以其他企业无法达到的方式增长。

（2）投资能力。投资是企业资金运动的中心环节，是决定企业可持续发展的先天性条件。拥有出色的投资能力和保证资本效率的技能，能够使企业在一些项目上取得巨大的成功，对资本的充分利用将增加单个项目的预计回报，而且能够将企业的一部分财力解脱出来用于其他项目的投资。

（3）收益分配能力。收益分配是企业财务管理的重要内容之一，也是企业实现可持续发展的战略途径之一。维持适当的收益分配能力直接关系到企业股东的经济利益，以及企业未来发展的资金积累。

（4）资本营运能力。资本营运是现代企业培育核心能力的一种重要途径，是企业为了有效整合外部资源而采取的复杂的管理行为。企业的资本营运能力能够为企业从外部寻求持续竞争优势提供可能。

3. 财务发展能力

财务发展能力是指企业在生存的基础上，对企业财务资源的合理利用及现金流的管理使企业能够发展壮大的能力，是企业在生存基础上得以发展的必要条件，具体包括资产营运能力和现金获取能力。

（1）营运能力。企业的利润来源于企业资产的高效利用。营运能力表示的是企业对现有资源经营管理的效率，是企业形成有效竞争力的重要环节。主要体现在企业的应收账款、存货以及其他资产的周转速度上。

（2）现金获取能力。即企业一定时期内在生产经营过程中获取现金的能力。对现金流获取能力分析必须结合企业盈利能力、偿债能力以及资产运营能力等展开。企业获取现金的能力很大程度上决定着企业的生存和持续发展的能力，这是因为，现金流是企业的"血液"，与企业经营管理的诸多方面息息相关，稳定的现金流入是企业长久生存和远离危机的基础。

4. 财务管理能力

财务管理能力是企业协调、控制企业财务管理循环过程，整合完整的财务管理工作体系的能力。作为企业管理能力在财务领域的表现，财务管理能力就是企业核心能力的有机构成。具体包括：

（1）财务预测能力。是根据企业财务活动的历史资料，考虑现实的要求和条件，对企业未来的财务活动和财务成果做出科学预计和测算的能力。

（2）财务决策能力。是根据企业核心能力的培育和经营战略的要求，在财务管理目标指导下，对不同财务方案进行最优决策的能力。这是现代企业财务管理能力的核心。

（3）财务计划能力。是指运用科学的技术手段和数学方法，对目标进行综合平衡，制订主要计划指标并进行相应协调的能力，它是财务预测能力和财务决策能力的具体化、系统化。

（4）财务控制能力。是指企业在生产经营活动中，以控制标准为依据，利用特定手段对财务活动进行调节，以实现计划目标的能力，它是企业经营战略得以实施的有力工具。

（5）财务分析能力。是对企业经营状况和财务业绩进行科学分析、判断的能力。它对于研究掌握企业生产经营、财务活动的规律性，科学评价经营业绩，不断改进财务工作有着重要意义。

5. 财务潜力

财务潜力是指企业对其财务资源能够持续实现潜在价值的能力，包括成长能力和人力资本能力。它是一种可持续发展能力，是人们依据企业的现有发展和其他因素所做出的对企业财务管理的一种未来发展预期，是企业财务能力的内在转化，也是企业未来发展壮大的积累。

（1）成长能力。企业要生存，就必须要发展。成长能力是企业在健康发展的基础上，能够给未来带来巨大效益的潜在能力。企业具有的资本实力和潜在的获利能力，是衡量和评价企业持续稳定发展的实质内容，包括企业资产增长能力和资本扩张能力。

（2）人力资本能力。人力资本是一种知识性资本，人力资本能力指体现在人身上的技能和知识的存量，它是通过教育、培训、保健等投资而形成的一种能力。财务工作是公司经营管理中最核心的组成部分，财务部门是公司系统化最高、信息最集中的部门。对财务人员来说，他们的工作就是要从纷杂的信息中提取最有价值性的、趋势性的信息，然后去指导公司的经营活动，这其中不但涉及风险控制的问题，更多地体现在对商机和企业价值的创造和把握。因而需要财务人员具有较高的文化素质和过硬的专业素质。

上述几个方面相互作用，相互依赖，统一于企业的财务活动中。财务生存能力是财务竞争力的基础；财务管理能力是财务生存能力和财务发展能力实现的保障；财务发展能力是财务竞争力的目的，即可持续的发展能力反映了财务竞争力的目标；财务潜力可以为财务竞争力持续发展提供条件。

另外，在培育企业财务竞争力的过程中，企业财务还要具有不断适应环境变化的能力。即通过学习能力、信息处理能力以及财务关系协调能力等的培育，使财务部门具备将信息转化为决策依据的能力，改变传统的思维方式，从企业战略和核心能力培育的高度，拓宽信息处理范围，优化信息处理手段，以提高企业资金的使用效益，保障企业财务安全。

参考文献

［1］颜晓峰. 创新论［M］. 北京：国防大学出版社，2002.

［2］戴木才. 现代企业管理创新教程［M］. 北京：中共中央党校出版社，2002.

［3］赵玉林. 创新经济学［M］. 北京：中国经济出版社，2006.

［4］金乐琴. 中国可持续发展：战略选择与制度创新［M］. 北京：中国市场出版社，2006.

［5］张平华. 中国企业管理创新［M］. 北京：中国发展出版社，2004.

［6］陈文化，彭福扬. 关于创新理论和技术创新的思考［J］. 自然辩证法研究，1998（6）.

［7］王伟光. 创新论［M］. 北京：红旗出版社，2003.

［8］P.德鲁克. 创新与企业家精神［M］. 北京：企业管理出版社，1989.

［9］尤克强. 知识管理与企业创新［M］. 北京：清华大学出版社，2003.

［10］文章代，侯书森. 创新管理［M］. 东营：石油大学出版社，1999.

［11］傅家骥. 技术创新学［M］. 北京：清华大学出版社，1998.

［12］杨洁. 企业创新论［M］. 北京：经济管理出版社，1999.

［13］许庆瑞. 研究、发展与技术创新［M］. 北京：高等教育出版社，2000.

［14］许庆瑞，王海威. 全面创新管理形成的动因探讨［J］. 科学学和科学技术管理，2004（7）.

［15］唐五湘. 创新论［M］. 北京：中国盲文出版社，1999.

［16］黄保强. 创新概论［M］. 上海：复旦大学出版社，2004.

［17］苏涛. 关于管理本质的思考：东方管理学派的探索［J］. 当代财经，2000（12）.

［18］吴照云，余焕新. 管理的本质与管理思想的东方回归［J］. 当代财经，2008（8）.

［19］芮明杰. 组织系统的耗散结构思考：兼论管理的本质［J］. 科学学与科学技术管理，1987（8）.

［20］杨加陆，方青云．管理创新［M］．上海：复旦大学出版社，2003．

［21］邢以群，张大亮．存亡之道：管理创新论［M］．长沙：湖南大学出版社，2000．

［22］蒋显荣，许康．管理创新的作用，地位及价值评价［M］．西安石油大学学报：社会科学版，2004（4）．

［23］常修泽等．现代企业创新论［M］．天津：天津人民出版社，1994．

［24］芮明杰．现代企业管理创新［M］．太原：山西经济出版社，1998．

［25］赵国浩．企业管理创新的思考［J］．山西财经大学学报，2004（2）．

［26］李建鸣．论管理创新［J］．经济改革，1996年（6）．

［27］王锐兰．管理创新的经济学思考［J］．商业研究，2003（4）．

［28］韦吉锋，莫勇波．对21世纪管理创新的科学审视［J］．广西大学学报：哲学社会科学版，2003年（5）．

［29］匡长福．创新原理及应用［M］．北京：首都经济贸易大学出版社，2004．

［30］周长青．当代公司业绩评价体系创新的若干问题研究［D］．厦门：厦门大学博士学位论文，2001．

［31］楚明锟．现代管理与创新思想：卓越管理者的思维学问［M］．开封：河南大学出版社，1999．

［32］周三多，邹统钎．战略管理思想史［M］．上海：复旦大学出版社，2003．

［33］汤谷良，高晨，林长泉．高级财务管理［M］．北京：中信出版社，2006．

［34］王方华，吕巍．企业战略管理［M］．上海：复旦大学出版社，2003．

［35］弗雷德·戴维．战略管理［M］．北京：经济科学出版社，1998．

［36］吴思华．策略九说：策略思考的本质［M］．上海：复旦大学出版社，2002．

［37］韩伯棠，张平淡．战略管理［M］．北京：高等教育出版社，2004．

［38］刘英骥．企业战略管理教程［M］．北京：经济管理出版社，2006．

［39］Rumelt, R. P. , Dan E. Schendel and David J. Teece(1994),Fundamental Issues in Strategy［M］. Harvard Business School Press, 16.

［40］Grant Robert M. （1991）, The Resource-Based Theory of Competitive Advantage: Implications for Strategy Formation［M］. California Management Review, Spring, 115.

［41］刘志远．企业财务战略［M］．大连：东北财经大学出版社，1997．

［42］陆正飞. 企业发展的财务战略［M］. 大连：东北财经大学出版社，1999.

［43］郭复初. 财务专论［M］. 上海：立信会计出版社，1998.

［44］魏明海. 财务战略：着重周期性因素影响的分析［M］. 北京：中国财政经济出版社，2001.

［45］王广亮，李秀华等. 论现代企业财务战略管理［J］. 哈尔滨建筑大学学报，2000（3）.

［46］王满，于悦. 财务战略管理学科体系的构建［J］. 会计研究，2008（1）.

［47］程淮中. 财务战略理论中几个相关问题的再认识［J］. 淮阴工学院学报，2001（2）.

［48］艾文国，张华. 新经济条件下战略财务管理的内涵［J］. 哈尔滨工业大学学报：社会科学版，2002（3）.

［49］王满. 基于竞争力的财务战略管理研究［D］. 大连：东北财经大学博士学位论文，2006.

［50］Rumelt, R. P , Dan E. Schendel and David J. Teece（1994），Fundamental Issues in Strategy［M］. Harvard Business School Press, 9.

［51］罗福凯. 战略财务管理［M］. 青岛：青岛海洋大学出版社，2000.

［52］赵健. 战略的力量［M］. 北京：中国纺织出版社，2006.

［53］步淑段. 高级财务管理［M］. 北京：经济科学出版社，2005.

［54］王方华，吕巍. 企业战略管理［M］. 上海：复旦大学出版社，2003.

［55］杨雄胜. 高级财务管理［M］. 大连：东北财经大学出版社，2004.

［56］周朝琦，赵遂群等. 企业财务战略管理［M］. 北京：经济管理出版社，2001.

［57］余黎峰. 战略财务管理与企业战略的适配基础［J］. 会计之友：上旬刊，2008（21）.

［58］王棣华，吴真. 浅议财务战略管理的实施［J］. 湖南商学院学报，2004（6）.

［59］贾旭东. 现代企业财务战略研究［J］. 兰州商学院学报，2003（4）.

［60］黄旭. 战略管理：思维与要径［M］. 北京：机械工业出版社，2007.

［61］胡成凌. 从周期视角谈企业财务战略［J］. 科技情报开发与经济，2008（11）.

［62］李德伟. 创新缔造竞争力［M］. 北京：石油工业出版社，2007.

［63］姚树中. 基于 EVA 的企业财务战略研究［D］. 沈阳：辽宁大学博

士学位论文，2006.

［64］孙茂竹，王艳茹. 不同生命周期企业财务战略探讨［D］. 财会通讯：综合版，2008（1）.

［65］李映东. 公司治理，并购与绩效研究［M］. 成都：西南财经大学出版社，2007.

［66］陈建波. 公司治理：激励与控制［M］. 北京：中国社会科学出版社，2006.

［67］竺素娥. 公司治理与财务控制［M］. 北京：经济科学出版社，2001.

［68］郭泽光. 财务创新理论研究［M］. 北京：中国财政经济出版社，2002.

［69］冯巧根. 财务范式新论［M］. 上海：立信会计出版社，2000.

［70］Michael A. hitt. Strategic Management: Competitiveness and globalization（4th Edition）［M］. Published by division of Thomson Learning，2000.

［71］朱廷柏，王德健. 公司治理与战略管理互动关系研究［J］. 管理科学，2004（3）.

［72］刘海云. 跨国公司经营优势变迁［M］. 北京：中国发展出版社，2001.

［73］张广才. 公司治理在财务战略定位中的角色分析：来自英德制药业的案例研究［J］. 管理科学，2004（1）.

［74］蒋茵. 公司治理与财务治理模式探讨［J］. 中南财经政法大学学报，2005（5）.

［75］张汝枝. 公司治理模式的比较研究［J］. 生产力研究，2008（9）.

［76］杨雄胜. 财务基本理论研究［M］. 北京：中国财政经济出版社，2000.

［77］贺正强. 企业财务治理的理论问题研究［J］. 统计与决策，2008（1）.

［78］郭代模. 中国会计年鉴1999［M］. 北京：中国财政杂志社，1999.

［79］衣龙新. 财务治理理论研究［D］. 成都：西南财经大学博士学位论文，2004.

［80］杨淑娥，金帆. 关于公司财务治理问题的思考［J］. 会计研究，2002（12）.

［81］衣龙新，何武强. 财务治理的含义与相关范畴辨析［J］. 四川会计，2003（10）.

［82］王刚耀. 财务治理与财务管理比较分析［J］. 湖南财经高等专科学校学报，2006（4）.

［83］伍中信. 现代公司财务治理理论的形成与发展［J］. 会计研究，2005（10）.

［84］韦倩，杨友才. 公司治理理论评析［J］. 理论学刊，2008（3）.

［85］李心合，朱立教. 利益相关者产权与利益相关者财务［J］. 财会通讯，1999（12）.

［86］张先治，袁克利. 公司治理、财务契约与财务控制［J］. 会计研究，2005（11）.

［87］尹轲，杨懿. 从财务治理的角度完善公司治理［M］. 辽宁师范大学学报：社会科学版，2006（2）.

［88］龚洪文. 对完善我国上市公司财务治理结构的建议［J］. 财会月刊，2002（11）.

［89］张瑞君. e时代财务管理:管理信息化理论与实践的探索［M］. 北京：中国人民大学出版社，2002.

［90］Hammer. Michael, Reengineering Work: Don't Automate, Obliterate［M］. Harvard Business Review. July—August 1990, pp. 104 – 112.

［91］MBA 必修核心课程编译组编译. 管理创新［M］. 北京：中国国际广播出版社，1999.

［92］［美］奥博伦斯基. 公司再造［M］. 北京：华夏出版社，2003.

［93］郑文堂. 变革与创新:企业再造研究［M］. 北京：海洋出版社，2003.

［94］张云亭. 顶级财务总监：战略、资源、理财与控制［M］. 上海：上海财经大学出版社，2001.

［95］Michale Porter, Competitive Advantage［M］. New York: The Free Press, 1985.

［96］彭东辉. 流程再造教程［M］. 北京：航空工业出版社，2004.

［97］［美］威廉·沙门. 创新再造流程［M］. 长春：时代文艺出版社，2003.

［98］R. R. ARROW. 公司再造：企业流程的改造与实践［M］. 北京：企业管理出版社，1999.

［99］［英］经济学家情报社，安达信咨询公司，IBM 咨询公司. 未来组织设计［M］. 北京：新华出版社，2000.

［100］李光凤. 利用BPR再造财务会计流程［J］. 商业研究，2004（3）.

［101］SAP AG. Financial Supply Chain Management with SAP［EB/OL］. www. sap. com, 19 November 2004.

［102］田中禾，王斌，颜宏亮. 基于财务供应链管理的财务流程优化研究

［J］. 软科学，2007（2）.

［103］财政部统计评价司. 企业效绩评价问答［M］. 北京：经济科学出版社，1999.

［104］冯丽霞. 企业财务分析与业绩评价［M］. 长沙：湖南人民出版社，2002.

［105］林钟高，戴新民. 财务分析与业绩评价［M］. 北京：经济管理出版社，2003.

［106］［英］威廉姆斯. 业绩管理［M］. 大连：东北财经大学出版社，1999.

［107］张蕊. 企业战略经营业绩评价指标体系研究［M］. 北京：中国财政经济出版社，2002.

［108］刘风. 论企业业绩评价中的非财务指标及其量化［J］. 中南林业科技大学学报：社会科学版，2008（1）.

［109］王化成，刘俊勇，孙薇. 企业业绩评价［M］. 北京：中国人民大学出版社，2004.

［110］占美松. 财务会计概念框架与公司层次业绩评价体系：业绩评价研究思路的构建［J］. 当代财经，2008（1）.

［111］杜胜利. 企业经营业绩评价［M］. 北京：经济科学出版社，1999.

［112］刘运国，梁德荣等. 管理会计前沿［M］. 北京：清华大学出版社，2003.

［113］李继志，谭敏. 试析上市公司的业绩评估［J］. 财会月刊，2007（11）.

［114］陈良. 基于 EVA 理论的企业业绩财务评价［J］. 上海经济研究，2008（8）.

［115］魏明海等. 管理激励和业绩评价的会计研究［M］. 北京：中国财政经济出版社，2005.

［116］熊剑，罗晨燕. 业绩评价，激励机制和会计信息［J］.商业研究，2004（3）.

［117］周仁俊，喻天舒，杨战兵. 公司治理，激励机制与业绩评价［J］. 会计研究，2005（11）.

［118］［英］尼利，亚当斯，肯尼尔利. 战略绩效管理：超越平衡计分卡［M］. 李剑锋等译. 北京：电子工业出版社，2004.

［119］张鸣，颜昌军. 成本战略管理：基于可持续发展研究［M］. 北京：清华大学出版社，2006.

［120］焦跃华，袁天荣．论战略成本管理的基本思想与方法［J］．会计研究，2001（2）．

［121］杨华川．战略成本管理理论评述［J］．财经界：下旬刊，2007（5）．

［122］邱昭忠．战略成本管理理论演进及其发展方向［J］．财会通讯：学术版，2007（9）．

［123］巴雅尔图，鲍金良．战略成本管理目标定位及实施策略［J］．财会通讯：理财，2008（2）．

［124］［美］沃尔瑟著．再造金融总裁［M］．赵娟译．北京：商务印书馆，2000．

［125］马兰，方慧．战略成本管理框架研究［M］．上海会计，2001（11）．

［126］陈玮，陈玉阳．战略成本管理与价值创新［J］．经济论坛，2008（7）．

［127］赵全民．从价值链到价值群：构建战略性竞争优势的新视野［J］．企业管理，2008（3）．

［128］石新武．论现代成本管理模式［M］．北京：经济科学出版社，2001．

［129］邓春华．财务会计风险防范［M］．北京：中国财政经济出版社，2001．

［130］夏宽云．战略成本管理［M］．上海：立信会计出版社，2000．

［131］夏宽云．战略管理会计：用数字指导战略［M］．上海：复旦大学出版社，2007．

［132］Prahalad, C. K, Hamel, Gary. The core Competence of the Corporation［M］. Harvard Business Review, May–June 1990, pp. 79 – 91.

［133］卢福财．核心竞争能力与企业创新［M］．北京：经济管理出版社，2002．

［134］邹昭晞．企业战略分析［M］．北京：经济管理出版社，2005．

［135］朱开悉．财务管理目标与企业财务核心能力［J］．财经论丛，2001（5）．

［136］周建．战略联盟与企业竞争力［M］．上海：复旦大学出版社，2002．

［137］程燕．财务竞争力探讨［M］．四川教育学院学报，2008（1）．

［138］罗宏，陈燕．财务能力与企业核心能力的相关性［J］．当代财经，2003（12）．

后 记

　　本书共八章，第一、二、三、八章由潘晓梅编著，第四、五、六、七章由陈萍编著。

　　本书出版得到了西北民族大学重点学术著作项目资助，西北民族大学科研处的同志以及经济管理出版社的王光艳女士在本书出版过程中做了大量耐心、细致的工作。在此，致以衷心的感谢！

　　书中大量引用了众多前辈和同行的研究成果，借此机会向他们致以真诚的谢意！

　　最后，向所有在工作中给予我们帮助与支持的同仁和朋友以及始终关怀和鼓励我们的家人致以深深的谢意！

陈萍　潘晓梅

2010 年 6 月